华东师范大学智库培育项目(2020)

上海师范大学智库培育项目(2020)

中国城市休闲化发展
研究报告(2020)

THE ANNUAL REPORT ON CHINA'S URBAN

RECREATIONALIZATION DEVELOPMENT (2020)

楼嘉军　李丽梅　徐爱萍　张馨瑞等　著

上海交通大学出版社
SHANGHAI JIAO TONG UNIVERSITY PRESS

内容提要

本报告是由华东师范大学与上海师范大学联合组成的"中国城市休闲化指数"课题组连续第 10 年完成的有关我国城市休闲化发展水平分析的研究报告。本报告以理论模型和实证分析相结合的研究方式,从经济与产业发展、休闲服务与接待、休闲生活与消费、休闲空间与环境和交通设施与安全五个维度,对我国 4 个直辖市、22 个省会城市、5 个自治区首府,以及 5 个计划单列市共 36 座城市休闲化指数的分布态势、演变特点和发展趋势进行了综合描述与深入分析。

本报告对于我国"十四五"期间打造文化特色鲜明的国家级旅游休闲城市,以及推动文旅融合不断深化发展提供了一定的理论指导与实践借鉴。本报告可作为高等院校旅游、休闲、会展、文化以及社会学等专业师生的参考教材,也适合作为旅游管理、文化产业管理和城市公共服务管理部门的参考用书。

图书在版编目(CIP)数据

中国城市休闲化发展研究报告. 2020 / 楼嘉军等著
. —上海:上海交通大学出版社,2021.11
ISBN 978 - 7 - 313 - 25640 - 9

Ⅰ. ①中… Ⅱ. ①楼… Ⅲ. ①城市-闲暇社会学-研究报告-中国-2020 Ⅳ. ①C912.81

中国版本图书馆 CIP 数据核字(2021)第 213328 号

中国城市休闲化发展研究报告(2020)
ZHONGGUO CHENGSHI XIUXIANHUA FAZHAN YANJIU BAOGAO (2020)

著　　者:楼嘉军　李丽梅　徐爱萍　张馨瑞等
出版发行:上海交通大学出版社　　　　　　地　　址:上海市番禺路 951 号
邮政编码:200030　　　　　　　　　　　　电　　话:021 - 64071208
印　　制:江苏凤凰数码印务有限公司　　　经　　销:全国新华书店
开　　本:710 mm×1000 mm　1/16　　　印　　张:15.75
字　　数:191 千字
版　　次:2021 年 11 月第 1 版　　　　　　印　　次:2021 年 11 月第 1 次印刷
书　　号:ISBN 978 - 7 - 313 - 25640 - 9
定　　价:68.00 元

丛书编委会

学术顾问

吴必虎（北京大学）

潘立勇（浙江大学）

张　捷（南京大学）

王琪延（中国人民大学）

冯学钢（华东师范大学）

主编

楼嘉军

编委

郭英之（复旦大学）

吴承照（同济大学）

刘慧梅（浙江大学）

梁增贤（中山大学）

杨　勇（华东师范大学）

李　萌（中国社会科学院、上海市
　　　　人民政府上海研究院）

朱立新（上海师范大学）

序

一般认为,有关休闲理论的阐述或研究在古希腊时代就已经出现,至今已逾数千年。然而,作为一门相对独立的学科,休闲学科的发展历史并不是很长,至今也就百余年的时间。由于休闲现象的复杂性,致使百余年来研究休闲的理论和方法总是处于不断的探索与完善之中,但从其演变的基本轨迹可以看出,休闲学科的发展勾勒了如下的发展和演变轨迹:由依附到独立,由单一学科到多学科,乃至由多学科到跨学科的发展过程。

休闲学科作为一个以跨学科为基础和特色的学科体系,一方面,在它发展的过程中,不间断地对相关的学科进行整合,并聚集于休闲学科的周围;另一方面,在休闲学科的发展过程中,在休闲学科与其他相关学科之间形成了围绕休闲学科的多个分支学科,诸如休闲社会学、休闲心理学、休闲经济学、休闲体育学、休闲教育学和游憩地理学等。从我国发展实际看,进入新世纪以来,由于休闲活动的常态性和广泛性,导致以休闲为研究对象的休闲学科除了以其他学科为依托之外,还与社会经济领域的相关产业,如与交通、商业、餐饮、娱乐、旅游、会展和节庆等行业也都发生紧密联系,进而成为推动休闲学科发展的外部产业支撑因素。此外,还需指出的是,随着5G技术的广泛应用,以及网络虚拟休闲空间的不断拓展和虚拟活动形式的不断丰富,近年来有关网络休闲行为、休闲方式和休闲影响的研究也正在逐步兴起。现实休闲与虚拟休闲的长期并存,将成为一种常态,必将成为休闲学科需要直面的一个新的时代挑战与研究课题。

根据国际经验,一个国家或地区在人均GDP处于3 000~5 000美元发展水平之间,就将步入这样一个时期,即在居民生活方式、城市功能和产业结构等方面相继形成休闲化特点的一个发展时期,或谓之休闲时代。正是基于这样的大背景,自2008年我国步入人均GDP为3 000美元发展阶段以来,社会经济持续健康发展,人们生活水平不断提高,极大地促进了居民休闲活动的蓬勃发展,有力地推动了休闲服务产业的兴旺发达,直接驱动了休闲学科理论研究的不断深入。与此相适应,国内不少研究机构、高等院校和出版社适时推出了多种形式的休闲研究丛书。这些丛书的出版已经产生广泛的学术影响,并将在推动我国休闲学科研究理论深化和休闲实践发展方面持续发挥比较重要的作用。

"他山之石,可以攻玉。"于是,在上海交通大学出版社的协助下,由华东师范大学和上海师范大学相关老师联合组成的研究团队结合自身特点,经过与出版社的沟通,拟定了"休闲研究系列"的出版计划。整个"休闲研究系列"包括休闲学教材系列、休闲研究著作系列与休闲研究报告(年度)系列三部分内容。根据研究计划与出版计划,研究系列的相关内容自2012年起陆续编辑出版。至今,整个休闲研究系列已经出版著作30余部。

从 2019 年起,我国已跨入人均 GDP 为 10 000 美元的新阶段,标志着我国休闲社会的发展将由前期的速度型向质量型转变。与此同时,我们已经全面进入后小康时代的发展时期,居民对美好生活需要的追求已经成为大众休闲的核心内容。对我们而言,休闲学科的发展面临着新的发展机遇与新的现实挑战,需要不断推动休闲学科的完善与发展。希望"休闲研究系列"的出版能够为我国休闲时代建设与休闲学科体系的完善尽微薄之力。

楼嘉军

前　言

　　2021年是十四五规划的开局之年。十四五规划《纲要》指出,要打造一批文化特色鲜明的国家级旅游休闲城市和街区,这是全面推进双循环战略的重要抓手,也是实现居民美好生活需要的核心内容,为我国城市休闲全域化、城市生活休闲化发展提供了新机遇。对于建设文化特色鲜明的国家级旅游休闲城市可以从以下几方面进行理解。首先,所谓"文化特色鲜明",是指在建设旅游休闲城市的过程中,既要善于利用当地独特的文化风格、形式和内涵,积极推进旅游休闲城市建设,又要通过旅游休闲城市建设,提升城市文化特色的软实力,将文化特色鲜明的基本要求内化为建设旅游休闲城市的核心竞争力。其次,所谓"国家级",是指在旅游休闲城市建设工作的过程中,凸显实践经验的示范性、政策制度的引领性、发展质量的等级性等具有全国指导意义的国家标准,这也为城市休闲化向高质量高品质发展方向迈进提供了借鉴。再次,所谓"旅游休闲城市",是指建设对象与以往相比体现三个重要变化。一是功能定位变化,由以往的旅游城市建设转变为旅游休闲城市建设。相应的变化是,城市由聚焦外来游客的服务功能为主向注重本地居民与外来游客兼容的综合服务功能过渡,而且逐渐呈现出以本地居民为主,以外来游客为辅的发展趋势。二是产业结构变化,由以往的专注旅游产业发展转变为聚焦文化产业和旅游产业融合的休闲产业发展。一般而言,旅游产业往往是以满足游客吃住行游购娱等消费需求形式形成的产业集群,而旅游与休闲产业则包含了居民与游客在当地的休闲消费与旅游消费两部分内容的产业集群,大致包括了旅游业、文化业、体育业、娱乐业、餐饮业、会展业、批发零售业、园林绿化业、交通运输业等产业部门。因此无论从产业类别或产业内容看,旅游休闲产业都要远多于旅游产业,这也是社会经济发展到一定阶段的必然结果。当前,我国城市化率已超过60%,城市人口规模快速增长,满足城市居民不断增长的休闲娱乐需求的服务设施日趋完善,博物馆、影剧院以及综合性的休闲街区等,无不成为城市旅游休闲产业发展的重要元素。从经济发展水平看,2020年我国人均GDP超过1万美元,居民生活休闲化特征明显增强,成为推动我国旅游休闲产业持续强劲发展的重要动力。三是市场变化,从以往由居民与游客"彼此各享"的消费市场结构,逐渐转变为居民与游客"主客共享"的消费市场形态。从发展实践看,"主客共享"的旅游休闲消费市场能够不断促进城市的繁荣兴旺,在更高层次上满足本地居民持续增长的美好生活需要与外来游客不断增强的观光度假消费需求。

2021年发布的《关于2020年国民经济和社会发展计划执行情况与2021年国民经济和社会发展计划草案的报告》提出,要发展文化、旅游等服务消费,出台实施国民休闲纲要(2021—2035年),这不仅为文化和旅游业的高质量发展带来前所未有的机遇,也为国民的休闲生活理念、生活方式以及价值诉求产生一系列深远影响。

2020 年的城市休闲化报告由以下三部分组成。第一部分是总报告,包括绪论、研究对象与评价方法,以及城市休闲化报告等内容。第二部分是城市休闲化指数分析,包括分类指数评价与分析、36 个城市休闲化指数评价与分析等内容。第三部分是专题研究。本报告得出以下几个结论。

第一,总体来看,中国城市休闲化发展水平不断提升、发展差异日益缩小,但城市间的发展差异仍不容小觑。首先,以北京、上海为代表的城市休闲化发展的头部城市已经率先进入全域休闲化发展阶段,标志着我国城市休闲化发展步入一个新的发展时期。其次,相对落后地区城市休闲化发展水平稳中有升,进步明显。根据城市休闲化发展水平五级划分标准,十年前我国有 23 个城市位列第五层次,今年则降低至 12 个城市,这是一个巨大的进步。最后,城市间发展差距显著缩小。10 年前,排名第 1 的北京与位列末位的拉萨之间,休闲化指数相差 7.64 倍。而今,尽管两者之间仍有 5.64 倍的差距,但是已经显著缩小。当然也要清醒认识到,要完全实现不同地区城市之间城市休闲化发展水平与发展质量的协调性与均衡性目标,依然任重道远。

第二,从城市休闲化发展的五个维度看,休闲生活和消费、休闲空间与环境两类指标在各城市间的发展差异最小,既体现了城市居民巨大的休闲消费需求与追求美好生活的高涨热情,又凸显出城市生态环境治理取得的积极成效与城市游憩空间环境质量明显改善的发展态势。一是从休闲生活与消费类指标看,整体水平都比较高,首尾城市之间差异最小,仅有 2.2 倍(在五个类别指标中,首尾城市之间的平均差距为 8.52 倍),揭示出在社会主要矛盾变化的大背景下,居民追求美好生活需要的热情高涨,从事休闲消费的动机强烈。二是从休闲空间与环境类指标看,首尾城市之间差距相对较小,为 3.01 倍,说明近年来在中央一系列生态文明建设的措施指引下,城市生态环境得到有效整治,居民户外游憩空间环境质量明显改善。必须指出的是,城市休闲化各维度之间的失衡性,是制约城市休闲化水平提高与质量提升的瓶颈。

第三,从区域发展格局看,"东部领先、中部崛起、西部赶超",正在成为中国城市休闲化发展过程中的一个新格局。一方面,在一带一路发展倡议与西部开发政策的引导与推动下,近年来西部地区随着社会经济的快速发展,城市休闲化发展水平与发展质量都表现出鲜明的加速态势,城市休闲化发展的整体均值水平高于中部,区域内部发展的协调度优于中部;另一方面,在去年和今年城市休闲化指数综合排名前 10 位的城市中,东部 6 个,中部 1 个,西部 3 个。显而易见,西部崛起势头明显,令人刮目相看。

第四,从城市规模和能级看,规模越大,能级越高,城市休闲化发展优势越显著,是当前我国城市休闲化发展中的一种常态。例如,排在前 5 位的城市全是超大型城市。又如,排在后 5 位的城市中,3 个是Ⅱ型大城市,1 个是Ⅰ型大城市,1 个是中等城市。显然在目前阶段,城市规模与城市休闲化发展水平相关,也是影响城市休闲化指数高低的重要因素。

本报告认为,当今中国的社会主要矛盾已经转化为人民群众日益增长的美好生活需求与发展的不充分不平衡之间的矛盾,中国城市休闲化的发展是缓解这一矛盾的有效途径。我国人均 GDP 已经突破 1 万美元的重要关口,借鉴国际经验可知,进入后小康时代,我国城市休闲化将步入以环境高质量改善和生活高品质发展为特征的新阶段,并可能形成以下发展趋势。

第一,从城市休闲化发展的指导思想角度讲,在"两山理论""生态文明"思路、"公园城市"建设、"人民城市"建设等指示精神引导下,我国城市休闲化在各个维度指标之间、在各个空间区域之间发展的均衡性与充分性,将成为城市休闲化发展的突破点与聚焦点。

第二,到 2025 年,在目前列入监测的 36 个城市中,约有 1/2 的城市休闲化水平将进入中高水平的发展阶段。

　　第三,在十四五期间,广州、重庆、深圳、成都和杭州,或将先后步入全域休闲化发展阶段。

　　第四,随着"粤港澳大湾区"建设、"长三角一体化"战略、"京津冀一体化"战略,以及一带一路倡议的深入实施,我国东中西部地区的城市休闲化进程将会进入较快的发展时期,城市休闲化发展的整体水平与个体水平,都将是以往任何时期所不能比拟的。

　　本报告撰写分工如下。第一部分,由楼嘉军、李丽梅负责完成。第二部分,由李丽梅、楼嘉军、徐爱萍、张鑫瑞等负责完成。第三部分,由岳培宇、董二为、陈彦婷、吴文智、乔萌和崔春雨负责完成。此外,参加本报告沙龙讨论与材料收集的还有施蓓琦、马红涛、马茜茜、郭薇、赵才等。

　　本报告是由华东师范大学与上海师范大学相关教师与研究生组成的课题组共同完成的,也是《中国城市休闲化指数》课题组自 2011 年以来发布的第 10 份报告。2020 年度报告得以顺利完成,与课题组全体成员近一年来的辛勤工作,以及以上各位老师和研究生同学的尽力配合密不可分。作为课题负责人,在此我谨向他们表示诚挚的敬意与真诚的感谢。2020年《中国城市休闲化指数》报告是在华东师范大学 2020 年度智库成果项目与上海师范大学 2020 年度智库培育项目共同支持与帮助下完成的,在此向两个学校有关管理部门深表谢意。同时,还要感谢上海交通大学出版社的倪华老师和张勇老师对本报告的出版与审校工作付出的心血。由于本报告有关城市休闲化发展水平的评价工作涉及的研究数据采集量比较大,来源又多元化,加上我们认识的局限性,在理论阐述、数据处理、材料分析等方面难免会存在不足,敬请学者与读者批评指正。

楼嘉军

2021 年 8 月

目　录

第一部分　总报告

第一部分

总报告

第一章 绪 论

一、中国城市休闲化发展的特征与趋势

由上海师范大学、华东师范大学和上海其他高校相关学者共同组成的课题组,完成了《中国城市休闲化指数报告(2020)》的编撰工作。这是《中国城市休闲化指数》课题组成立以来完成的第 10 份研究报告。通过 10 年的研究,课题组发现中国城市休闲化发展呈现如下特征。

第一,总体来看,中国城市休闲化发展水平不断提升、发展差距日益缩小,但城市间的发展差异仍不容小觑。首先,以北京、上海为代表的城市休闲化发展的头部城市已经率先进入全域休闲化发展阶段,标志着我国城市休闲化发展步入一个新的发展时期。其次,相对落后地区的城市休闲化发展水平稳中有升,进步明显。根据城市休闲化发展水平五级划分标准,2011 年中国有 23 个城市位列第五层次,到 2020 年则降低至 12 个城市,这是一个巨大的进步。最后,城市间发展差距显著缩小。10 年前,排名第 1 的北京与位列末位的拉萨之间,休闲化指数相差了 7.64 倍。而今,两者之间尽管仍有 5.64 倍的差距,但是已经呈现明显缩小态势。当然也要清醒认识到,要完全实现不同地区之间城市休闲化发展水平与发展质量的协调性与均衡性目标,依然任重道远。

第二,从城市休闲化发展的五个维度看,休闲生活和消费、休闲空间与环境两大维度在各城市间的发展差异最小,既体现了城市居民巨大的

休闲消费需求与追求美好生活的高涨热情,又凸显出城市生态环境治理取得的积极成效与城市游憩空间环境质量明显改善的发展态势。一是从休闲生活与消费类指标看,整体水平都比较高,首尾城市之间差异最小,仅有2.2倍(五个类别指标中,首尾城市之间的平均差距为8.52倍)。揭示出在社会主要矛盾变化的大背景下,居民追求美好生活需要的心情迫切,进行休闲消费的动机强烈。二是从休闲空间与环境类指标看,首尾城市之间差距相对较小,为3.01倍。说明近年来在中央一系列生态文明建设的措施指引下,城市生态环境得到有效治理,居民户外游憩空间环境质量明显改善。必须指出的是,城市休闲化各维度之间的失衡性,是制约城市休闲化水平提高与质量提升的瓶颈。

第三,从区域发展格局看,"东部领先、中部崛起、西部赶超",正在成为中国城市休闲化发展过程中的一个新格局。一方面,在一带一路发展倡议与西部开发政策的引导与推动下,近年来西部地区随着社会经济的快速发展,城市休闲化发展水平与发展质量都表现出鲜明的加速态势,城市休闲化发展的整体均值水平高于中部,区域内部发展的协调度优于中部;另一方面,在去年和今年城市休闲化指数综合排名前10位的城市中,东部6个,中部1个,西部3个。显而易见,西部崛起势头明显,令人刮目相看。

第四,从城市规模和能级看,规模越大,能级越高,城市休闲化发展优势越显著,是当前我国城市休闲化发展中的一种常态。例如,排在前5位的城市全是超大型城市。又如,排在后5位的城市中,1个是Ⅰ型大城市,3个是Ⅱ型大城市,1个是中等城市。显然,在目前阶段,城市规模与城市休闲化发展水平正相关,也是影响城市休闲化指数高低的重要因素。

当今中国的社会主要矛盾已经转化为人民群众日益增长的美好生活需求与发展的不充分不平衡之间的矛盾,中国城市休闲化的发展是缓解这一矛盾的有效途径。当前,我国人均 GDP 已经突破 1 万美元的重要关口,借鉴国际经验可知,进入后小康时代,我国城市休闲化将步入以环境高质量改善和生活高品质发展为特征的新阶段,并可能形成以下几个发展趋势。

第一,从城市休闲化发展的指导思想角度讲,在"两山理论""生态文明"思路、"公园城市"建设、"人民城市"建设等指示精神引导下,我国城市休闲化在各个维度指标之间、在各个空间区域之间发展的均衡性与充分性,将成为城市休闲化发展的突破点与聚焦点。

第二,到 2025 年,在目前列入监测的 36 个城市中,约有 1/2 的城市休闲化水平将进入中高水平的发展阶段。

第三,在十四五期间,广州、重庆、深圳、成都和杭州,或将先后步入全域休闲化发展阶段。

第四,随着"粤港澳大湾区"建设、"长三角一体化"战略、"京津冀一体化"战略,以及一带一路倡议的深入实施,我国东中西部地区的城市休闲化进程将会进入较快的发展时期,城市休闲化发展的整体水平与个体水平,都将是以往任何时期所不能比拟的。

二、贯彻人民城市理念推进国家级旅游休闲城市建设

党的十九大报告指出,当前我国社会主要矛盾已经转化为人民日益增长的美好生活需要和不平衡不充分发展之间的矛盾。2019 年 11 月习近平同志在视察上海杨浦滨江时提出,城市建设要努力创造"宜业、宜居、宜游、宜乐"的环境,这是满足人民美好生活需要和提升获得感的具体表现,也是贯彻"人民城市"理念的重要内容。从人民城市内涵来看,坚持以人民为中心,以人民美好生活向往为指引建设中国特色城市发展道路,是新时代城市建设与发展的核心要义。努力创造宜业、宜居、宜乐、宜游的

良好环境,成为城市建设和发展的宗旨与目标。2021年4月习近平同志在广西考察时又特别指出,"要坚持以人民为中心,提高服务质量,提升格调品味,努力打造世界级旅游城市、宜居城市"。这一重要讲话深刻阐明了中国城市发展道路要始终以人民的生活质量为出发点,为人民群众提供高品质的生活环境,这为十四五期间文化旅游部建设一批文化特色鲜明的国家级旅游休闲城市提供了思路与方向。

党的十九届五中全会在有关健全现代文化产业体系的基本任务时提出,"打造一批文化特色鲜明的国家级旅游休闲城市"。这是后疫情时代,全面推进双循环战略的重要抓手,也是实现居民美好生活需要的核心内容。对于建设文化特色鲜明的国家级旅游休闲城市可以从以下几方面进行理解。首先,所谓"文化特色鲜明"是指,在建设旅游休闲城市的过程中,既要善于利用当地独特的文化风格、形式和内涵,积极推进旅游休闲城市建设,又要通过旅游休闲城市建设,提升城市文化特色的软实力,将文化特色鲜明的基本要求内化为建设旅游休闲城市的核心竞争力。其次,所谓"国家级"是指,在旅游休闲城市建设工作的过程中,凸显实践经验的示范性、政策制度的引领性、发展质量的等级性等具有全国指导意义的国家标准。这也为城市休闲化向高质量高品质发展方向迈进提供了借鉴。再次,所谓"旅游休闲城市"是指,建设对象体现三个重要变化。一是功能定位变化,由以往的旅游城市建设转变为旅游休闲城市建设。相应的变化是,城市由聚焦外来游客的服务功能为主,向注重本地居民与外来游客兼容的综合服务功能过渡,而且逐渐呈现出以本地居民为主,以外来游客为辅的发展趋势。正如美国学者杰弗瑞·戈比(2006)所指出的,休闲城市的服务功能首先为市民提供高的生活质量,有美味食物,能与自然接触,有艺术的和历史的保留,能运动,有节假日、露天市场和其他旅游休闲带来的令人愉悦的事物。接着为有限的游客提供这些服务。二是产业结构变化,由以往的专注旅游产业发展转变为聚焦文化产业和旅游产业的融合发展。一般而言,旅游产业往往是以满足游客吃住行游购娱等消费需求形式形成的产业集群,而旅游与休闲产业则包含了居民与游客在当地的休闲消费与旅游消费两部分内容的产业集群,大致包括了旅游业、文化业、体育业、娱乐业、餐饮业、会展业、批发零售业、园林绿化业、交通运输业等产业部门。因此无论从产业类别或产业内容看,旅游休闲产业都要远多于旅游产业,这也是社会经济发展到一定阶段的必然结果。当前,我国城市化率已超过60%,城市人口规模快速增长,满足城市居民不断增长的休闲娱乐需求的服务设施日趋完善,博物馆、影剧院以及综合性的休闲街区等,无不成为城市旅游休闲产业发展的重要元素。从经济发展水平看,2020年我国人均GDP超过1万美元,居民生活休闲化特征明显增强,成为推动我国旅游休闲产业持续强劲发展的重要动力。三是市场变化,从以往由居民与游客"彼此各享"的消费市场结构,逐渐转变为居民与游客"主客共享"的消费市场形态。戴斌(2021)指出,我国旅游业的发展要回归日常生活场景,这里的日常生活场景指的就包括了当地的休闲文化设施、休闲游憩环境、休闲旅游服务等,当本地居民能够从城市提供的旅游休闲消费机会中感受到满足与愉悦,必然带来的是城市吸引力不断提升。Carlino, et al.(2008)认为,那些因休闲娱乐设施吸引来大量游客的城市,其新增外来居民的数量也增加了,人们认为有优美的建筑、动物园、文化氛围、剧院和餐馆的城市会增长得更快。可见,"主客共享"的旅游休闲消费市场能够不断促进城市的繁荣兴旺,在更高层次上满足本地居民持续增长的美好生活需要与外来游客不断增强的观光度假消费需求。

不难看出,建设文化特色鲜明的国家级旅游休闲城市,就是走出一条突出文化特色、聚合高品质美好生活体验的特色城市发展之路,也是一条让人民群众能够共享城市旅游和休闲发展成果的发展之路。从一定意义上讲,建设文化特色鲜明的国家级旅游休闲城市这一任务体现我国社会主要矛盾变化这一时代特征,与"人民城市"的重要理念高度吻合,对于我国城市休闲化的发展具有很强的理论指导意义与深远的实践指导价值。为此有以下几方面建议。

第一,坚持以人民为中心的发展理念,秉承"全域休闲"发展思路,是积极推进文化特色鲜明的国家级旅游休闲城市的重要基础。国家级旅游休闲城市建设,反映了城市的发展思想要从"全域旅游"向"全域休闲"转变,这更加契合习近平同志提出的城市建设"宜业、宜居、宜游、宜乐"的要求。人民群众对美好生活的向往与追求,意味着人们对城市的生活环境要求越来越高。城市在高质量发展过程中,要注重完善和打造包括自然、商业、人文、社会等在内的各项舒适物,提升城市的生活品质,使之成为真正有吸引力的国家级旅游休闲城市。

第二,坚持社会正义原则,实现旅游休闲服务配套的均衡性与活动参与的充分性同步发展。在国家级旅游休闲城市建设中,硬件设施的配套与完善固然是不能缺失的重要环节,但包括城市的生态环境、服务接待等软环境建设显得更为重要。作者所在的《中国城市休闲化指数报告》课题组连续多年的研究表明,我国城市内部旅游休闲服务设施的分布呈现明显的不均衡性,往往表现为"中心城区聚集、郊区分散"的特征,导致居民往往缺失"家门口的休闲好去处"这样的场地配置,成为当前旅游休闲城市服务体系发展过程中存在的软肋之一。实现设施配套的均衡性与活动参与的充分性,不仅是促进高品质生活形式充分性发展的内在要求,也是强化高品质生活内涵充实性发展的现实需要,更是全面落实国家级旅游休闲市建设目标的重要任务。

第三,坚持新时代文化建设思想的鲜明特色,凸显国家级旅游休闲城市建设的人本价值。习近平同志在党的十九大报告中指出,"文化是一个国家、一个民族的灵魂"。这无疑说明国家级旅游休闲城市建设必须加强文化建设,凸显特色和人本价值。当前,人民群众对精神文化生活的需求日益增长,必须用好用活当地的文化资源。一方面,加强文化与旅游、休闲的有机融合,通过文化塑造旅游休闲城市的发展模式;另一方面,通过旅游休闲产业形态彰显文化的特色与价值,最终提升城市的格调品味,实现国家级旅游休闲城市的人本价值。

三、上海以人民城市理念为指导塑造旅游休闲城市新环境

在人民城市建设过程中,上海进行着不懈的努力与探索。从 2010 年上海世博会提出"城市,让生活更美好",到 2020 年提出"人们城市人民建,人民城市为人民"的两城理念,上海在践行人民城市理念的同时,不断完善与优化城市旅游休闲环境,满足居民美好生活需要与外来游客观光度假需求。

1. 旅游休闲城市新环境的基础:城市发展的人民性

2010 年上海世博会主题是"城市,让生活更美好"。十多年来,上海深入践行了这一主题,并切实贯彻到人民城市建设理念中去。

2011 年上海十二五发展报告提出要把增进市民福祉、促进人的全面发展作为发展的出发点和落脚点,让全体市民更广泛地参与发展过程,更多更公平地分享发展成果,在共建共享中有更多获得感,提高生活满足感。"分享"理念的提出,根本目的是让人民群众能够享受城市发展的红利,生活得更美好。这一时期,上海城市发展较多关注与居民生活质量密切相关的民生工程,通过举办"踏访上海民生工程,探寻都市发展轨迹"系列活动,让居民分享城市发展红利、感受城市美好生活。

2015年中央城市工作会议提出要着力提升城市发展的持续性宜居性。这一战略目标明确了城市发展的方向,要从偏物质层面的经济阶段转向物质和精神融合共生的生活品质阶段。这里的生活品质不仅包括"高大上"的民生服务,更包括"小而美"的幸福场景,比如就近的便利店、随处可见的街角公园。上海在提高城市居民高品质生活方面也进行了独具特色的探索。2017年时任上海市委书记的韩正在《中共上海市第十一次代表大会报告》中提出,建筑是可阅读的,街区是适合漫步的,公园是最宜休憩的,市民是尊法诚信文明的,城市始终是有温度的。"城市始终是有温度"一语正是上海城市生活品质浸入民心的体现,也是人民追求美好生活的表征。也正是这一年,党的十九大报告指出当前我国社会主要矛盾已经转化为人民日益增长的美好生活需要和不平衡不充分的发展之间的矛盾,这个矛盾的解决必须依靠高质量发展。

2018年上海市委书记李强提出上海要把高质量发展和高品质生活作为城市建设发展的根本落脚点,"两高"理念的提出,显然是让所有工作生活在上海的人们都能感受到这座城市带来的获得感、安全感、幸福感,城市的"温度"已内化为了"温馨"与"温暖"。

城市发展基本目标是为人民服务。2019年习近平总书记提出了"人民城市人民建,人民城市为人民"的基本要求后,上海不断深入学习领会习总书记的指示精神,于2020年确定了"五个人人"的城市努力方向,即人人都有人生出彩机会、人人都能有序参与治理、人人都能享有品质生活、人人都能切实感受温度、人人都能拥有归属认同,以更好地实现"城市,让生活更美好"的城市发展目标。"五个人人"不仅细致刻画了人民城市建设的蓝图与格局,高度诠释了人民在城市建设中的主体地位与根本利益。值得注意的是,十年以后的2020年,上海重提"城市,让生活更美好"这一发展理念,这背后已然赋予了新的发展内涵与发展价值。如果说十年前的"城市,让生活更美好"是一幅尚未展开的画卷,那么十年后的今天,这幅画卷已顺应着人民群众对美好生活的新期待,徐徐展开,铸就着精彩与美好的城市辉煌。

2. 旅游休闲城市新环境的表现:"家门口的好去处"与"网红共享地"

上海践行人民城市理念,并没有通过大拆大建来创造美好,而是通过微更新的形式和手段来美化居民生活、提升城市品质。2020 年上海市文化和旅游局发布首批 50 个市民"家门口的休闲好去处",包括郊野公园、城市公园(花园)、社区(党群)服务中心、民宿、艺术馆、博物馆、红色旅游点、工业旅游点、古镇古街、创意休闲区(空间)、图书馆、美丽乡村等类型。这些好去处不仅方便市民就近体验休闲生活,更可让外来游客深切感受当地居民的日常生活场景,成为新时代主客共享的美好生活空间。实际上,"家门口的休闲好去处"的前身是"旅游好去处",相比后者,"家门口"更体现了城市微更新的价值与意义。一方面,它不仅为居民日常休闲体验提供了更加便利的环境,而且焕发了日常生活场景的活力;另一方面,它无形中于细微处提升了城市的美誉度,丰富了外来游客对上海城市感知的内容,在某种程度上为城市未来的人才吸引提供了动能。

除了家门口的旅游休闲环境改善外,旅游休闲街区的修缮改造更是谱写了主客共享的和谐生活场景。2021 年修缮完工的武康大楼街区揭开面纱,不仅向人们重新展现了它的"盛世美颜",更是完美体现了我国十四五规划提出的"文化特色鲜明的国家级旅游休闲街区"的内涵。武康大楼建于 1924 年,是由旅居上海的建筑设计师邬达克设计,是上海第一座外廊式公寓大楼,里面曾住过许多文化名人,也住过很多普通的居民,建筑文化与居民生活交织融合在一起,铸就了武康大楼的文化底蕴,成为上海建筑文化遗产的代表。2011 年武康大楼经过整修提升后,入选为中国历史文化名街,吸引了漫步、摄影、艺术创作等各类人群前来打卡,成为网红打卡地,但是彼时的它仍被人们诟病,因为有冗余的信号灯立杆、外露的空调机、显眼的城市架空线、人行步道空间的狭小等弊端,这显然影响了市民和游客的体验。2019年武康大楼再次修缮,将人们原先调侃的种种所谓的诟病都通过隐藏或拓宽的方式转化为一种文化风景或休闲体验。如今,外拓了3.6米的武康大楼街区人行道,给了驻留在路口的人们更从容的空间,旅拍节奏变慢了,动作优雅了。一边是游客眼中的风景,一边是居民生活的不受干扰和品质提升,武康大楼街区显然形成了主客共享的旅游休闲新场景。

城市微更新还可以体现在环境的艺术化装扮上,从而引发一场体验日常生活之美的旅游休闲热潮。早在2014年,上海就试点推出6条道路进行"落叶不扫",到2020年已推出41条落叶景观道路,时间跨度一般从每年的11月10日到12月30日。这段时间上海正好处于深秋时节,片片落叶铺就满地金黄,让市民和游客享受到了落叶带来的秋之美好。在实施落叶不扫过程中,一方面上海绿化管理部门会定期对落叶景观道路进行梳理和评估,通过调整或替换的方式来保持景观的持续性;另一方面上海环卫工人会用专业化的水平对景观道路进行精细化保洁,从而保障了市民和游客能够体验到更高品质的落叶景观。可见,"落叶不扫"是上海通过对自然资源的深度利用而形成的独特景观,不仅真正践行了"让街区更适合漫步"的理念,而且创造了人与自然和谐互动的美好生活空间。随着"落叶不扫"工程的日渐成熟,春日的"落樱不扫"工程也紧随而来。2020年4月,上海首条"落樱不扫"道路在杨浦区江湾城路试点开展,又一次将人们的舒适生活与美好的自然环境融为一体。从"落叶不扫"到"落樱不扫",上海充分利用自然资源,将人民的美好生活落实到城市的点滴细节中,有效提升了城市的品质、格调与情趣。

第二章　指标体系与评价方法

第一节　指标体系

　　结合城市休闲化的内涵与特征,本研究认为城市休闲化是经济、服务、环境、消费、交通综合作用的过程。为进一步测度城市休闲化发展水平,本文将城市休闲化指标归纳为经济与产业发展、休闲服务与接待、休闲生活与消费、休闲空间与环境、交通设施与安全五个方面,共涵盖43个具体指标(见表2－1)。

表2－1　中国城市休闲化评价指标体系

一级指标	二级指标	三　级　指　标	单位	变量	属性
经济与产业发展	经济水平	地区生产总值	亿元	X1	正向
		人均生产总值	元	X2	正向
	城市化水平	城市化率	%	X3	正向
	产业发展	第三产业占地区生产总值比重	%	X4	正向
		第三产业就业人数占全部就业人数比重	%	X5	正向
		社会消费品零售总额	亿元	X6	正向
		住宿和餐饮业零售总额	亿元	X7	正向
		批发、零售、住宿和餐饮业从业人数	人	X8	正向
		限额以上批发、零售、住宿和餐饮业企业个数	个	X9	正向

（续表）

一级指标	二级指标	三级指标	单位	变量	属性
休闲服务与接待	文化设施	博物馆数量	个	X10	正向
		公共图书馆数量	个	X11	正向
		文化馆数量	个	X12	正向
		剧场、影剧院个数	个	X13	正向
		国家重点文物保护单位数量	个	X14	正向
	休闲旅游接待	旅行社数量	个	X15	正向
		星级饭店数量	个	X16	正向
		国家4A级及以上景区数量	个	X17	正向
		公园个数	个	X18	正向
	游客接待规模	国内旅游人数	万人次	X19	正向
		入境旅游人数	万人次	X20	正向
休闲生活与消费	居民消费	城镇居民家庭恩格尔系数	%	X21	负向
		城市居民人均可支配收入	元	X22	正向
		城市居民消费价格指数（以上一年为100）	%	X23	正向
		城市居民家庭人均消费性支出	元	X24	正向
		城市居民人均家庭设备用品及服务消费支出	元	X25	正向
		城市居民人均医疗保健消费支出	元	X26	正向
		城市居民人均交通通信消费支出	元	X27	正向
		城市居民人均教育文化娱乐服务消费支出	元	X28	正向
	家庭休闲设备	每百户城镇常住居民家庭年末彩色电视机拥有量	台	X29	正向
		每百户城镇常住居民家庭年末家用电脑拥有量	台	X30	正向

（续表）

一级指标	二级指标	三级指标	单位	变量	属性
休闲空间与环境	居住空间	市区人均居住面积	平方米	X31	正向
	城市绿化	城市(建成区)绿化覆盖率	%	X32	正向
		城市绿地面积	公顷	X33	正向
		城市人均公园绿地面积	平方米	X34	正向
	城市环境	空气质量达到及好于二级的天数	天	X35	正向
		国控主要城市区域环境噪声	等级声效	X36	负向
	环境荣誉	国家荣誉称号数	个	X37	正向
交通设施与安全	城市交通	公共汽车、电车客运量	万人次/年	X38	正向
		轨道交通客运量	万人次/年	X39	正向
		公路运输客运量	万人次/年	X40	正向
		铁路运输客运量	万人次/年	X41	正向
		民用航空旅客发送量	万人次/年	X42	正向
	交通安全	交通事故发生数	起	X43	负向

注：原为44个指标。由于相关统计年鉴中有关"入境过夜旅游者人均花费"这一指标不再纳入统计口径中，导致该数据获取困难，故将该指标去除。评价指标数量减为43个。

第一类，经济与产业发展，是城市休闲化发展的先决条件。主要反映城市居民进行休闲消费的宏观环境，包括地区生产总值，人均生产总值，城市化率，第三产业占地区生产总值比重，第三产业就业人数占全部就业人数比重，社会消费品零售总额，住宿和餐饮业零售总额，批发、零售、住宿和餐饮业从业人数，限额以上批发、零售、住宿和餐饮业企业个数，合计9项。

第二类，休闲服务与接待，是城市休闲化发展的内在驱动力。主要反映城市为满足本地居民日常休闲娱乐和外来游客观光度假需求而提供的休闲旅游设施，以及城市提供的休闲旅游接待能力，包括博物馆、公共图书馆、文化馆数量，剧场、影剧院数量，国家重点文物保护单位数量，旅行社数量，星级饭店数量，国家4A级及以上景区数量，公园数量，国内旅游人数和入境旅游人数。这是表征一座城市休闲功能水平的重要指标,合计 11 项。

第三类,休闲生活与消费,是反映城市居民休闲生活质量的重要指标,也是城市居民生活休闲化发展的核心内容。主要反映城市居民生活质量和休闲消费结构,包括城镇居民家庭恩格尔系数,城市居民人均可支配收入,城市居民消费价格指数,城市居民家庭人均消费支出,城市居民人均家庭设备用品及服务消费支出,城市居民人均医疗保健消费支出,城市居民人均交通通信消费支出,城市居民人均教育文化娱乐服务消费支出,每百户城镇常住居民家庭年末彩色电视机拥有量,每百户城镇常住居民家庭年末家用电脑拥有量,合计 10 项。

第四类,休闲空间与环境,主要反映城市居民的居住空间尺度和城市游憩环境质量,包括市区人均居住面积、城市(建成区)绿化覆盖率,城市绿地面积,城市人均公园绿地面积,空气质量达到及好于二级的天数,国控主要城市区域环境噪声和国家荣誉称号数量。这些是衡量一个城市是否具备提供人们从事户内外游憩活动的基本物质条件,也是构成城市休闲化发展的重要载体,合计 7 项。

第五类,交通设施与安全,主要反映城市内外交通的承载能力、便捷程度和安全可靠,包括公共汽车和电车客运量,轨道交通客运量,公路运输客运量,铁路运输客运量,民用航空旅客发送量和交通事故发生数。这是城市本地居民和外来游客开展休闲活动的前提,是城市休闲化发展的基础条件,合计 6 项。

第二节　研究对象与研究方法

一、研究对象

本报告的研究对象包括国内 22 个省会城市、5 个自治区首府城市、

4 个直辖市和 5 个计划单列市（大连、青岛、宁波、厦门、深圳），共计 36 个城市。选择这 36 个城市的原因在于以下几方面，一是考虑到数据的可获得性和全面性；二是考虑到数据的时间连续性和纵向的可比性。自从《中国城市休闲化指数》课题组于 2011 年首次发布《中国城市休闲化发展指数报告》以来，一直持续跟踪研究上述 36 个城市的休闲化发展状况。研究对象的一致性有利于把握中国城市休闲化发展的总体趋势和变化特点。

2020 年，纳入监测的 36 座城市合计人口为 33 070.89 万人，约占全国总人口的 23.79%；合计面积为 534 129.93 平方公里，约占全国总面积的 5.54%；合计国内生产总值为 355 840.79 亿元，约占全国国内生产总值（GDP）的 39.52%。显然，通过研究 36 座城市休闲化指数，对于全国范围内城市休闲化的发展具有重要的引领作用与示范效应。希望借此为后小康时代中国城市经济高质量发展、居民生活高品质打造，以及居民美好生活满意度提升提供理论参考与实践借鉴。

本研究数据均来自《中国统计年鉴》《中国城市统计年鉴》《中国第三产业统计年鉴》《中国交通年鉴》《中国文化与文物统计年鉴》，以及各省、市、自治区国民经济和社会发展统计公报等国家和省级有关管理部门公开出版或发布的统计数据。

二、评价方法

（一）数据标准化处理

本研究所有指标口径概念均与国家统计局制定的城市基本情况统计制度保持一致，以保证评价结果的客观公正性。按照评价指导思想与评价原则要求，所有指标分为两类：一是正向指标，即指标数据越大，评价结果越好；二是逆向指标，即这类指标的数值与评价结果呈反向影响关系，指标数值越大，评价结果就越差。本报告中"交通事故发生数""城镇居民

家庭恩格尔系数"属于此类。本研究对逆向指标进行一致化处理,转换成正向指标,具体采用如下公式:

$$X' = \frac{1}{x}(x > 1)$$

并对所有逆向指标的 X 数据进行变化,统一为正向指标。

（二）指标赋权方法

在以往相关研究文献中,计算权重通常采用主观判断法和客观分析法。前者通过对专家评分结果进行数学分析实现定性到定量的转化,后者则通过提取统计数据本身的客观信息来确定权重。主观判断法对先验理论有很强的依赖性,受调查者往往以某种先验理论或对某种行为的既定认识来确定指标权重,所以使用主观判断法会造成指标选取和权重确定上的主观性和随意性,从而降低综合评价分析的科学性。客观分析法是通过对评价指标数据本身的客观信息进行提取分析,从而确定权重大小,其特点是客观性强,但其忽略了专家经验在确定权重中应用的重要性,赋权结果有时说服力不强。

在本指标体系中指标较多,数据信息量较大,为避免数据处理的失真,本书主要按照客观分析法,依靠可得性客观数据,并运用基于客观数据分析的"差异驱动"原理,对我国 36 个城市的休闲相关变量进行赋权,目的在于消除人为因素的影响,提高评价的科学性(杨勇,2007)[①],将指标变量数列的变异系数记为:

$$V_j - S_j / \bar{X}_j$$

其中
$$\bar{X}_j = \frac{1}{36} \sum_{i=1}^{36} X_{ij}$$

---

① 杨勇.中国省际旅游业竞争力分析——ARU 结构与影响因素[J].山西财经大学学报,2007(10):53-60.

$$S_j = \sqrt{\frac{1}{36}\sum_{i=1}^{36}(X_{ij} - \bar{X}_j)^2}$$

$$(i = 1, 2, 3, \cdots, 36; \ j = 1, 2, 3, \cdots, 43)$$

由此,变量的权重为:

$$\lambda_j = \frac{V_j}{\sum_{j=1}^{43} V_j} \tag{2-1}$$

（三）综合评价模型

变量集聚是简化城市休闲化评价指标体系（Urban Recreationalization Index,简称 URI）的有效手段,即指数大小不仅取决于独立变量的作用,也取决于各变量之间形成的集聚效应。非线性机制整体效应的存在,客观上要求经济与产业发展（EI）、休闲服务与接待（SH）、休闲生活与消费（LC）、休闲空间与环境（SE）、交通设施与安全（TS）全面协调发展,产生协同作用。

本评价指标根据柯布道格拉斯函数式构建如下评价模型:

$$\text{URI} = \text{EI}_j^a + \text{SH}_j^b + \text{LC}_j^c + \text{SE}_j^d + \text{TS}_j^e \tag{2-2}$$

式中,a、b、c、d、e 分别表示经济与产业发展、休闲服务与接待、休闲生活与消费、休闲空间与环境、交通设施与安全的偏弹性系数。从式（2-2）中可以看出,该函数体现的是城市休闲化各变量指标之间的非线性集聚机制,强调了城市休闲化各指标协调发展的重要性。

在指标数据处理上,由于评价指标含义不同,各指标量纲处理差异比较大,所以不能直接使用各指标数值进行评价。为了使数据具有可比性,采用最大元素基准法对指标数据进行无量纲处理,将实际能力指标值转化为相对指标,即:

$$Y_{ij} = (X_{ij} / \max\nolimits_{1 \leqslant i \leqslant 36}^{1 \leqslant j \leqslant 43}[X_{ij}])$$

经过处理后的城市休闲化评价模型为:

$$\mathrm{URI} = \sum\nolimits_{j=1}^{9} Y_{ij}^{a} + \sum\nolimits_{j=10}^{20} Y_{ij}^{b} + \sum\nolimits_{j=21}^{30} Y_{ij}^{c} +$$
$$\sum\nolimits_{j=31}^{37} Y_{ij}^{d} + \sum\nolimits_{j=38}^{43} Y_{ij}^{e} \tag{2-3}$$

总之,城市休闲化评价指标的非线性组合评价法具有以下特点:第一,强调了城市休闲化评价指标变量间的相关性及交互作用。第二,着眼于系统性观点,突出了评价变量中较弱变量的约束作用,充分体现了城市休闲化水平的"短板效应",即城市休闲化水平就像43块长短不同的木板组成的木桶,木桶的盛水量取决于长度最短的那块木板。第三,因采用了指数形式,导致变量权重的作用不如线性评价法明显,但对于变量的变动却比线性评价法更为敏感。

第三章　城市休闲化评价结果

第一节　综合评价

一、36座城市休闲化指数排名

根据对经济与产业发展、休闲服务与接待、休闲生活与消费、休闲空间与环境、交通设施与安全五个方面，共计43个指标相关数据的统计与分析，得出了全国36座城市2020年城市休闲化发展指数的综合结果。如果从综合排名评价值看，可以分为以下几个梯队。首先，北京、上海两座城市遥遥领先，属于城市休闲化发展的第一梯队。其次，广州、重庆、深圳、成都和杭州5个城市位居前列，属于城市休闲化发展的第二梯队。再次，南京、西安、武汉、天津、宁波、长沙、郑州、青岛、昆明、沈阳、厦门、贵阳、石家庄、福州、太原、大连16个城市，属于城市休闲化发展的第三梯队。最后，哈尔滨、济南、合肥、长春、南昌、呼和浩特、南宁、乌鲁木齐、兰州、海口、拉萨、银川和西宁13个城市属于第四梯队。

从城市休闲化综合评价指数排名的整体情况看，大致与这些城市在全国的社会经济发展排名相符，在一定程度上体现了社会经济发展与城市休闲化互动发展这一基本特征。进一步分析看，位于第一和第二梯队的城市,在社会经济发展水平与城市休闲化发展水平两者之间的均衡性与充分性相对较好,在我国城市休闲化发展过程中发挥引领性与示范性作用;处于第三和第四梯队的城市,两者之间的关系相对较弱,需要不断优化与持续强化(见图 3-1)。

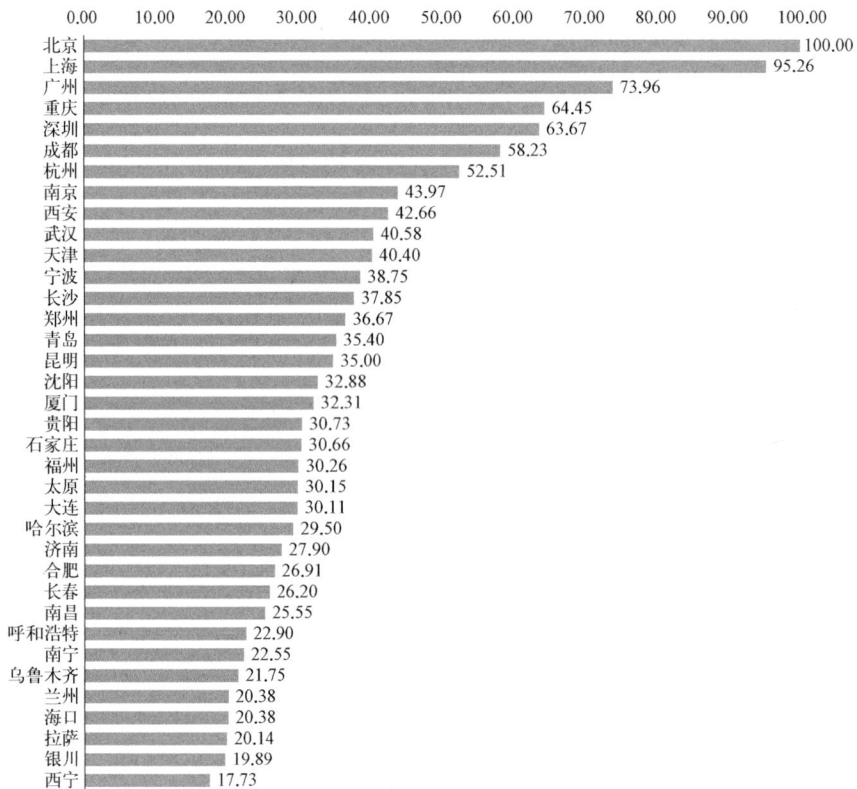

图 3-1 36 个城市休闲化综合指数排名

二、发展特征

基于 2020 年我国城市休闲化指数综合结果,并结合以往几年的评价数值看,大致呈现如下发展特征。第一,从整体角度看,城市休闲化发展水平稳步提升,头部城市占位基本稳定。从发展水平看,36 座城市休闲化水平呈持续稳步增长态势。尽管从每年的评价指数看,变化比较微小,但是从近十年来的变化看,城市休闲化发展水平的提升还是比较明显。从排名前5位的城市看,北京、上海、广州、深圳、重庆稳居前五,这是自2013年以来连续第8年占据城市休闲化综合排名前五位。

第二,从区域层面看,"东部领先、中部崛起、西部赶超",正在成为中国城市休闲化发展过程中的一个新格局。在我国现阶段,东部地区的城市休闲化水平依然处于领先状态,中西部地区相对滞后,总体上呈现出由东向西递减的分布格局,与我国当前社会经济发展水平的区域分布格局大致吻合。当然,也应该看到中部与西部地区城市休闲化发展正在出现新的变化,尤其是西部地区更值得关注。一方面,在"一带一路"倡议与西部开发政策的引导与推动下,西部地区城市休闲化发展水平与发展质量都表现出鲜明的加速态势,城市休闲化发展的整体均值水平高于中部,区域内部发展的协调度优于中部;另一方面,在去年和今年城市休闲化指数综合排名前10位的城市中,东部6个,中部1个,西部3个。显而易见,西部崛起势头明显,令人刮目相看。

第三,从城市之间看,尽管城市之间发展日益缩小,但是不同城市之间差距还是比较显著,发展差异仍不容小觑。首先,从单个城市之间的比较看,差距依旧非常显著。以北京、上海为代表的城市休闲化发展的头部城市已经率先进入全域休闲化发展阶段,标志着我国城市休闲化发展步入一个新的发展时期,然而位居最后的几个城市仍然处于较低的城市休闲化发展阶段。其次,相对落后地区城市休闲化发展水平稳中有升,进步明显。根据城市休闲化发展水平五级划分标准,十年前有23个城市位列第五层次,今年则降低至12个城市,这是一个巨大的进步。再次,城市间发展差距显著缩小。10年前,排名第一的北京与位列末尾的拉萨之间，休闲化指数相差 7.64 倍。而今，首位与末位两者之间虽说仍有 5.64 倍的差距，但是已经显著缩小。当然也要清醒认识到，要完全实现不同地区城市之间城市休闲化发展水平与发展质量的协调性与均衡性目标，依然任重道远。最后，从城市规模和能级比较看，排在前 5 位的均是我国的超大型城市，排在后 5 位的城市中，1 个是 I 型大城市，3 个是 II 型大城市，1 个是中等城市。显然在目前阶段，城市规模与城市休闲化发展水平相关，也是影响城市休闲化指数高低的重要因素。此外，从城市性质比较看，作为计划单列市的深圳、宁波、厦门、青岛和大连5 个城市，虽然不属于省会城市，但是由于自身经济条件好，所以在城市休闲化指数排名方面，要高于部分省会城市。特别是深圳，城市休闲化指数的综合排名一直处于第一梯队。显然，从城市规模和能级看，规模越大，能级越高，城市休闲化发展优势越显著，或许是当前我国城市休闲化发展中的一种常态。

第二节　分类评价

一、分类指标权重

中国城市休闲化评价体系由经济与产业发展、休闲服务与接待、休闲生活和消费、休闲空间与环境和交通设施与安全五个一级指标组成。从城市休闲化指数评价五个一级指标的权重看，休闲服务与接待指标权重最高，为 33.78%；接着是交通设施与安全，为 28.75%；其后是经济与产业发展，为 21.84%；再后是休闲空间与环境，为 8.07%；最后是休闲生活和消费，权重最低，为 7.56%。显而易见，在目前城市休闲化过程中，休闲服务与接待指标对城市休闲化的影响力最大。这也从一个侧面表明，休闲产业对于我国城市休闲化的发展正在发挥越来越重要的促进作用。与此同时,休闲生活与消费指标对城市休闲化的影响作用相对较小。这一现状与居民日益高涨的美好生活需要存在较大差距,在一定程度上折射出我国社会主要矛盾不平衡不充分发展的基本特征在城市休闲化过程中得到体现。也表明近年来相关部门出台的刺激居民消费的政策非常及时,通过改善休闲消费环境、培育休闲消费热点,实现居民休闲消费转型升级,从而提升美好生活的幸福感与获得感,是促进城市休闲化进程的重要手段之一(见图3-2)。

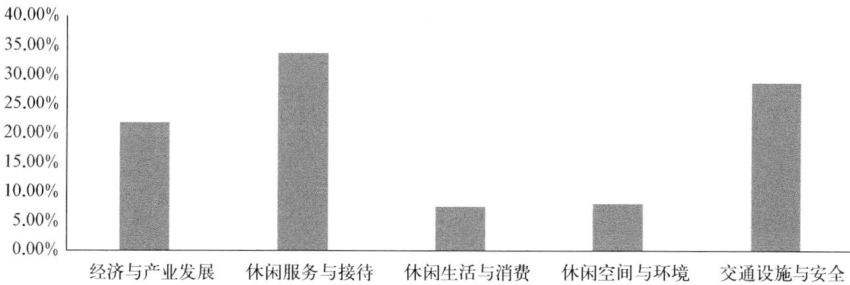

图3-2　城市休闲化五大指标权重

二、分类指标分析

(一)经济与产业发展

经济与产业发展是促进城市休闲化进程的前提条件,包括地区生产总值、人均生产总值、城市化率、第三产业占地区生产总值比重、第三产业就业人数占全部就业人数比重、社会消费品零售总额、住宿和餐饮业零售总额、批发/零售/住宿和餐饮业从业人数、限额以上批发/零售/住宿和餐饮业企业个数9项指标。

从经济与产业分类指数看,上海、北京、广州、深圳和成都排名前5位,表明上述城市经济发展实力雄厚,为城市休闲化发展奠定了扎实的基础。而兰州、海口、银川、西宁、拉萨则位列全国后5位,表明经济发展的相对薄弱制约了上述城市休闲化发展水平的提升。从维度评价指标值看,排名首位的城市与居于末位的城市之间的差距约为10.76倍(见图3-3)。

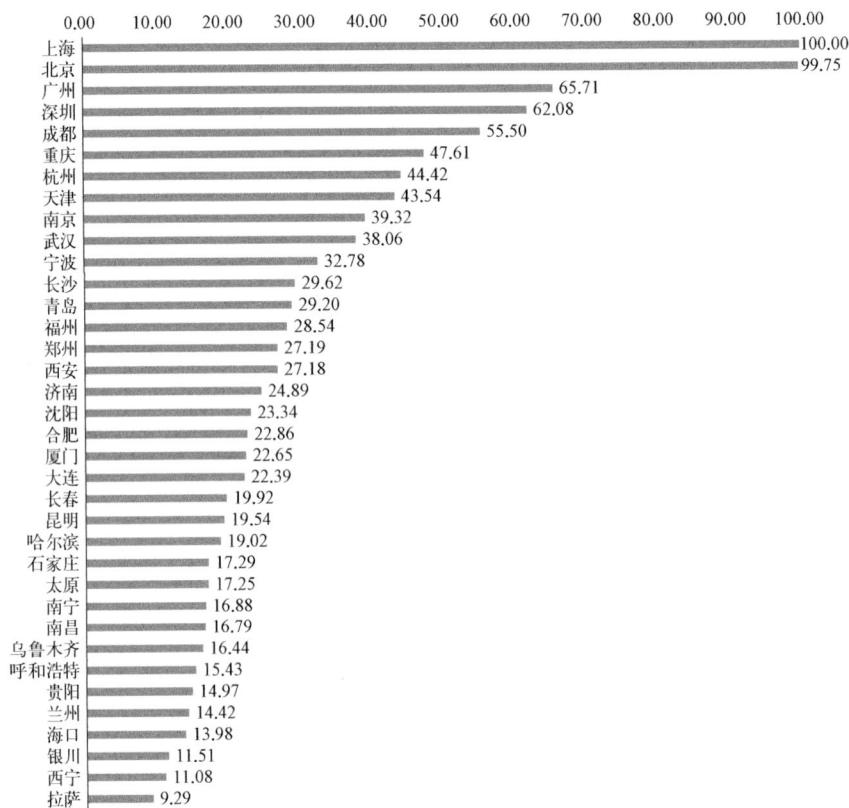

图3-3 经济与产业发展指数排名

(二)休闲服务与接待

休闲服务与接待,是城市休闲化发展的内在驱动力,包括博物馆、公共图书馆、文化馆数量,剧场、影剧院个数,国家重点文物保护单位数量,旅行社数量,星级饭店数量,国家4A级及以上景区数量,公园个数,国内旅游人数和入境旅游人数11项指标。

城市休闲文化、娱乐、旅游等设施是重要的休闲消费场所,而接待规模是城市休闲吸引力的重要表现。在休闲服务与接待分类指数排名中,北京、上海、重庆、深圳和杭州进入前5位,表明这5个城市休闲娱乐和文旅融合发展水平较高,产业休闲服务结构相对成熟,休闲文化产业发展的整体性优势比较明显。而兰州、银川、乌鲁木齐、拉萨和海口位居后5位。虽然以上城市在文化、旅游某些具体方面甚至在全国都具有优势,但是在整体性发展方面存在诸多薄弱环节,影响了休闲服务与接待类别指数的排名。从维度评价指标值看,排名首位的城市与居于末位的城市之间的差距约为11.32倍(见图3-4)。

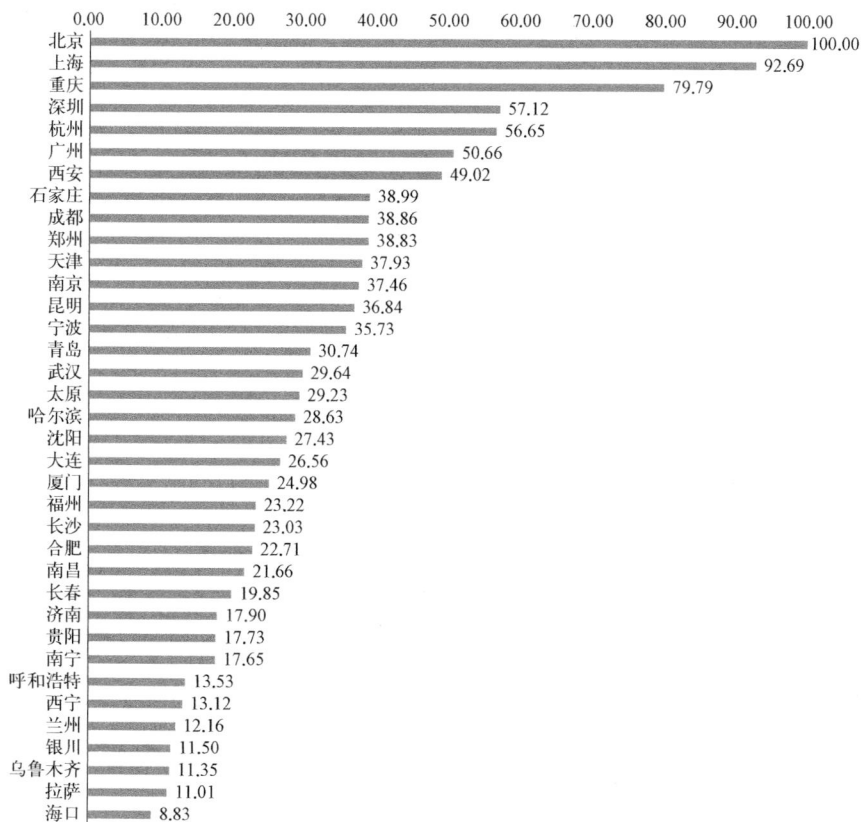

城市	指数
北京	100.00
上海	92.69
重庆	79.79
深圳	57.12
杭州	56.65
广州	50.66
西安	49.02
石家庄	38.99
成都	38.86
郑州	38.83
天津	37.93
南京	37.46
昆明	36.84
宁波	35.73
青岛	30.74
武汉	29.64
太原	29.23
哈尔滨	28.63
沈阳	27.43
大连	26.56
厦门	24.98
福州	23.22
长沙	23.03
合肥	22.71
南昌	21.66
长春	19.85
济南	17.90
贵阳	17.73
南宁	17.65
呼和浩特	13.53
西宁	13.12
兰州	12.16
银川	11.50
乌鲁木齐	11.35
拉萨	11.01
海口	8.83

图3-4　休闲服务与接待指数排名

（三）休闲生活与消费

休闲生活与消费,主要反映城市居民生活质量和休闲消费结构,是反映城市居民生活休闲化发展的核心内容。包括城镇居民家庭恩格尔系数、城市居民人均可支配收入、城市居民消费价格指数、城市居民家庭人均消费支出、城市居民人均家庭设备用品及服务消费支出、城市居民人均医疗保健消费支出、城市居民人均交通通信消费支出、城市居民人均教育文化娱乐服务消费支出、每百户城镇常住居民家庭年末彩色电视机拥有量、每百户城镇常住居民家庭年末家用电脑拥有量 10 项指标。

从休闲生活与消费分类指数排名看,上海、杭州、北京、长沙和广州排名前 5 位,表明上述城市休闲娱乐和文旅市场比较繁荣,居民用于与休闲相关的综合性消费能力比较强,外来游客的消费支出比较高。而南昌、重庆、西宁、拉萨和南宁排名最后 5 位,表明城市的休闲娱乐、文化旅游综合消费能力相对薄弱,是城市休闲化发展过程中的一个突出瓶颈因素。从维度评价指标值看,排名首位的城市与居于末位的城市之间的差距约为2.21 倍(见图 3 - 5)。

（四）休闲空间与环境

休闲空间与环境,是反映城市居民的居住空间尺度和城市游憩环境质量的重要内容,包括市区人均居住面积、城市(建成区)绿化覆盖率、城市绿地面积、城市人均公园绿地面积、空气质量达到及好于二级的天数、国控主要城市区域环境噪声和国家荣誉称号数 7 项指标。

从休闲空间与环境分类指数排名看,广州、上海、太原、深圳和重庆名列前 5 位。而拉萨、天津、石家庄、西宁和兰州则处于排名的最后 5 位,一定程度上表明以上 5 个城市户外游憩环境总体质量存在一些不尽如人意的地方,成为城市休闲化发展的短板。从维度评价指标值

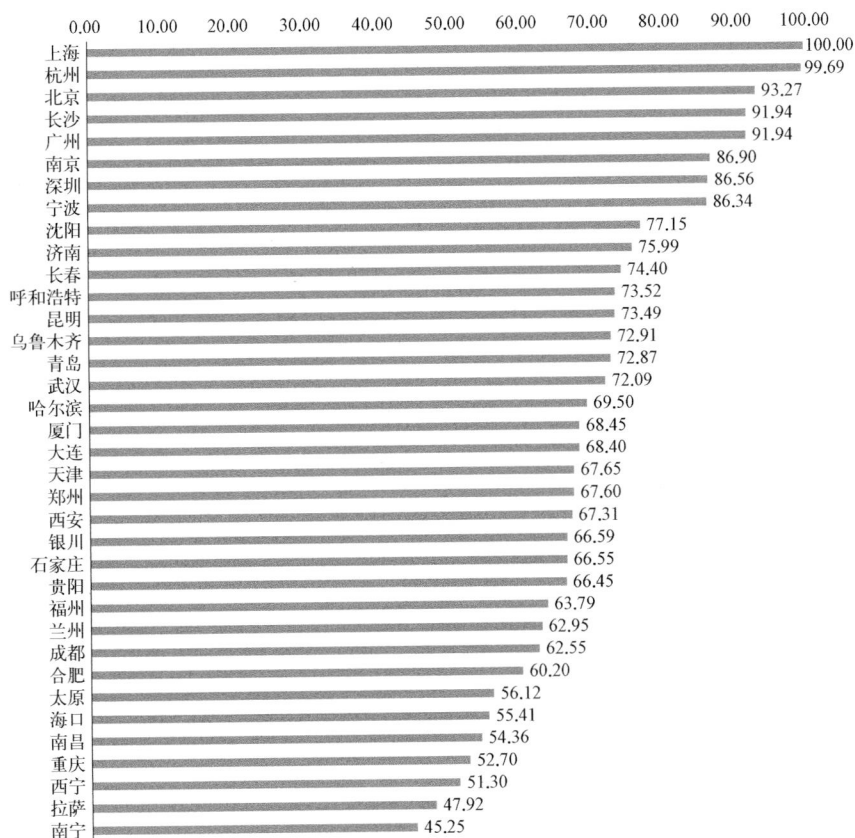

图 3-5　休闲生活与消费指数排名

看,排名首位的城市与居于末位的城市之间的差距约为 3.09 倍(见图 3-6)。

（五）交通设施与安全

交通设施与安全,是城市本地居民和外来游客开展休闲活动的前提,主要反映城市内外交通的承载能力、便捷程度和安全可靠,包括公共汽车、电车客运量,轨道交通客运量,公路运输客运量,铁路运输客运量,民用航空旅客发送量和交通事故发生数 6 项指标。

从交通设施与安全分类指数看,北京、广州、成都、上海和重庆排名前

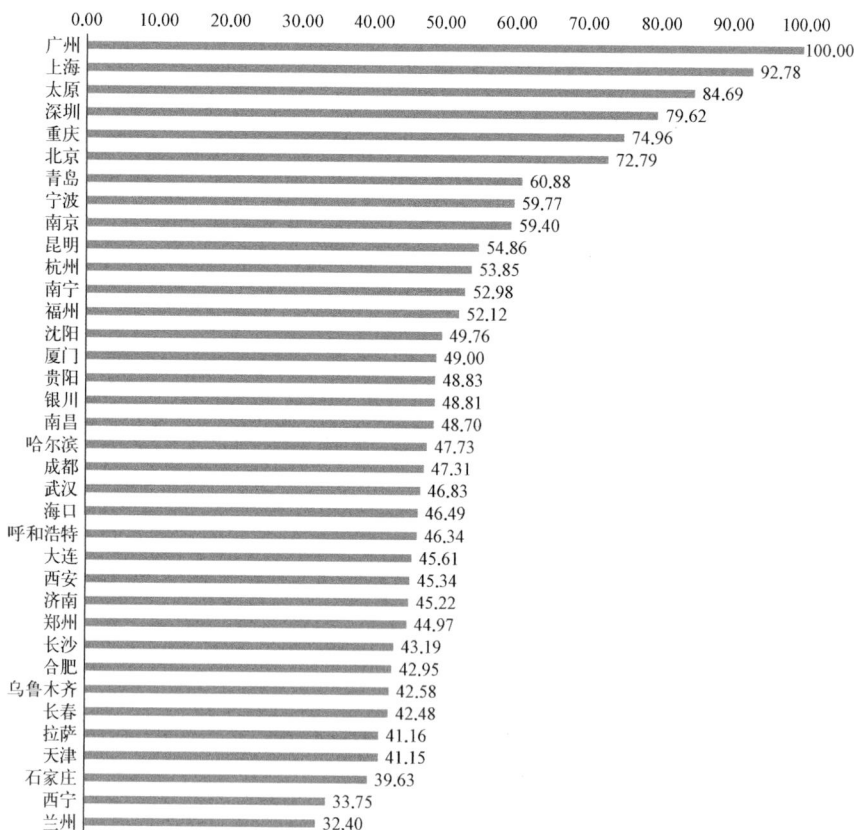

图3-6 休闲空间与环境指数排名

5位。交通条件完善,交通枢纽功能强大,使得上述城市居民在本地日常的休闲活动与外来游客在当地的旅游观光活动能够互动协调发展。而石家庄、乌鲁木齐、西宁、太原和银川位居最后5位。上述城市交通设施与安全评价指数相对较弱,对本地居民从事日常的休闲娱乐活动以及外来游客开展观光度假活动都会产生相应的抑制作用。从维度评价指标值看,排名首位的城市与居于末位的城市之间的差距约为15.31倍(见图3-7)。

综上所述,从城市休闲化发展的五个维度看,彼此之间的差距还是比较明显的,反映出我国城市休闲化过程的复杂性与多样性。首先,从休闲生活和消费、休闲空间与环境两类指标看,在各城市间的发展差异最小,

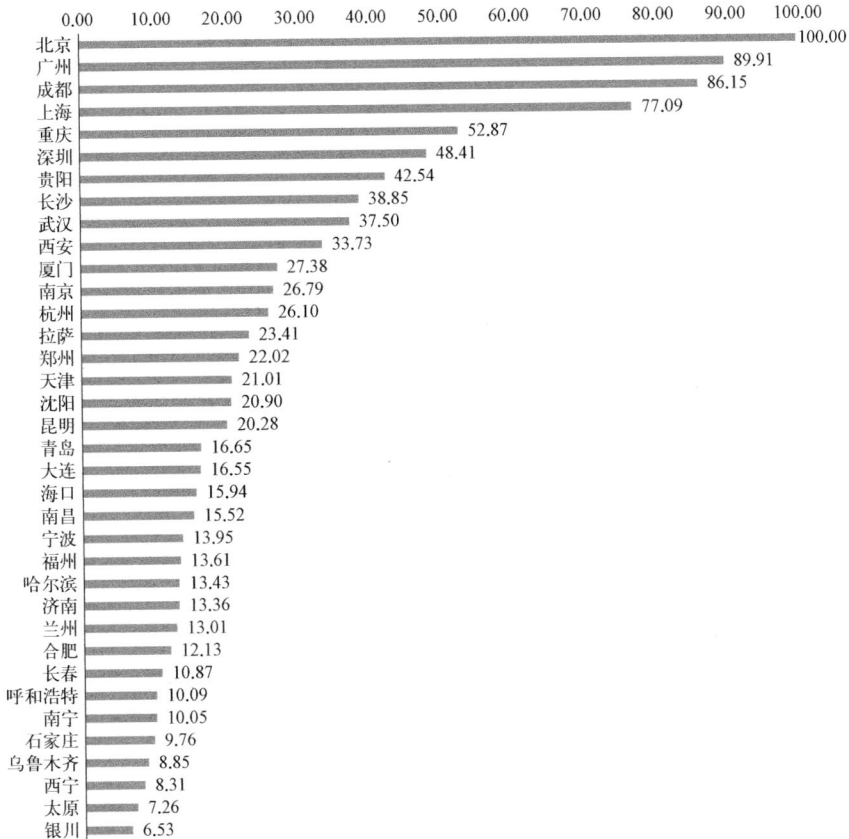

图3-7　交通设施与安全指数排名

既体现了城市居民巨大的休闲消费需求与追求美好生活的高涨热情，又凸显出城市生态环境治理取得的积极成效与城市游憩空间环境质量明显改善的发展态势。一是从休闲生活与消费类指标看，整体水平都比较高，首尾城市之间差异最小，仅有2.2倍(五个类别指标中，首尾城市之间的平均差距为8.5倍)。揭示出在社会主要矛盾变化的大背景下，居民追求美好生活需要的热情高涨，从事休闲消费的动机强烈。二是从休闲空间与环境类指标看，首尾城市之间差距相对较小，为3.01倍。说明近年来在中央一系列生态文明建设的措施指引下，城市生态环境得到有效整治，居民户外游憩空间环境质量明显改善。其次,从经济与产业、休闲服务与接待、交通与安全三个维度指标看,首尾城市的差距依次是10.76倍、11.32倍、15.31倍。这三个维度之间表现出来的差异性既是各个城市之间发展存在差距的客观体现,又是由于相关指标统计口径存在差异的表现。因为从现有的城市休闲化指数的评价指标看,由绝对值指标和相对值指标两部分组成,所以与休闲生活消费和休闲环境两类指标相比,经济与产业、休闲服务与接待、交通与安全三个维度指标采用的绝对值较多,而后者使用的多是相对值指标。无论如何必须指出的是,城市休闲化各维度之间的失衡性,是制约城市休闲化水平提高与质量提升的瓶颈。

第三节　演变趋势

一、36座城市休闲化指数排名演变趋势

将2020年36座城市的休闲化指数与2011—2019年的相关数据进行比较的话,大致反映出如下几个特点。第一,北京、上海、广州、重庆、深圳的城市休闲化水平始终名列前五,尽管相关城市的排名略有变化。其中,北京和上海的排名始终是位居前二;广州自2013年来也始终保持第三名的位置;而重庆、深圳的排序则呈现多次交替变换的态势。第二,自2015年以来,成都和杭州的排名位次紧邻。成都和杭州都拥有良好的休闲氛围和休闲底蕴,政府比较注重城市休闲化建设,致力于改善人居环境、加快休闲相关产业发展,使得城市休闲品质大幅度提升。第三,中部地区的大多数城市休闲化排名都有所上升。其中,石家庄和长沙的上升幅度较大。特别需要提出的是,长沙自身的文化旅游产业较为发达,近年来更是在产业、交通等举措的推进下,城市休闲化发展效果显著。第四,西部地

区的城市排名整体上比较靠后,这与西部地区的社会经济发展水平相对较低有关。不过,随着西部大开发政策深入,以及在"一带一路"倡议红利的引导下,西部地区的城市休闲化发展速度已经呈现进一步加速态势(见表3-1)。

表3-1　中国36个城市休闲化水平排序(2011—2020年)

年份	北京	上海	广州	深圳	重庆	成都	杭州	南京	武汉
2011	1	2	4	3	5	9	6	7	10
2012	1	2	4	3	5	1	6	7	8
2013	1	2	3	5	4	9	6	7	10
2014	1	2	3	5	4	8	6	7	11
2015	1	2	3	4	5	6	7	8	9
2016	1	2	3	5	4	6	7	9	8
2017	1	2	3	4	5	6	7	8	9
2018	1	2	3	4	5	6	7	8	9
2019	1	2	3	5	4	6	7	8	10
2020	1	2	3	5	4	6	7	8	10
年份	天津	西安	昆明	沈阳	大连	宁波	青岛	福州	长沙
2011	8	11	18	17	12	13	15	22	21
2012	9	12	14	16	11	13	17	20	21
2013	8	11	16	14	13	12	17	21	20
2014	9	10	16	18	14	13	20	12	19
2015	10	11	12	15	17	13	14	19	18
2016	11	10	14	15	21	12	13	19	20
2017	10	11	12	13	14	15	16	17	18
2018	10	11	17	16	13	12	14	20	15
2019	9	11	18	15	17	12	13	22	16
2020	11	9	16	17	23	12	15	21	13

(续表)

年份	厦门	济南	哈尔滨	郑州	贵阳	南昌	合肥	长春	石家庄
2011	19	20	14	16	28	30	26	27	23
2012	19	23	18	15	27	28	25	26	22
2013	23	19	18	15	29	31	25	24	22
2014	22	23	17	15	26	28	24	27	21
2015	20	22	21	16	23	28	24	27	25
2016	23	22	18	16	17	27	24	26	25
2017	19	20	21	22	23	24	25	26	27
2018	21	18	19	22	23	25	24	26	27
2019	23	21	19	14	20	24	25	28	26
2020	18	25	24	14	19	28	26	27	20

年份	太原	南宁	乌鲁木齐	呼和浩特	银川	兰州	海口	西宁	拉萨
2011	29	25	34	24	32	35	33	36	31
2012	29	24	33	30	36	32	31	34	35
2013	28	26	33	27	36	32	30	34	35
2014	29	25	32	30	35	33	31	34	36
2015	32	30	29	31	33	35	26	36	34
2016	30	28	31	29	33	34	32	36	35
2017	28	29	30	31	32	33	34	35	36
2018	28	32	30	31	34	33	29	35	36
2019	27	31	33	29	30	32	34	35	36
2020	22	30	31	29	35	32	33	36	34

二、36座城市休闲化指数等级变化趋势

运用百分制等级划分法进行分类,可以分为以下5个等级。第一等级,以 A 为好(80~100);第二等级,以 B 为较好(60~79);第三等级,以 C

为一般(40～59);第四等级,以 D 为较低(20～39);第五等级,以 E 为低
(1～19)。以此为标准,将我国 36 个城市连续 10 年来的城市休闲化指数
综合评价值进行排列,在一定程度上可以凸显出各个城市自身变化的相
关特征(见表 3－2)。

通过梳理可以发现处于不同城市休闲化发展水平的城市在十年来的
发展过程中各有特点。第一,从总体分布等级看,城市休闲化水平稳步提
升。在 2011 年,36 座城市休闲化水平的综合评价值主要分布在第二等级
至第五等级四个层面,数量分别是 1 个、3 个、9 个、23 个。在 2020 年,36
座城市仍然主要分布在第二等级至第五等级四个层面,数量分别是 2 个、
4 个、18 个、12 个。从变化看,第二等级的城市数量由 1 个增加到 2 个,增
加了 100%;第三等级的城市数量由 3 个增加到 4 个,增加了 25%;第四等
级的城市数量由 9 个翻倍至 18 个,增加了 100%;第五等级的城市数量由
23 个锐减至 12 个,降低了 52.17%。显而易见,尽管 36 座城市休闲化水
平的综合评价值分布等级主要集中在第二至第五等级内,但是各个等级
的分布数量已经出现显著变化,充分显示近十年来我国城市休闲化水平
得到有效提升。从城市休闲化水平综合评价指标值看,由于处在第四等
级与第五等级的城市主要是分属于中部地区,尤其是集中在西部地区,所
以处于第五等级城市数量的急剧减少和属于第四等级城市的大幅度增加
有力说明,随着我国社会经济的持续健康发展,城市休闲化水平整体上在
缓慢提升。

第二,从东中西部地区城市自身发展的角度看,休闲化水平的广泛提
升是发展的主调,但是各个城市的提升幅度差异较大。对 36 个城市休闲化
水平综合评价指标值的梳理看,西部地区的城市最显著,接着是东部地区,
中部地区相对滞后。以西部地区的成都为例,10 年来提升了将近 16 个百分
点。此外,西部地区的重庆、西安和贵阳,也分别提升了将近 9 个百分点。

表 3 - 2　2011—2020 年中国城市休闲化水平等级数量变化

区域	城市	2011	2012	2013	2014	2015	2016	2017	2018	2019	2020
东部	北京	74.5701	74.2282	80.3971	79.9832	72.9737	77.6303	77.8889	75.5850	70.2152	70.5400
	上海	58.5271	60.8128	63.4098	62.5409	62.4184	68.5519	68.8860	69.8766	70.1418	67.1940
	深圳	43.2603	45.2587	39.6253	42.4722	46.7816	47.4766	47.3175	47.3090	45.9739	44.9130
	天津	25.0989	23.0020	27.6278	27.4814	26.6435	32.2724	32.0502	31.2149	33.4240	28.7253
	南京	25.6920	27.2421	28.9902	30.6689	30.1663	32.2763	32.1420	32.1033	34.9725	31.0188
	沈阳	18.8593	18.6763	21.8426	20.6810	21.7188	25.1280	24.9560	23.4614	24.8120	23.1936
	杭州	26.6642	27.5546	31.3138	31.5902	30.3406	37.2510	37.0140	35.3891	37.7647	37.0403
	福州	16.6333	17.1893	19.3931	22.8082	20.1201	22.8549	22.6703	21.5055	21.7101	21.3456
	广州	42.6122	44.9341	49.0940	47.6588	50.9193	57.5580	57.6057	54.2740	60.0155	52.1638
	海口	11.1137	11.8089	13.9347	12.1677	16.6388	14.6260	14.4867	17.1280	16.5710	14.3769
	大连	21.5187	22.7101	23.4021	22.2006	20.7126	25.2322	25.0283	24.5506	23.2529	21.2398
	厦门	17.2906	17.4286	17.9745	17.8531	19.8091	22.3450	22.1554	21.2125	21.4959	22.7931
	宁波	20.0384	20.4095	24.2001	22.6017	22.5279	24.9091	24.6780	25.4695	26.5481	27.3332
	青岛	19.2370	18.1130	21.2563	20.3608	22.4462	24.7548	24.5274	24.4680	26.0218	24.9710

（续表）

区域	城市	2020	2019	2018	2017	2016	2015	2014	2013	2012	2011
东部	济南	19.680 2	21.878 5	22.706 1	21.314 9	21.558 3	18.865 3	17.236 3	20.299 1	16.096 4	16.889 3
	均值	33.768 6	35.653 2	35.083 6	35.514 8	35.628 3	32.205 5	31.887 0	32.184 0	29.697 6	29.200 3
中部	长春	18.479 8	19.114 1	18.255 3	18.296 7	18.486 0	16.360 2	14.418 0	17.733 7	13.160 5	13.317 6
	合肥	18.985 7	20.486 3	19.485 3	18.566 0	18.736 7	16.909 0	15.667 5	16.399 4	13.328 7	13.373 8
	南昌	18.025 8	21.175 6	18.809 0	18.684 7	18.817 1	15.862 3	14.277 9	12.947 5	12.535 2	12.532 2
	郑州	25.869 6	25.854 5	21.019 1	20.350 1	20.521 9	21.501 9	21.979 2	21.427 7	19.232 2	19.219 7
	长沙	26.698 6	24.005 8	23.476 5	22.599 4	22.782 1	20.537 3	20.405 9	19.952 6	16.751 5	16.839 4
	太原	17.864 2	19.224 5	17.626 6	18.007 6	18.185 3	14.426 1	13.986 2	14.774 3	12.246 0	12.808 9
	哈尔滨	20.812 5	22.066 5	22.294 3	20.965 3	21.190 5	19.503 1	20.738 9	20.831 9	18.103 2	19.384 3
	武汉	28.626 7	32.221 9	31.844 9	31.006 5	31.181 9	26.775 2	26.032 3	26.164 7	24.051 0	23.678 4
	石家庄	21.596 5	19.765 8	18.149 4	18.415 9	18.619 4	16.782 1	19.698 2	19.387 2	16.433 9	16.352 9
	均值	21.884 4	22.657 2	21.217 8	20.765 8	20.946 8	18.739 7	18.578 2	18.846 6	16.204 7	16.389 7
西部	呼和浩特	16.154 2	18.176 4	16.983 7	16.523 6	16.685 7	14.504 8	13.879 5	14.914 0	12.184 5	13.963 2
	南宁	15.907 9	16.913 0	16.137 0	17.550 2	17.710 2	15.379 5	14.907 8	14.926 0	14.144 7	13.757 3

（续表）

区域	城市	2011	2012	2013	2014	2015	2016	2017	2018	2019	2020
西部	成都	25.098 9	23.002 0	27.321 7	28.415 6	34.793 2	37.511 1	37.388 6	32.917 1	41.155 0	41.073 6
	西安	21.881 6	22.486 1	25.195 5	26.426 5	26.588 3	30.987 7	30.754 7	28.957 6	31.969 9	30.091 4
	西宁	9.473 0	10.538 6	11.255 8	11.024 7	11.271 5	13.928 7	13.796 8	14.495 8	15.801 4	12.507 5
	乌鲁木齐	10.567 4	10.923 0	11.340 5	11.969 1	15.546 7	16.997 3	16.829 1	17.070 5	16.614 4	15.344 9
	贵阳	12.952 2	13.026 1	14.186 8	14.751 6	17.474 7	19.494 4	19.287 2	20.379 7	21.964 5	21.678 5
	拉萨	11.734 8	10.438 1	10.555 1	10.021 8	11.833 9	12.627 3	12.497 4	11.807 1	15.553 9	14.211 0
	兰州	10.547 3	10.946 7	11.358 0	11.158 8	11.484 5	15.111 3	14.973 5	15.571 1	16.706 9	14.377 6
	银川	11.155 8	10.233 2	10.484 7	10.255 2	12.652 3	15.945 1	15.781 7	15.068 6	17.026 5	14.031 4
	重庆	36.900 3	38.919 8	44.700 3	43.432 9	39.626 8	47.494 8	47.248 0	46.551 2	48.248 8	45.459 6
	昆明	17.780 5	19.520 2	21.326 4	20.881 5	22.854 1	24.961 8	24.728 9	23.135 0	22.787 0	24.690 4
	均值	16.317 7	16.363 6	18.130 4	18.093 8	19.500 9	22.454 6	22.280 0	21.589 5	23.576 5	22.127 3

在东部地区,进步最大的城市是杭州,十年来提升了将近 11 个百分点。而广州和上海,则分别提升了将近 10 个百分点和 9 个百分点。在中部地区,仅有长沙一个城市比较突出,十年来提升了将近 10 个百分点。综上所述,成都和杭州是 36 座城市中休闲化水平综合评价指标值递增最快的城市,而两座城市又被学界公认为是中国推进"休闲城市"建设的标志性城市。显然成都和杭州开展休闲城市建设无疑成为提升城市休闲化水平的重要动力(见表 3‑3)。

表 3‑3　2011—2020 年中国城市休闲化水平等级数量变化

等级	2011	数量	2012	数量
A	——	0	——	0
B	北京	1	北京、上海	2
C	上海、广州、深圳	3	广州、深圳	2
D	重庆、杭州、南京、天津、成都、武汉、西安、宁波、大连	9	重庆、杭州、南京、天津、成都、武汉、西安、宁波、大连	9
E	沈阳、郑州、昆明、青岛、哈尔滨、济南、长沙、福州、石家庄、厦门、长春、合肥、南宁、呼和浩特、太原、贵阳、海口、南昌、兰州、乌鲁木齐、西宁、拉萨、银川	23	沈阳、郑州、昆明、青岛、哈尔滨、济南、长沙、福州、石家庄、厦门、长春、合肥、南宁、呼和浩特、太原、贵阳、海口、南昌、兰州、乌鲁木齐、西宁、拉萨、银川	23
等级	2013	数量	2014	数量
A	北京	1	——	0
B	上海	1	北京、上海	2
C	广州、重庆	2	广州、重庆、深圳	3
D	深圳、杭州、南京、天津、成都、武汉、西安、宁波、大连、沈阳、郑州、昆明、青岛、哈尔滨、济南	15	杭州、南京、天津、成都、武汉、西安、宁波、大连、沈阳、郑州、昆明、青岛、哈尔滨、长沙、福州	15
E	长沙、福州、石家庄、厦门、长春、合肥、南宁、呼和浩特、太原、贵阳、海口、南昌、兰州、乌鲁木齐、西宁、拉萨、银川	17	济南、石家庄、厦门、长春、合肥、南宁、呼和浩特、太原、贵阳、海口、南昌、兰州、乌鲁木齐、西宁、拉萨、银川	16

（续表）

等级	2015	数量	2016	数量
A	——	0	——	0
B	北京、上海	2	北京、上海	2
C	广州、深圳、重庆	3	广州、重庆、深圳	3
D	成都、杭州、南京、武汉、天津、西安、昆明、宁波、青岛、沈阳、郑州、大连、长沙、福州、厦门、哈尔滨	16	成都、杭州、武汉、南京、西安、天津、宁波、青岛、昆明、沈阳、郑州、贵阳、哈尔滨、福州、长沙、大连、济南、厦门	18
E	济南、贵阳、合肥、石家庄、海口、长春、南昌、乌鲁木齐、南宁、呼和浩特、太原、银川、拉萨、兰州、西宁	15	合肥、石家庄、长春、南昌、南宁、呼和浩特、太原、乌鲁木齐、海口、银川、兰州、拉萨、西宁	13

等级	2017	数量	2018	数量
A	北京	1	——	0
B	上海、广州	2	北京、上海	2
C	深圳、重庆、成都	3	广州、深圳、重庆	3
D	杭州、南京、武汉、天津、西安、昆明、沈阳、大连、宁波、青岛、福州、长沙、厦门、济南、哈尔滨、郑州、贵阳	17	杭州、成都、南京、武汉、天津、西安、宁波、大连、青岛、长沙、沈阳、昆明、济南、哈尔滨、福州、厦门、郑州、贵阳	18
E	南昌、合肥、长春、石家庄、太原、南宁、乌鲁木齐、呼和浩特、银川、兰州、海口、西宁、拉萨	13	合肥、南昌、长春、石家庄、太原、海口、乌鲁木齐、呼和浩特、南宁、兰州、银川、西宁、拉萨	13

等级	2019	数量	2020	数量
A	——	0	——	0
B	北京、上海	2	北京、上海	2
C	广州、重庆、深圳、成都	4	广州、重庆、深圳、成都	4
D	杭州、南京、天津、武汉、西安、宁波、青岛、郑州、沈阳、长沙、大连、昆明、哈尔滨、贵阳、济南、福州、厦门、南昌、合肥	19	杭州、南京、西安、武汉、天津、宁波、长沙、郑州、青岛、昆明、沈阳、厦门、贵阳、石家庄、福州、太原、大连、哈尔滨	18

40

（续表）

等级	2019	数量	2020	数量
E	石家庄、太原、长春、呼和浩特、银川、南宁、兰州、乌鲁木齐、海口、西宁、拉萨	11	济南、合肥、长春、南昌、呼和浩特、南宁、乌鲁木齐、兰州、海口、拉萨、银川、西宁	12

三、36 座城市分为东中西部三个区域的城市休闲化指数变化趋势

本研究进一步立足于东中西部三个区域的发展角度[①]，对 2011—2020 年东中西部地区城市休闲化指数水平进行归纳与分析，发现以下发展与变化特征。

第一，从整体看，三大区域的城市休闲化水平均有所提升，但是值得注意的是，中西部地区城市的休闲化水平提升速率要高于东部地区，而这也与近年来中西部地区社会经济发展增速快于东部地区的现象同步，也从一定意义上表明社会经济发展水平是促进城市休闲化发展的重要前提。中西部地区总体上来讲城市休闲化发展水平要低于东部地区，因此在提高城市休闲化发展水平的空间上要大于东部地区，发展潜力也更为明显。可以预计，随着中西部地区各个城市社会经济发展水平保持在一个比较良好的发展状态，今后一段时间，中西部地区城市休闲化发展速度高于东部地区将成为一种常态。相对而言，东部地区城市休闲化发展水平已达到一定高度，如何将自身的各类优势融入城市休闲化的进程中，提升资源利用效率，成为东部地区城市休闲化可持续发展的关键。

---

① 三大区域分别为东中西部区域，其中东部区域城市包括北京、上海、深圳、天津、南京、沈阳、杭州、福州、广州、海口、大连、厦门、宁波、青岛、济南；中部区域城市包括长春、合肥、南昌、郑州、长沙、太原、哈尔滨、武汉、石家庄；西部区域城市包括呼和浩特、南宁、成都、西安、乌鲁木齐、贵阳、拉萨、兰州、银川、重庆、昆明。

第二,从区域内部发展变化看,西部地区内部城市休闲化发展的差异性比较显著。如西部地区的重庆和成都,两座城市休闲化评价值位于全国前茅,且比一些东部城市的休闲化水平值还要高。与此同时,同属西部地区的兰州、乌鲁木齐、西宁、拉萨、银川等城市休闲化水平值就明显偏低,因此在整体上又拉低了西部地区城市休闲化水平的均值。正是从这个角度出发,如何发挥区域核心城市的带动效应,协调区域发展,成为提升西部地区城市休闲化总体水平的关键。

第三,从均值差异角度来看,东部地区城市休闲化综合水平明显高于中西部地区。在中西部地区之间,尽管中部和西部地区城市休闲化水平均值比较接近,但是近年来西部地区城市休闲化发展水平的均值已略高于中部地区,并且比较稳定,一定程度上说明西部地区在中央各项政策红利推动下,随着社会经济的稳定发展,正在驱动西部地区城市休闲化建设取得明显效果。中部地区近年来城市休闲化发展增速略显滞缓,处于城市休闲化发展"洼地",这一现象值得引起中部地区有关城市的高度重视(见表3-4)。

表3-4　2011—2020年三大区域城市休闲化均值水平比较

区域	2020	2019	2018	2017	2016	2015	2014	2013	2012	2011
东部	33.77	35.65	35.08	35.51	35.63	32.21	31.89	32.18	29.70	29.20
中部	21.88	22.66	21.22	20.77	20.95	18.74	18.58	18.85	16.20	16.39
西部	22.13	23.58	21.59	22.28	22.45	19.50	18.09	18.13	16.36	16.32

参考文献

[1]李丽梅.中国休闲产业研究[M].上海:上海交通大学出版社,2021

[2]刘德谦,石美玉.中国城市休闲和旅游竞争力报告(2020)[M].北京:社会科学文献出版社,2020.

［3］吕宁,赵亚茹.中国休闲城市发展报告［M］.北京：旅游教育出版社,2020.

［4］刘松.中国城镇居民休闲消费潜力研究［M］.上海：上海交通大学出版社,2020.

［5］宋长海.城市休闲街区经营模式的理论与实践［M］.上海：上海交通大学出版社,2019.

［6］徐爱萍,楼嘉军.中国城市休闲化区域差异及成因解读［J］.世界地理研究,2019(6)：98－108.

［7］李其原,游磊.休闲客流空间扩散特征与区域综合效应研究［M］.北京：科学出版社,2018.

［8］楼嘉军,李丽梅,杨勇.我国城市休闲化质量测度的实证研究［J］.旅游科学,2012,26(5)：45－53.

第二部分

城市休闲化
指数分析

第四章　36个城市的休闲化指数分析

第一节　城市类型的划分及其标准和依据

改革开放以来,随着国民经济的大力发展和工业化进程的不断推进,我国的城镇化已经取得巨大成就,城市数量和规模都有了明显增长。2014年11月20日,国务院发布了《关于调整城市规模划分标准的通知》,对我国原有城市规模划分标准进行了调整,明确了新的城市规模划分标准以城区常住人口为统计口径①,将城市划分为五类七档。第一类,城区常住人口50万以下的城市为小城市,其中20万以上50万以下的城市为Ⅰ型小城市,20万以下的城市为Ⅱ型小城市。第二类,城区常住人口50万以上100万以下的城市为中等城市。第三类,城区常住人口100万以上500万以下的城市为大城市,其中300万以上500万以下的城市为Ⅰ型大城市,100万以上300万以下的城市为Ⅱ型大城市。第四类,城区常住人口500万以上1000万以下的城市为特大城市。第五类,城区常住人口1000万以上的城市为超大城市。依据这一划分标准,可以将本研究

---

① 常住人口:指全年经常在家或在家居住6个月以上,也包括流动人口在所在的城市居住。

对象涵盖的 36 个城市划分为以下五类城市,超大城市 12 个,特大城市 14 个,Ⅰ 型大城市 6 个,Ⅱ 型大城市 3 个,中等城市 1 个(见表 4 - 1)。

表 4 - 1　36 个城市人口规模类型

城　　市	城区人口(万人)	类　　型
重　　庆	3 101.79	超大城市
上　　海	2 423.78	超大城市
北　　京	2 154.20	超大城市
成　　都	1 633.00	超大城市
天　　津	1 559.60	超大城市
广　　州	1 490.44	超大城市
深　　圳	1 302.66	超大城市
武　　汉	1 108.10	超大城市
石　家　庄	1 095.16	超大城市
哈　尔　滨	1 085.80	超大城市
郑　　州	1 013.60	超大城市
西　　安	1 000.37	超大城市
杭　　州	980.60	特大城市
青　　岛	939.48	特大城市
南　　京	843.62	特大城市
沈　　阳	831.60	特大城市
宁　　波	820.20	特大城市
长　　沙	815.47	特大城市
合　　肥	808.70	特大城市
福　　州	774.00	特大城市
长　　春	751.30	特大城市
济　　南	746.04	特大城市
南　　宁	725.41	特大城市
大　　连	698.70	特大城市
昆　　明	685.00	特大城市
南　　昌	554.55	特大城市

（续表）

城　　市	城区人口（万人）	类　　型
贵　　阳	488.19	Ⅰ型大城市
太　　原	442.15	Ⅰ型大城市
厦　　门	411.00	Ⅰ型大城市
兰　　州	375.36	Ⅰ型大城市
乌鲁木齐	350.58	Ⅰ型大城市
呼和浩特	312.60	Ⅰ型大城市
西　　宁	237.11	Ⅱ型大城市
海　　口	230.23	Ⅱ型大城市
银　　川	225.06	Ⅱ型大城市
拉　　萨	55.44	中等城市

第二节　超大城市休闲化指数分析

　　超大城市的常住人口规模在1 000万以上，符合这一标准的城市有重庆、上海、北京、成都、天津、广州、深圳、武汉、石家庄、哈尔滨、郑州、西安共12个。从城市所属区域看，上海、北京、天津、广州、深圳、石家庄6个城市位于东部地区；武汉、郑州和哈尔滨3个城市位于中部地区；重庆、成都和西安3个城市位于西部地区。从城市行政级别看，在12个城市中，广州、郑州、成都、武汉、石家庄、哈尔滨、西安7个城市属于省会城市；北京、上海、天津、重庆4个城市属于直辖市；深圳属于计划单列市。一般来说，城市规模越大，城市的休闲服务产业规模也越大。下面将按照城市人口规模数量的排序，对上述12个城市在城市休闲化指标属性方面呈现出来的特点进行分析。

一、重庆

　　重庆地处中国西南部，是西部大开发重要的战略支点、"一带一路"倡议和长江经济带的重要联结城市以及内陆开放高地。重庆有着丰富的历史文化与自然资源,既有长江三峡、武隆喀斯特等自然景观,又有巴渝文化、红岩精神等人文资源。从数据分析看,重庆43个指标水平值区间在0~3.5,均值为1.039 7。高于均值水平的指标有18个,占指标总数的42%。主要有公路运输客运量,国内旅游人数,国家4A级及以上景区数量,公园个数,限额以上批发、零售、住宿和餐饮业企业个数,博物馆数量,公共图书馆数量,文化馆数量,城市绿地面积,地区生产总值,入境旅游人数,社会消费品零售总额,公共汽车、电车客运量,星级饭店数量,轨道交通客运量,国家荣誉称号数,住宿和餐饮业零售总额,民用航空旅客发送量。其中,指标水平值最高的是公路运输客运量(3.450 2),其次是国内旅游人数(2.785 8)。从这些指标中可以看出,重庆的交通客运规模、旅游设施和接待规模、文化设施规模等指标相对较好,说明重庆比较注重城市的旅游文化基础设施建设,有助于提升适合本地居民日常休闲与外来游客观光度假的城市吸引力。

低于均值水平的指标有25个,占总指标数量的58%。具体为批发、零售、住宿和餐饮业从业人数,国家重点文物保护单位数量,旅行社数量,空气质量达到及好于二级的天数,城市人均公园绿地面积,城市居民人均医疗保健消费支出,铁路运输客运量,城市居民人均家庭设备用品及服务消费支出,每百户城镇常住居民家庭年末彩色电视机拥有量,城市居民家庭人均消费性支出,市区人均居住面积,人均生产总值,城市居民人均可支配收入,第三产业就业人数占全部就业人数的比重,城市化率,第三产业占地区生产总值比重,城市居民人均交通通信消费支出,城镇居民家庭恩格尔系数,城市居民人均教育文化娱乐服务消费支出,每百户城镇常住居民家庭年末家用电脑拥有量,城市(建成区)绿化覆盖率,国控主要城市区域环境噪声,剧场、影剧院个数,交通事故发生数,城市居民消费价格指数。从中可以发现,低于均值水平的指标主要是人均意义上的指标和环境质量等方面,说明重庆的人均休闲消费水平还比较低,环境质量有待提高(见图4-1)。

二、上海

上海是中国经济最发达的城市之一,也是全国重要的运输枢纽。上海蓬勃发展的经济环境为城市商业繁荣、交通设施完善等提供了良好的硬件保障。同时,海纳百川的多元文化为上海休闲设施的多样性发展奠定了坚实的文化基础,也为市民与游客提供了丰富多彩的休闲消费选择。从数据分析看,上海43个指标水平值区间在0~6,均值水平是1.535 8。高于均值水平的指标有15个,占指标总数的35%。主要有轨道交通客运量,住宿和餐饮业零售总额,批发、零售、住宿和餐饮业从业人数,入境旅游人数,剧场、影剧院个数,城市绿地面积,限额以上批发、零售、住宿和餐饮业企业个数,博物馆数量,地区生产总值,旅行社数量,社会消费品零售总额,公共汽车、电车客运量,民用航空旅客发送量,国家4A级及以上景区数量和国内旅游人数。其中,指标水平值最高的是轨道交通客运量(5.742 1),其次是住宿和餐饮业零售总额(4.595 9)。从这些指标中可以看出,上海的交通、服务业、旅游等产业规模发展较好,表明上海城市交通网络发达便捷,休闲服务产业结构完善,居民休闲消费能力较强,游客观光度假消费旺盛,对提升城市休闲化发展水平和发展质量作用显著。

低于均值水平的指标有28个,占总指标数量的65%。具体为公园个数,星级饭店数,国家荣誉称号数,文化馆数量,城市居民人均医疗保健消费支出,国家重点文物保护单位数量,公共图书馆数量,城市居民人均教育文化娱乐服务消费支出,人均生产总值,城市居民家庭人均消费性支出,城市居民人均可支配收入,铁路运输客运量,城市居民人均交通通信

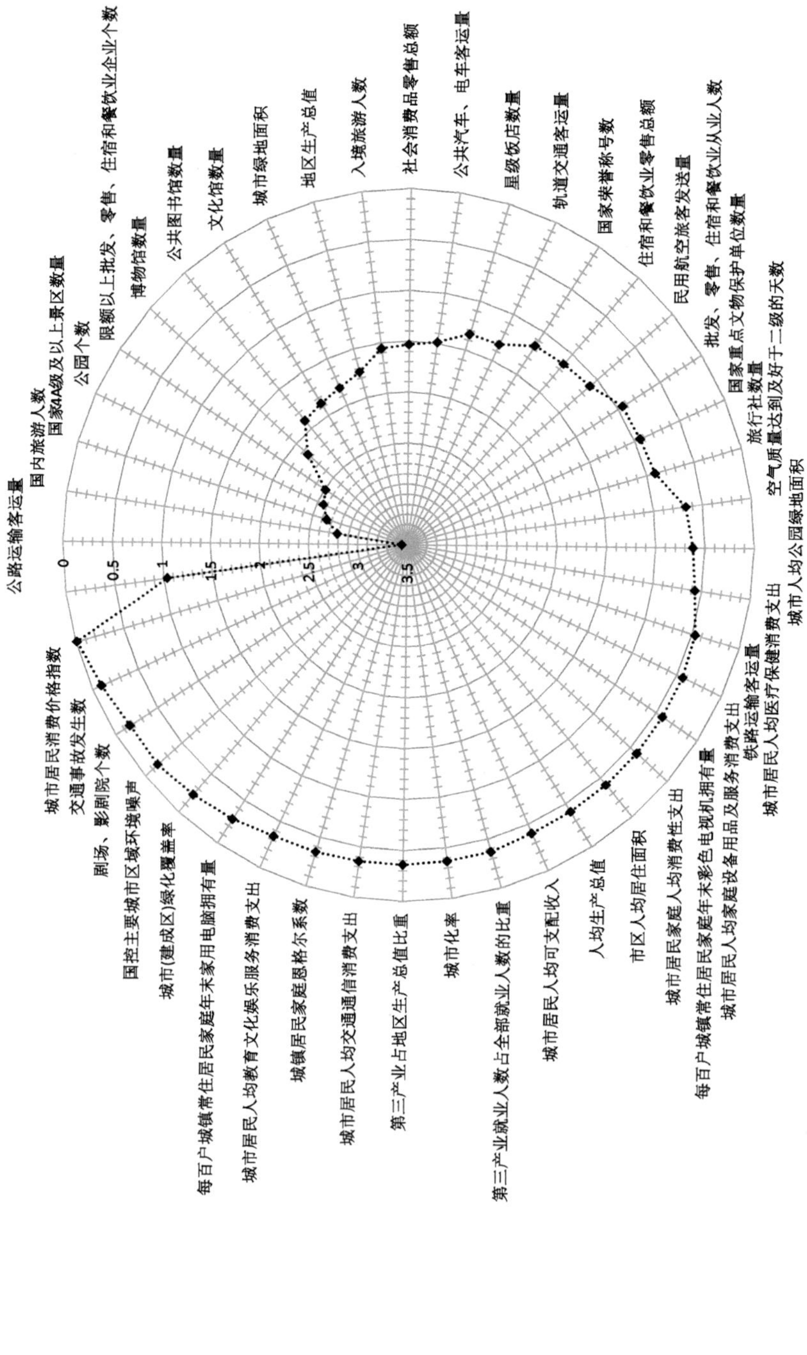

图 4-1　重庆 43 个指标水平排列图

消费支出,城市居民人均家庭设备用品及服务消费支出,每百户城镇常住居民家庭年末家用电脑拥有量,空气质量达到及好于二级的天数,交通事故发生数,每百户城镇常住居民家庭年末彩色电视机拥有量,第三产业就业人数占全部就业人数的比重,城市化率,第三产业占地区生产总值比重,城镇居民家庭恩格尔系数,市区人均居住面积,城市人均公园绿地面积,城市(建成区)绿化覆盖率,公路运输客运量,国控主要城市区域环境噪声,城市居民消费价格指数。从中可以发现,低于均值水平的指标大部分为人均意义上的指标和绿化环境方面。这说明上海目前在休闲供给方面存在不充分不平衡存的薄弱环节,在绿化与生态环境方面的建设质量有待进一步提升(见图4-2)。

三、北京

北京作为我国的政治、文化、国际交往和科技创新中心,拥有相当丰富的商业文化服务设施、便捷的交通网络、多元的文化景观等。从数据分析看,北京43个指标水平值区间在0~6,均值为1.613 5。高于均值的指标有17个,占指标总数的40%。具体是轨道交通客运量,住宿和餐饮业零售总额,批发、零售、住宿和餐饮业从业人数,博物馆数量,国家重点文物保护单位数量,民用航空旅客发送量,限额以上批发、零售、住宿和餐饮业企业个数,公路运输客运量,星级饭店数量,地区生产总值,国家4A级及以上景区数量,社会消费品零售总额,剧场、影剧院个数,城市绿地面积,公园个数,公共汽车、电车客运量,旅行社数量。其中,指标水平最高的是轨道交通客运量(5.955 9),其次是住宿和餐饮业零售总额(5.126 2)。从中可以看出,北京的公共交通规模、住宿与餐饮规模、旅游设施规模等指标水平较高,足以表明北京城市内部的交通承载量、住宿餐饮销售状况和娱乐休闲设施多样性对城市休闲化进程作用显著。

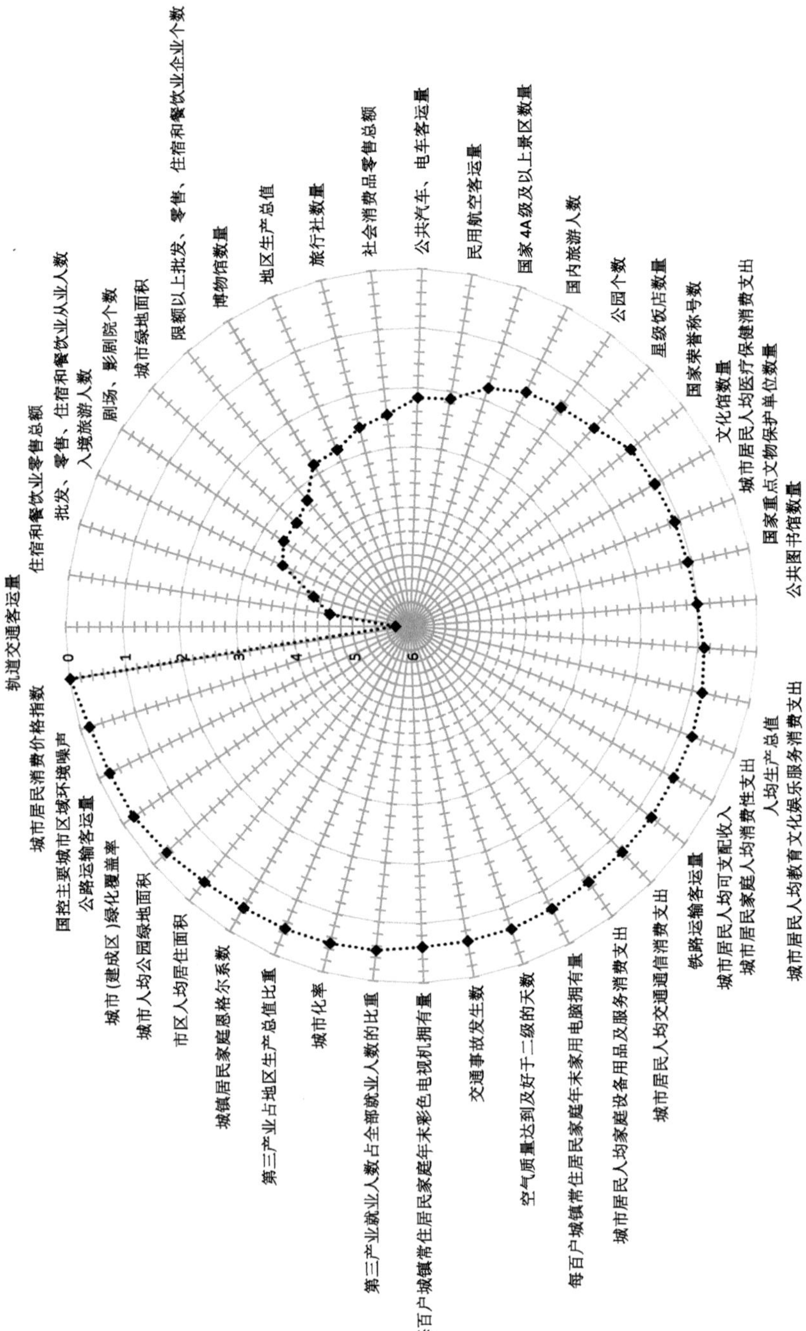

图 4-2　上海 43 个指标水平排列图

低于均值水平的指标有 26 个,占总指标数量的 60%。具体是入境旅游人数,国内旅游人数,城市居民人均医疗保健消费支出,公共图书馆数量,国家荣誉称号数,文化馆数量,铁路运输客运量,人均生产总值,城市居民人均可支配收入,城市居民人均家庭设备用品及服务消费支出,城市居民家庭人均消费性支出,城市居民人均交通通信消费支出,城市居民人均教育文化娱乐服务消费支出,第三产业就业人数占全部就业人数的比重,每百户城镇常住居民家庭年末家用电脑拥有量,城市人均公园绿地面积,第三产业占地区生产总值比重,城镇居民家庭恩格尔系数,城市化率,空气质量达到及好于二级的天数,每百户城镇常住居民家庭年末彩色电视机拥有量,市区人均居住面积,城市(建成区)绿化覆盖率,国控主要城市区域环境噪声,交通事故发生数和城市居民消费价格指数。从中可以发现,低于均值水平的指标主要为人均消费指标、文化设施以及空气环境指标等,表明北京目前文化设施规模较弱,旅游吸引力不足,其文化建设水平有待提高(见图 4-3)。

四、成都

成都自古享有“天府之国”的美誉,是中国西部地区重要的中心城市,也是国家重要的高新技术产业基地、商贸物流中心和综合交通枢纽。近年来,成都发展速度较快,其餐饮和旅游一直都是支撑成都发展的重要行业,每年都会吸引大批游客进入。从数据分析看,成都 43 个指标水平值区间在 0~8 之间,均值水平为 0.937 7。高于均值水平的指标有 12 个,占指标总数的 28%。主要有铁路运输客运量,批发、零售、住宿和餐饮业从业人数,民用航空旅客发送量,轨道交通客运量,入境旅游人数,地区生产总值,社会消费品零售总额,国内旅游人数,国家 4A 级及以上景区数量,文化馆数量,公共图书馆数量,公共汽车、电车客运量。其中,指标水平

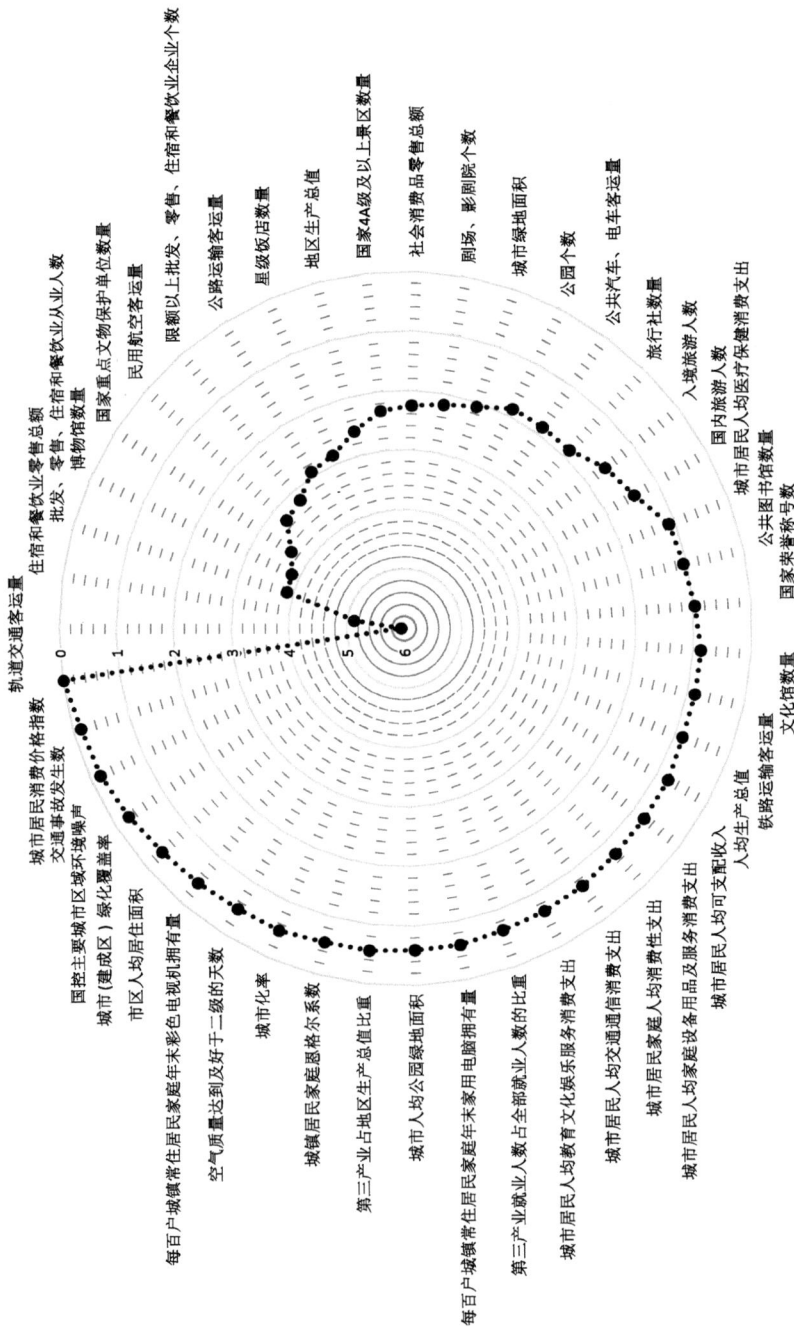

图4-3 北京43个指标水平排列图

值最高的是铁路运输完成客运量(7.387 4),其次是批发、零售、住宿和餐饮业从业人数(5.017 8)。从中可以看出,发展较好的指标主要是交通客运规模、住宿餐饮业规模、旅游接待和文化设施规模,充分体现成都所具备的交通、旅游与文化资源优势。

低于均值水平的指标有31个,占总指标数量的72%,具体为城市绿地面积,星级饭店数量,住宿和餐饮业零售总额,博物馆数量,限额以上批发、零售、住宿和餐饮业企业个数,旅行社数量,国家重点文物保护单位数量,公园个数,公路运输客运量,国家荣誉称号数,人均生产总值,空气质量达到及好于二级的天数,城市居民人均医疗保健消费支出,每百户城镇常住居民家庭年末家用电脑拥有量,城市居民人均家庭设备用品及服务消费支出,城市居民人均可支配收入,城市人均公园绿地面积,城市居民人均教育文化娱乐服务消费支出,城市居民家庭人均消费性支出,城市居民人均交通通信消费支出,每百户城镇常住居民家庭年末彩色电视机拥有量,第三产业就业人数占全部就业人数的比重,城市化率,市区人均居住面积,第三产业占地区生产总值比重,城镇居民家庭恩格尔系数,交通事故发生数,城市(建成区)绿化覆盖率,国控主要城市区域环境噪声,剧场、影剧院个数,城市居民消费价格指数。从中可以看出,成都在城市休闲化进程中发展较弱的指标主要集中在城市绿化环境、文化娱乐接待设施和一些人均指标方面,说明成都未来休闲城市的建设可以在这些方面继续努力(见图4-4)。

五、天津

天津是我国四大直辖市之一,也是我国首批沿海开放城市,东临渤海,北依燕山,地理位置优越。随着京津冀城市群发展,天津社会经济发展迅速提升,跻身国家中心城市、超大城市的行列中。从统计数据看,天

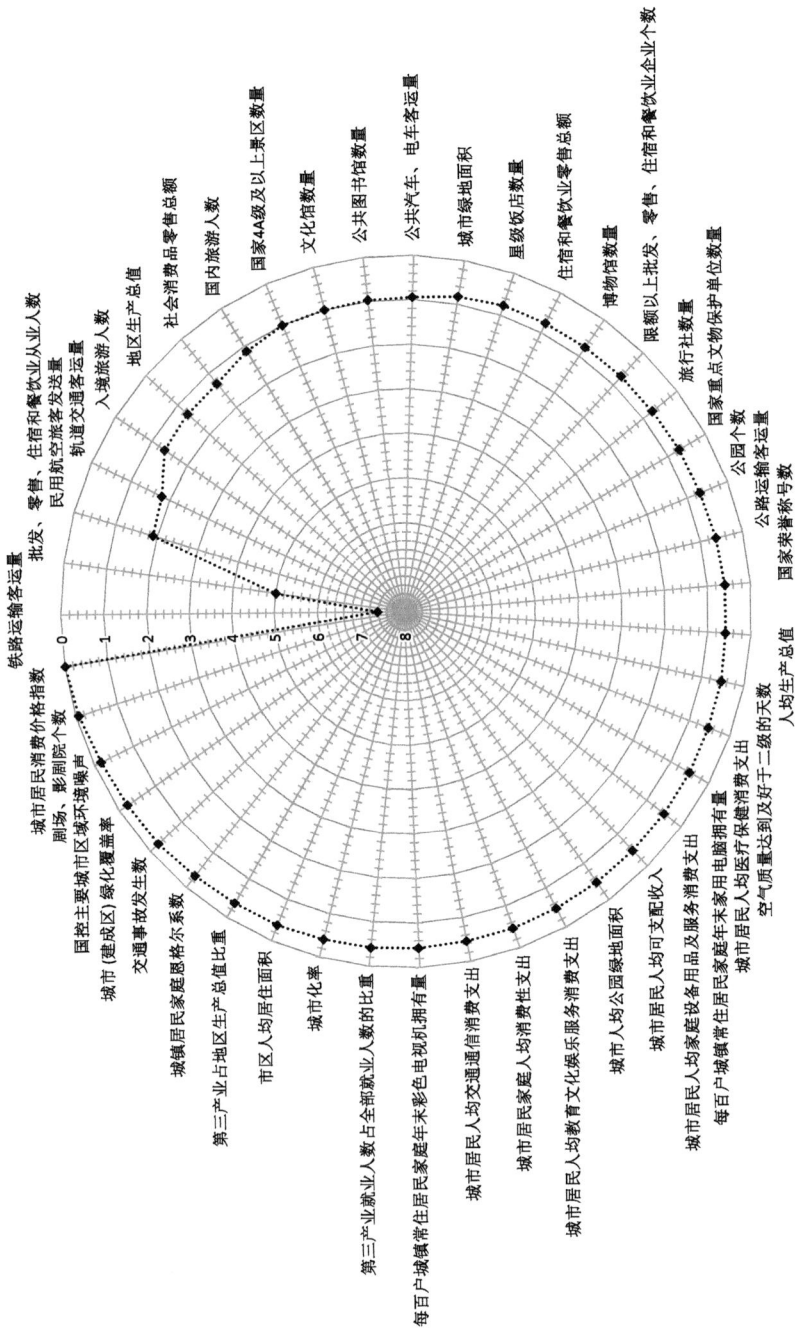

图 4-4 成都 43 个指标水平排列图

津43个指标的区间值在0~2.5之间,均值为0.6517。高于均值水平的指标有17个,占指标总数的40%。主要有限额以上批发、零售、住宿和餐饮业企业个数,地区生产总值,博物馆数量,公共图书馆数量,国内旅游人数,社会消费品零售总额,城市居民人均医疗保健消费支出,国家4A级及以上景区数量,批发、零售、住宿和餐饮业从业人数,城市绿地面积,公路运输客运量,入境旅游人数,公园个数,文化馆数量,人均生产总值,旅行社数量,民用航空旅客发送量。其中,指标水平值最高的是限额以上批发、零售、住宿和餐饮业企业个数(2.2686),其次是地区生产总值(1.6065)。从中可以发现,天津在城市休闲化过程中,高于均值水平的指标主要为批发零售业和住宿餐饮业规模、文化设施规模、交通客运规模以及旅游人数,表明天津生活性服务业发展态势良好,城市外部交通便捷,游客吸引力较强。

低于均值水平的指标有26个,占总指标数量的60%。具体是城市居民人均交通通信消费支出,公共汽车、电车客运量,轨道交通客运量,住宿和餐饮业零售总额,城市居民人均教育文化娱乐服务消费支出,星级饭店数量,城市居民家庭人均消费性支出,城市居民人均可支配收入,第三产业就业人数占全部就业人数的比重,城市化率,剧场、影剧院个数,空气质量达到及好于二级的天数,每百户城镇常住居民家庭年末彩色电视机拥有量,第三产业占地区生产总值比重,城镇居民家庭恩格尔系数,国家荣誉称号数,城市人均公园绿地面积,市区人均居住面积,城市居民人均家庭设备用品及服务消费支出,铁路运输客运量,每百户城镇常住居民家庭年末家用电脑拥有量,国家重点文物保护单位数量,城市(建成区)绿化覆盖率,国控主要城市区域环境噪声,交通事故发生数,城市居民消费价格指数。从中可以发现,天津在城市休闲化进程中发展较弱的指标主要是城市内部交通客运量、人均意义上的消费类指标、空气质量、环境噪声等,这说明天津的人均休闲消费水平还比较低，旅游活动的配套设施有所欠缺，空气质量和城市生态环境质量较差，还有进一步提升的空间（见图4-5）。

六、广州

广州是国际大都市、国际商贸中心和综合交通枢纽，也是我国著名的沿海开放城市，粤港澳大湾区、泛珠江三角洲经济区的核心城市以及"一带一路"倡议的枢纽城市，地处亚热带，温暖多雨，有"花城"美誉。从数据分析看，广州43个指标的水平值区间在0～5之间，均值水平为1.2169。高于均值水平的指标有12个，占指标总数的28%。主要有轨道交通客运量，入境旅游人数，城市绿地面积，公共汽车、电车客运量，民用航空旅客发送量，限额以上批发、零售、住宿和餐饮业企业个数，住宿和餐饮业零售总额，地区生产总值，社会消费品零售总额，公路运输客运量，批发、零售、住宿和餐饮业从业人数，公园个数。其中，指标水平值最高的是轨道交通客运量（4.6885），其次是入境旅游人数（3.6094）。从中可以看出，高于均值水平的指标主要有内部交通客运规模、批发与零售规模、入境游客规模等，说明广州在城市休闲化进程中，其交通优势明显，住宿餐饮业规模较大，对外游客吸引力较强。

低于均值水平的指标有31个，占总指标数量的72%。具体为星级饭店数量，旅行社数量，国家荣誉称号数，人均生产总值，城市居民人均教育文化娱乐服务消费支出，剧场、影剧院个数，城市居民人均家庭设备用品及服务消费支出，城市人均公园绿地面积，国家4A级及以上景区数量，铁路运输客运量，国家重点文物保护单位数量，交通事故发生数，每百户城镇常住居民家庭年末家用电脑拥有量，城市居民人均交通通信消费支出，城市居民家庭人均消费性支出，博物馆数量，城市居民人均可支配收入，城市居民人均医疗保健消费支出，空气质量达到及好于二级的天数，文化

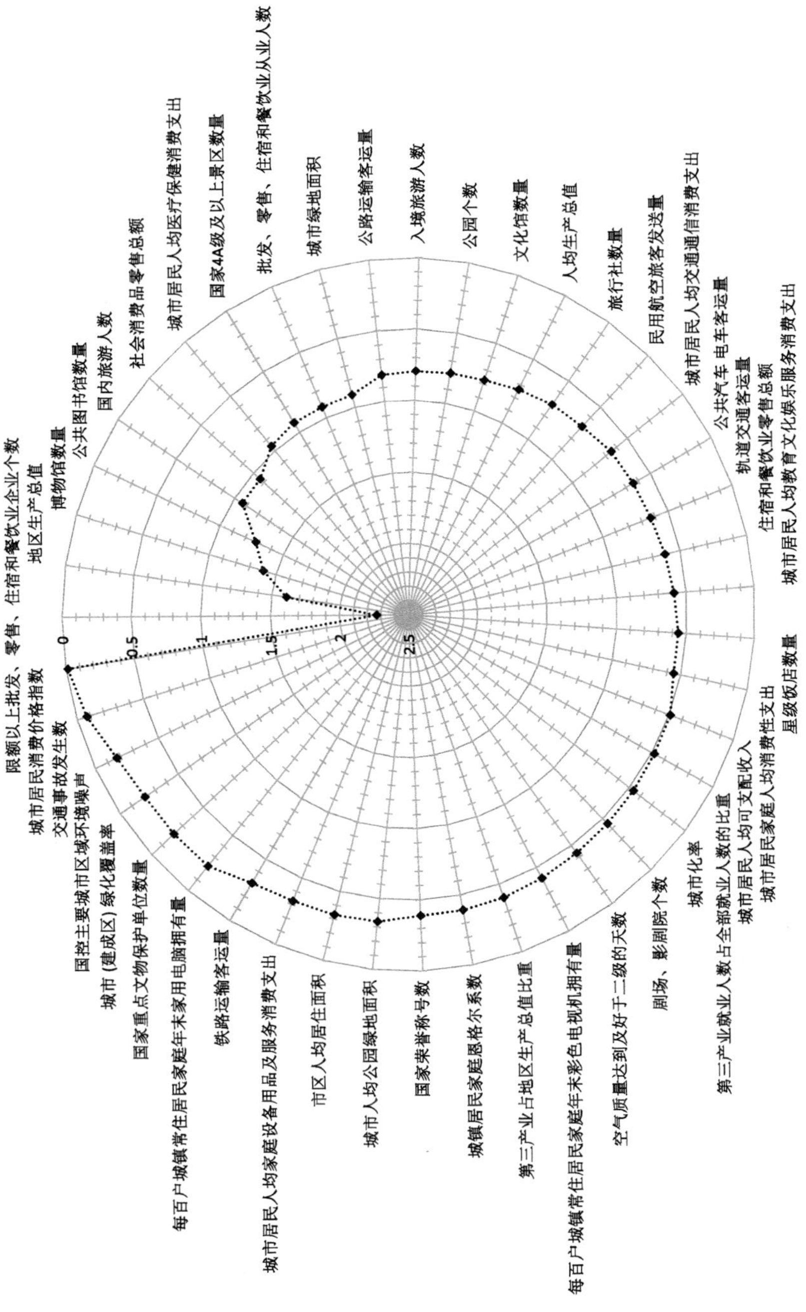

图 4-5 天津 43 个指标水平排列图

馆数量,公共图书馆数量,第三产业占地区生产总值比重,城市化率,第三产业就业人数占全部就业人数的比重,每百户城镇常住居民家庭年末彩色电视机拥有量,市区人均居住面积,城镇居民家庭恩格尔系数,国内旅游人数,城市(建成区)绿化覆盖率,国控主要城市区域环境噪声,城市居民消费价格指数。从中可以看出,广州在城市休闲化进程中发展较弱的指标主要是旅游文化设施规模、人均休闲消费水平、空气质量、城市绿化环境和第三产业的发展规模,表明广州的休闲化发展与建设国际大都市的定位还有一定的差距,第三产业的发展有待提升(见图 4 - 6)。

七、深圳

深圳是计划单列市,是中国经济特区和国际化城市,也是粤港澳大湾区四大中心城市之一。处于改革开放的前沿,具有制度性优势,外来移民较多。同时,深圳的城镇化率达 100%,是中国第一个全部城镇化的城市。从统计数据看,深圳 43 个指标值水平区间在 0～5 之间,均值水平为 1.023 4。高于均值水平的指标有 15 个,占指标总数的 35%。主要有入境旅游人数,限额以上批发、零售、住宿和餐饮业企业个数,剧场、影剧院个数,轨道交通客运量,城市绿地面积,地区生产总值,住宿和餐饮业零售总额,民用航空旅客发送量,批发、零售、住宿和餐饮业从业人数,旅行社数量,社会消费品零售总额,人均生产总值,交通事故发生数,公园个数,博物馆数量。其中,指标水平值最高的是入境旅游人数(4.890 2),其次是限额以上批发、零售、住宿和餐饮业企业个数(2.882 4)。从中可以看出,深圳在城市休闲化进程中,入境旅游业、住宿餐饮业零售规模、交通客运规模、旅游文化娱乐设施规模的指标水平较高,表明深圳比较重视城市的交通网络建设、城市文化建设和国际旅游业的发展。

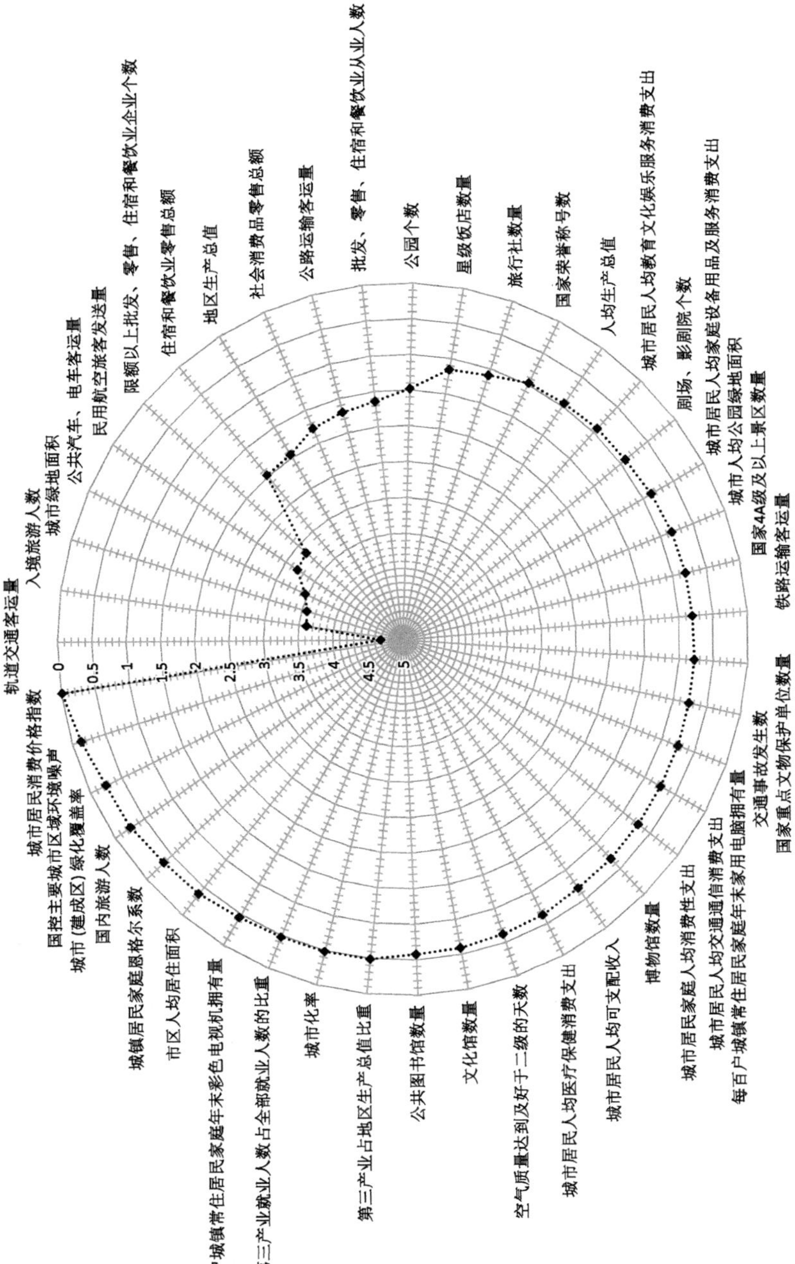

图4-6　广州43个指标水平排列图

低于均值水平的指标有 28 个,占总指标数量的 65%。具体为国家荣誉称号数,公共汽车、电车客运量,每百户城镇常住居民家庭年末家用电脑拥有量,城市居民人均交通通信消费支出,城市居民人均家庭设备用品及服务消费支出,空气质量达到及好于二级的天数,星级饭店数量,城市居民家庭人均消费性支出,城市居民人均可支配收入,城市居民人均教育文化娱乐服务消费支出,城市化率,城市人均公园绿地面积,每百户城镇常住居民家庭年末彩色电视机拥有量,国内旅游人数,铁路运输客运量,公共图书馆数量,第三产业就业人数占全部就业人数的比重,城市居民人均医疗保健消费支出,公路运输客运量,第三产业占地区生产总值比重,城镇居民家庭恩格尔系数,文化馆数量,国家 4A 级及以上景区数量,城市(建成区)绿化覆盖率,市区人均居住面积,国控主要城市区域环境噪声,国家重点文物保护单位数量,城市居民消费价格指数。从中可以发现,深圳表现较弱的指标主要是人均意义上的指标、外部交通客运规模、文化旅游配套设施的规模,说明深圳居民的休闲消费水平还较低,城市的文化旅游服务设施供给不充分不平衡(见图 4-7)。

八、武汉

武汉是长江经济带核心城市,是全国重要的工业基地、科教基地和综合交通枢纽,也是国家历史文化名城、楚文化的重要发源地。从数据分析可以看出,武汉 43 个指标的水平值区间在 0~1.8 之间,均值水平为 0.6520。高于均值水平的指标主要 17 个,占指标总数的 40%。主要有轨道交通客运量,国内旅游人数,社会消费品零售总额,地区生产总值,剧场、影剧院个数,入境旅游人数,铁路运输客运量,限额以上批发、零售、住宿和餐饮业企业个数,国家荣誉称号数,交通事故发生数,住宿和餐饮业零售总额,批发、零售、住宿和餐饮业从业人数,公共汽车、电车客运量,人

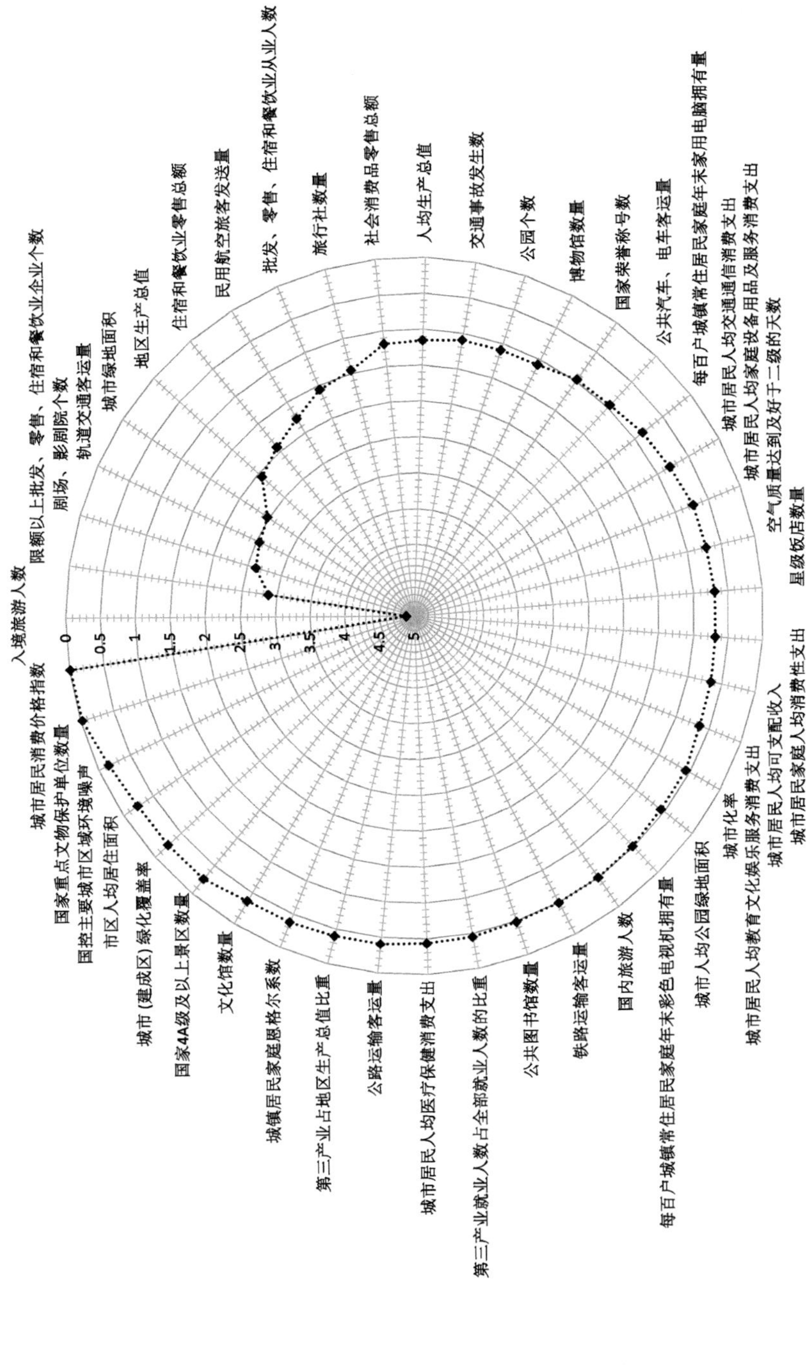

图 4 - 7 深圳 43 个指标水平排列图

均生产总值,国家重点文物保护单位数量,城市居民人均医疗保健消费支出,国家 4A 级及以上景区数量。其中,指标水平值最高的是轨道交通客运量(1.631 2),其次是国内旅游人数(1.338 6)。从中可以看出,武汉的综合交通枢纽地位明显,轨道交通客运量、铁路运输客运等显示城市内外交通运输量的指标均齐头并进。此外,国内旅游接待规模以及住宿餐饮业规模指标水平也凸显优势,表明武汉的旅游业和服务业发展良好。

低于均值水平的指标有 26 个,占总指标数量的 60%。具体是每百户城镇常住居民家庭年末家用电脑拥有量,旅行社数量,公路运输客运量,民用航空旅客发送量,城市绿地面积,城市居民人均可支配收入,城市居民家庭人均消费性支出,空气质量达到及好于二级的天数,城市居民人均家庭设备用品及服务消费支出,城市居民人均教育文化娱乐服务消费支出,公园个数,每百户城镇常住居民家庭年末彩色电视机拥有量,城市居民人均交通通信消费支出,城市化率,第三产业就业人数占全部就业人数的比重,星级饭店数量,城镇居民家庭恩格尔系数,市区人均居住面积,第三产业占地区生产总值比重,城市人均公园绿地面积,城市(建成区)绿化覆盖率,博物馆数量,国控主要城市区域环境噪声,公共图书馆数量,文化馆数量,城市居民消费价格指数。从中可以看出,武汉在城市休闲化进程中,人均意义上的消费指标、城市的绿化环境、文化设施规模等方面还比较弱,未来需要着力加强城市的生态文明建设和文化配套设施建设,提升居民的休闲消费水平(见图 4 - 8)。

九、石家庄

石家庄是我国京津冀地区重要的中心城市之一,也是北方地区重要的工业城市和交通枢纽城市,享受沿海开放政策。从数据分析看,石家庄

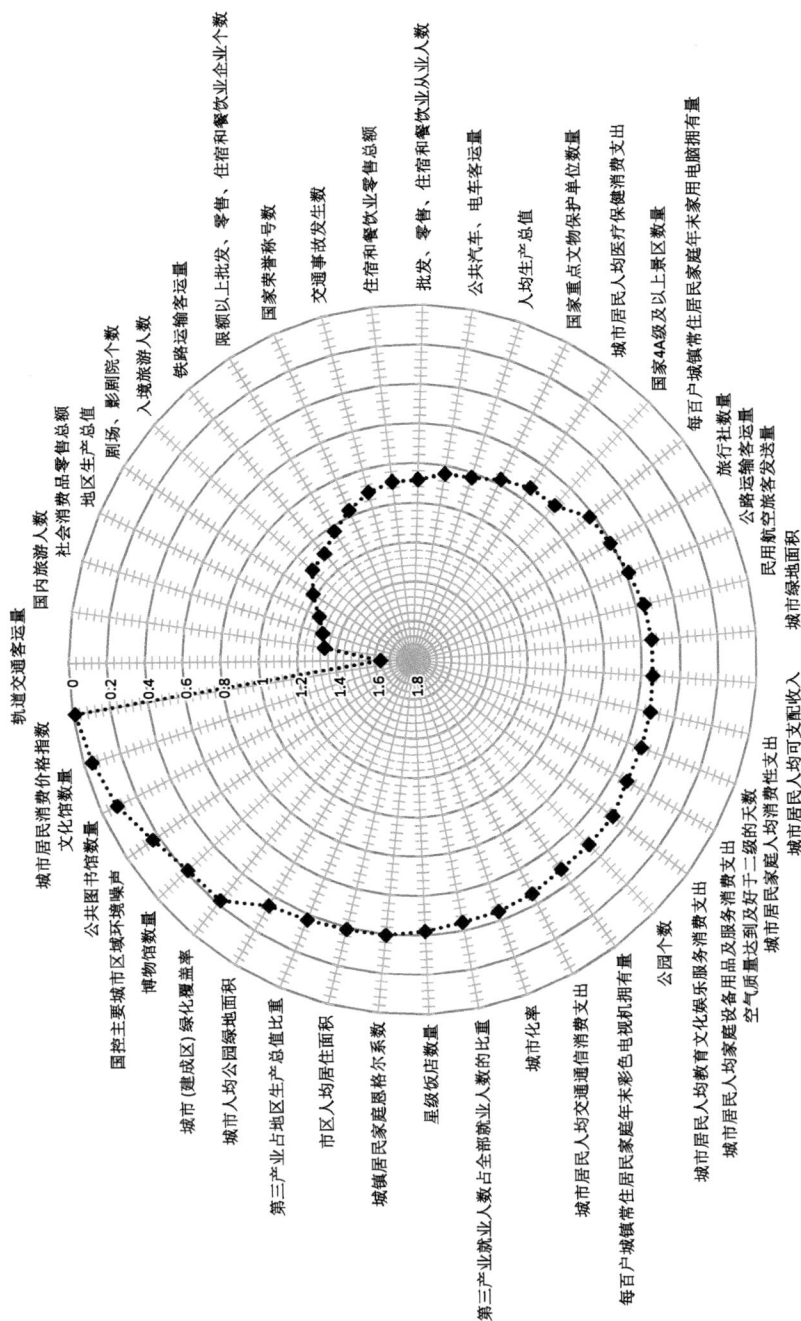

图 4 - 8　武汉 43 个指标水平排列图

43个指标水平区间在0～2.5之间,均值水平为0.493 3。高于均值水平的指标有16个,占指标总数的37%。具体为旅行社数量,公共图书馆数量,国家重点文物保护单位数量,文化馆数量,剧场、影剧院个数,国家4A级及以上景区数量,城市居民人均家庭设备用品及服务消费支出,城市居民人均医疗保健消费支出,社会消费品零售总额,城市人均公园绿地面积,国家荣誉称号数,公园个数,第三产业就业人数占全部就业人数的比重,城市居民人均教育文化娱乐服务消费支出,地区生产总值,国内旅游人数。其中,旅行社数量最高(2.343 5),其次是公共图书馆数量(1.104 4)。从中可以看出,像图书馆、影剧院等文化娱乐设施规模、旅游景区规模、人均休闲消费水平、城市公园绿地等指标水平优势显著,反映出石家庄的文化与旅游资源较为丰富,旅游吸引较强。

低于均值水平的指标有27个,占指标数量的63%,具体为城市居民人均交通通信消费支出,城镇居民家庭恩格尔系数,市区人均居住面积,每百户城镇常住居民家庭年末彩色电视机拥有量,民用航空旅客发送量,城市居民人均可支配收入,每百户城镇常住居民家庭年末家用电脑拥有量,第三产业占地区生产总值比重,城市居民家庭人均消费性支出,城市化率,城市绿地面积,人均生产总值,星级饭店数量,空气质量达到及好于二级的天数,铁路运输客运量,批发、零售、住宿和餐饮业从业人数,公共汽车、电车客运量,公路运输客运量,限额以上批发、零售、住宿和餐饮业企业个数,城市(建成区)绿化覆盖率,博物馆数量,国控主要城市区域环境噪声,交通事故发生数,住宿和餐饮业零售总额,轨道交通客运量,入境旅游人数,城市居民消费价格指数。从中可以看出,石家庄在城市休闲化进程中表现较弱的指标主要集中在人均消费水平、交通运输规模、城市空气与绿化环境、住宿餐饮业规模和国际旅游接待规模,可见石家庄的休闲供给还不充分(见图4-9)。

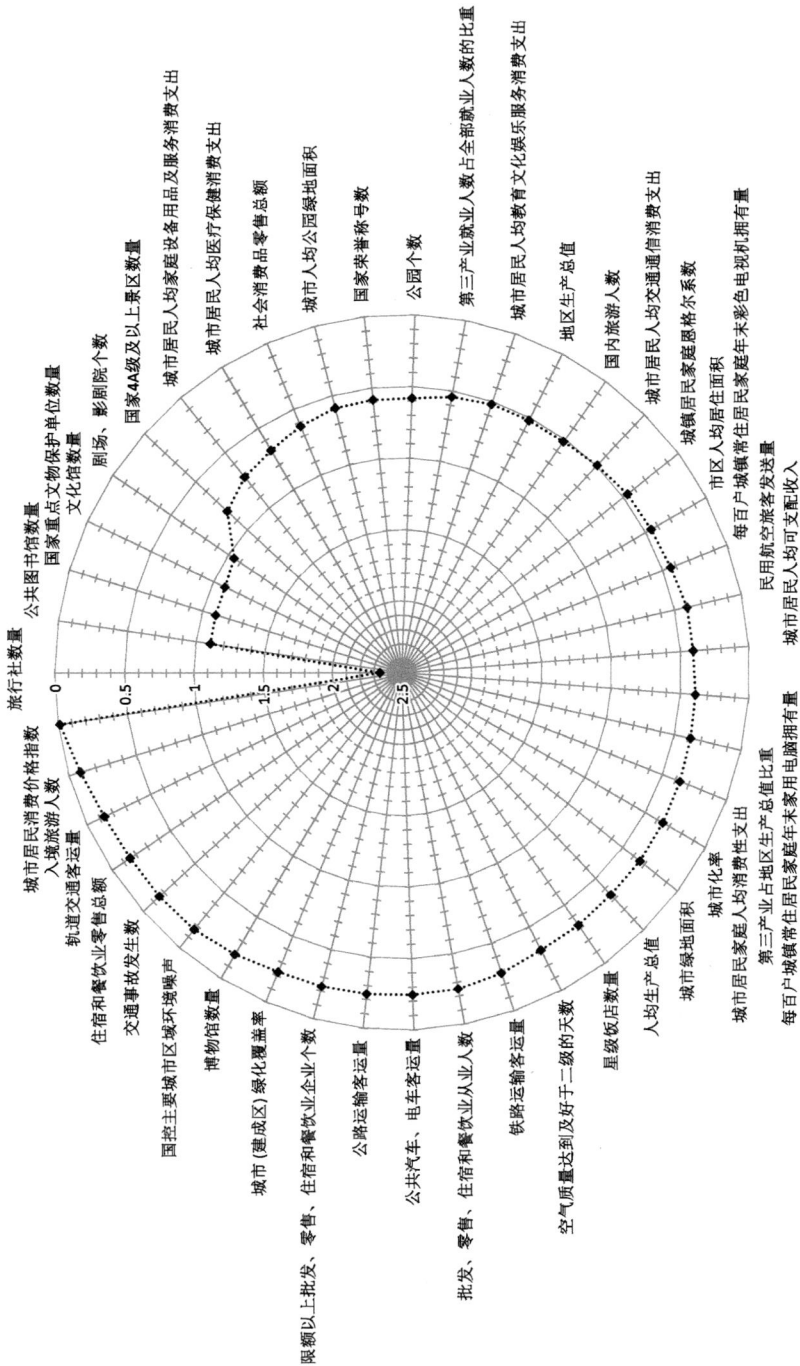

图4-9 石家庄43个指标水平排列图

十、哈尔滨

哈尔滨位于东北地区,是中国东北北部政治、经济、文化中心,被誉为"欧亚大陆桥的明珠",因历史原因吸收了西方、俄国、日本的城市建筑文化,形成了独特的城市风貌,有着"东方小巴黎""东方莫斯科"的美誉。从数据分析看,哈尔滨43个指标水平区间在 0~1.8 之间,均值为 0.473 5。高于均值的指标有 17 个,占指标总数的 40%。具体为博物馆数量,国家荣誉称号数,文化馆数量,城市居民人均医疗保健消费支出,社会消费品零售总额,公共图书馆数量,公共汽车、电车客运量,空气质量达到及好于二级的天数,剧场、影剧院个数,城市居民人均教育文化娱乐服务消费支出,公园个数,旅行社数量,城市居民人均交通通信消费支出,第三产业就业人数占全部就业人数的比重,地区生产总值,城市居民人均家庭设备用品及服务消费支出,每百户城镇常住居民家庭年末家用电脑拥有量。其中,博物馆数量水平值最高(1.705 4),其次是国家荣誉称号数(1.163 6)。从中可以发现,哈尔滨的文化设施规模、人均休闲消费水平、旅游接待设施规模等指标表现良好,反映出哈尔滨在城市休闲化进程中,比较注重城市的文化建设和旅游产业发展。

低于均值水平的指标有 26 个,占指标数量的 60%。具体为城市居民家庭人均消费性支出,第三产业占地区生产总值比重,城市居民人均可支配收入,国家 4A 级及以上景区数量,星级饭店数量,国家重点文物保护单位数量,国内旅游人数,每百户城镇常住居民家庭年末彩色电视机拥有量,公路运输客运量,批发、零售、住宿和餐饮业从业人数,城市人均公园绿地面积,民用航空旅客发送量,城市绿地面积,人均生产总值,城镇居民家庭恩格尔系数,市区人均居住面积,限额以上批发、零售、住宿和餐饮业企业个数,城市化率,铁路运输客运量,城市(建成区)绿化覆盖率,国控主要城市区域环境噪声、轨道交通客运量、交通事故发生数、住宿和餐饮业零售总额、入境旅游人数、城市居民消费价格指数。从中可以看出，哈尔滨在城市休闲化进程中发展较弱的指标主要集中在旅游配套设施规模、住宿餐饮业规模、交通客运规模等，说明哈尔滨城市还需要加强旅游文化建设、交通建设以及注重第三产业的发展，提高旅游吸引力（见图 4－10）。

十一、郑州

郑州是华夏文明的重要发祥地，是"中国八大古都之一"，也是全国重要的综合交通枢纽、中原经济区核心城市，拥有丰富的历史文化资源。从数据分析看，郑州 43 个指标水平值区位在 0～2 之间，均值水平为 0.590 0。高于均值水平的指标有 13 个，占指标总数的 31％。具体为国家重点文物保护单位数量，剧场、影剧院个数，交通事故发生数，国家荣誉称号数，限额以上批发、零售、住宿和餐饮业企业个数，地区生产总值，公园个数，博物馆数量，社会消费品零售总额，公共图书馆数量，城市居民人均医疗保健消费支出，文化馆数量，人均生产总值。其中，国家重点文物保护单位数量的水平值最高（1.981 2），其次是剧场、影剧院个数（1.817 0），从中可以看出，郑州在城市休闲化进程中，文化设施规模及住宿和餐饮接待规模等指标发展水平良好，这与郑州自身丰厚的历史文化资源和庞大的城市人口规模密切相关。

低于均值水平的指标有 30 个，占指标数量的 69％。具体为城市居民人均家庭设备用品及服务消费支出，公共汽车、电车客运量，公路运输客运量，星级饭店数量，国内旅游人数，国家 4A 级及以上景区数量，城市人均公园绿地面积，城镇居民家庭恩格尔系数，住宿和餐饮业零售总额，旅行社数量，每百户城镇常住居民家庭年末家用电脑拥有量，城市居民人均教育文化娱乐服务消费支出，城市绿地面积，第三产业就业人数占全部就

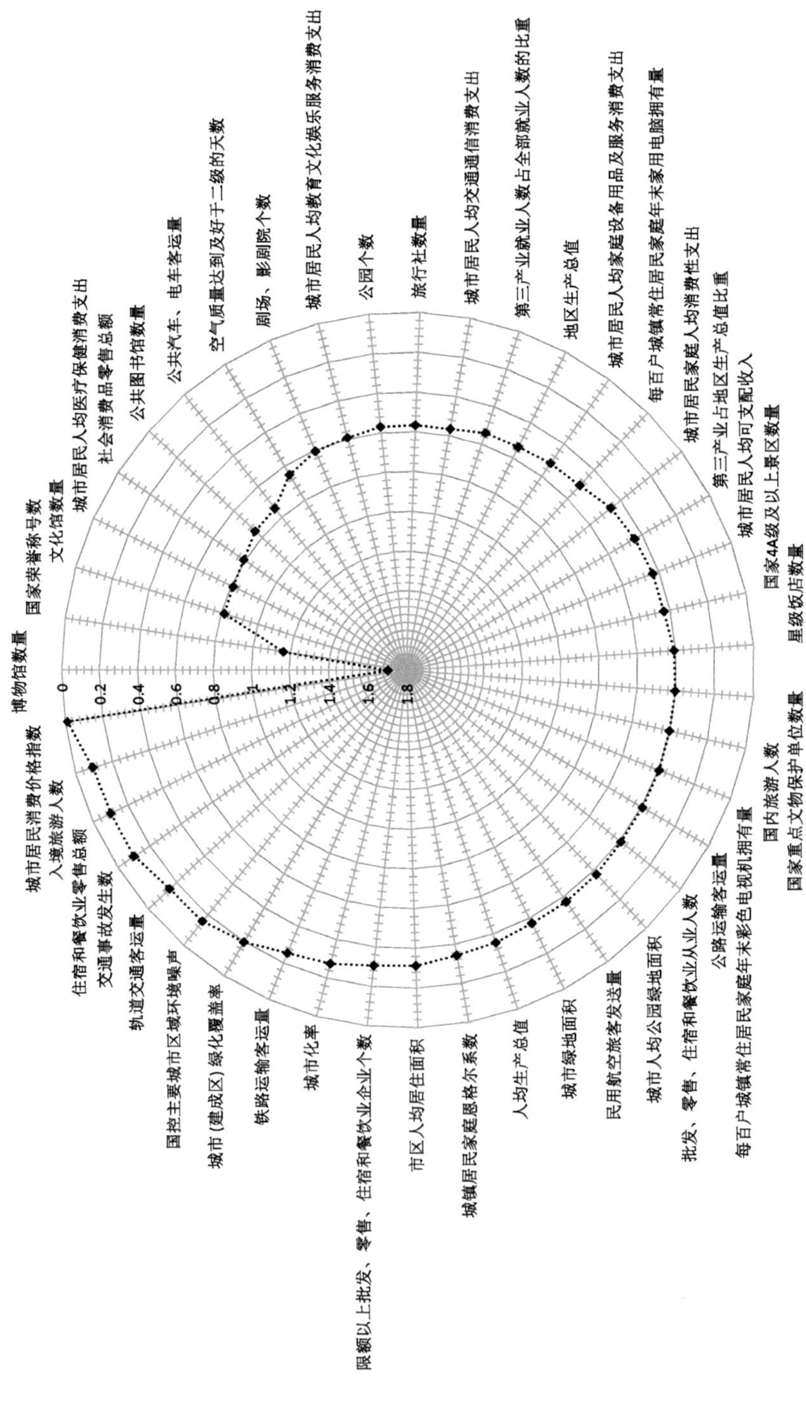

图4-10 哈尔滨43个指标水平排列图

业人数的比重,轨道交通客运量,城市居民人均可支配收入,城市居民家庭人均消费性支出,每百户城镇常住居民家庭年末彩色电视机拥有量,城市居民人均交通通信消费支出,城市化率,批发、零售、住宿和餐饮业从业人数,第三产业占地区生产总值比重,空气质量达到及好于二级的天数,铁路运输客运量,市区人均居住面积,民用航空旅客发送量,城市(建成区)绿化覆盖率,入境旅游人数,国控主要城市区域环境噪声,城市居民消费价格指数。从中可以看出,郑州在城市休闲化进程中,发展较弱的指标主要集中在人均意义上的消费指标、交通设施规模、旅游接待设施规模、城市绿化环境等方面,说明郑州在城市的休闲服务与环境方面的投入还比较低,未来随着郑州城市地位的提升,需要进一步加强城市自身吸引力要素的建设(见图 4-11)。

十二、西安

西安是世界历史名城、中华文明和中华民族重要发祥地,是国家重要的科研、教育、工业基地,拥有丰富的历史文化、教育资源,被评为中国最佳旅游目的地、中国国际形象最佳城市之一。从数据分析看,西安 43 个指标水平区间在 0~3 之间,均值水平为 0.687 1。高于均值水平的指标有17 个,占指标总数的 40%。具体为博物馆数量,民用航空旅客发送量,国家重点文物保护单位数量,轨道交通客运量,国内旅游人数,剧场、影剧院个数,公路运输客运量,旅行社数量,社会消费品零售总额,公共汽车、电车客运量,城市居民人均医疗保健消费支出,国家荣誉称号数,城市绿地面积,国家 4A 级及以上景区数量,入境旅游人数,地区生产总值,住宿和餐饮业零售总额。其中,博物馆数量指标水平值最高(2.892 8),其次是民用航空旅客发送量(1.604 1)。从高于均值水平的指标看,西安在城市休闲化进程中,表现良好的指标主要集中在文化设施规模、旅游设施规模、交

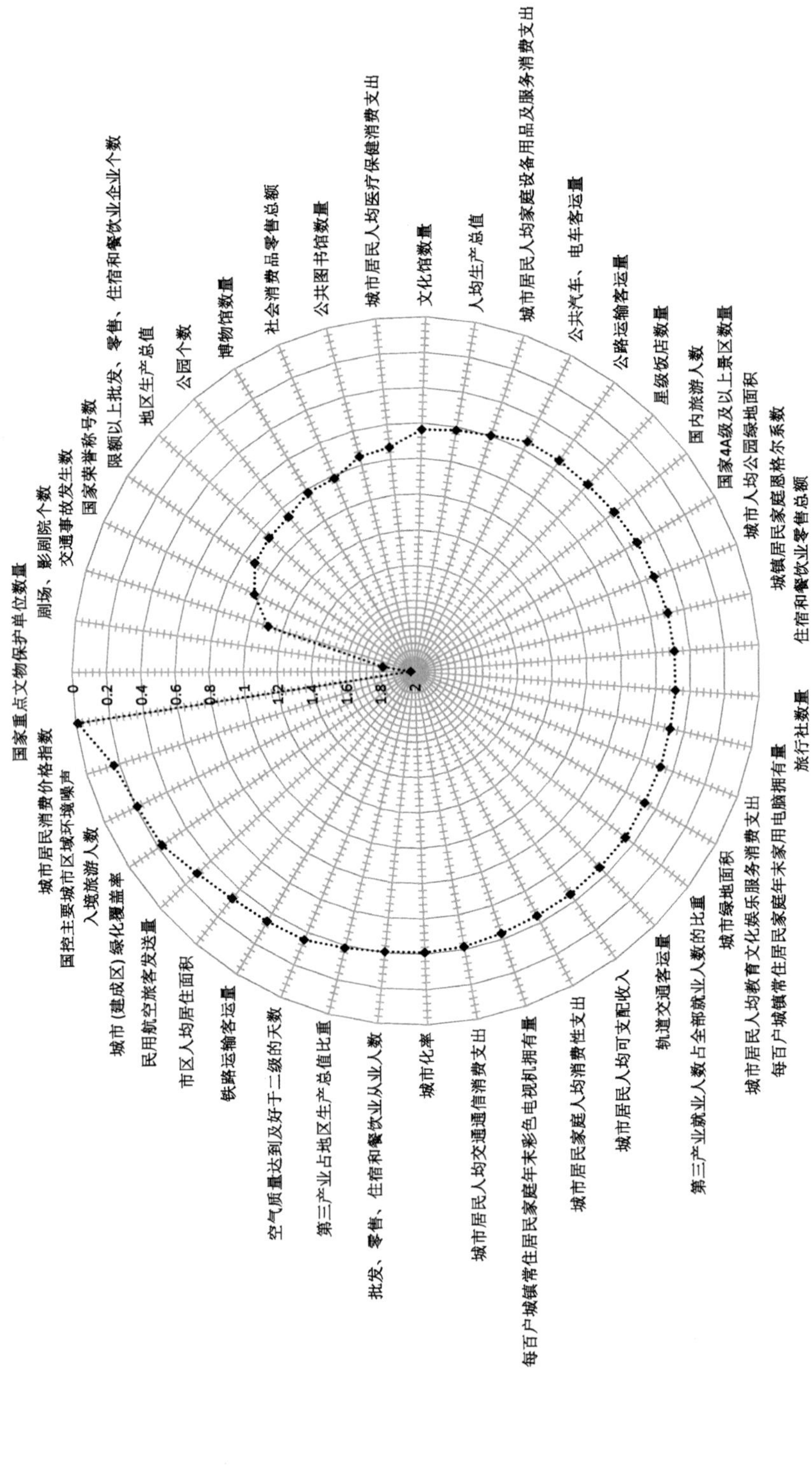

图 4 - 11 郑州 43 个指标水平排列图

通运输规模等,这充分体现出西安的历史文化资源优势,间接反映出西安城市产业自身的生产供给能力较强。

低于均值水平的指标有 26 个,占指标数量的 60%。具体为城市居民人均家庭设备用品及服务消费支出,文化馆数量,星级饭店数量,批发、零售、住宿和餐饮业从业人数,公园个数,限额以上批发、零售、住宿和餐饮业企业个数,城市居民人均教育文化娱乐服务消费支出,公共图书馆数量,人均生产总值,第三产业就业人数占全部就业人数的比重,城市居民人均可支配收入,城市居民家庭人均消费性支出,城市居民人均交通通信消费支出,第三产业占地区生产总值比重,每百户城镇常住居民家庭年末家用电脑拥有量,城市化率,城镇居民家庭恩格尔系数,空气质量达到及好于二级的天数,市区人均居住面积,城市人均公园绿地面积,每百户城镇常住居民家庭年末彩色电视机拥有量,铁路运输客运量,城市(建成区)绿化覆盖率,国控主要城市区域环境噪声,交通事故发生数,城市居民消费价格指数。从中可以发现,西安在城市休闲化进程中发展较弱的指标主要集中在人均休闲消费水平、餐饮住宿规模、城市环境等,这说明西安在城市生态文明建设、休闲娱乐产品供给方面都还需要加强建设(见图 4 - 12)。

第三节 特大城市休闲化指数分析

所谓特大城市,一般是指常住人口规模在 500 万以上 1 000 万以下,符合这一标准的城市有杭州、青岛、南京、沈阳、宁波、长沙、合肥、福州、长春、济南、南宁、大连、昆明、南昌 14 个。从上述城市所属的地区看,有 9 个城市位于东部地区,有 3 个城市处在中部地区,还有 2 个城市属于西部地区。从城市行政级别看,在 14 个城市中除青岛和大连是计划单列市外,其余 12 个都是省会城市或自治区首府城市。

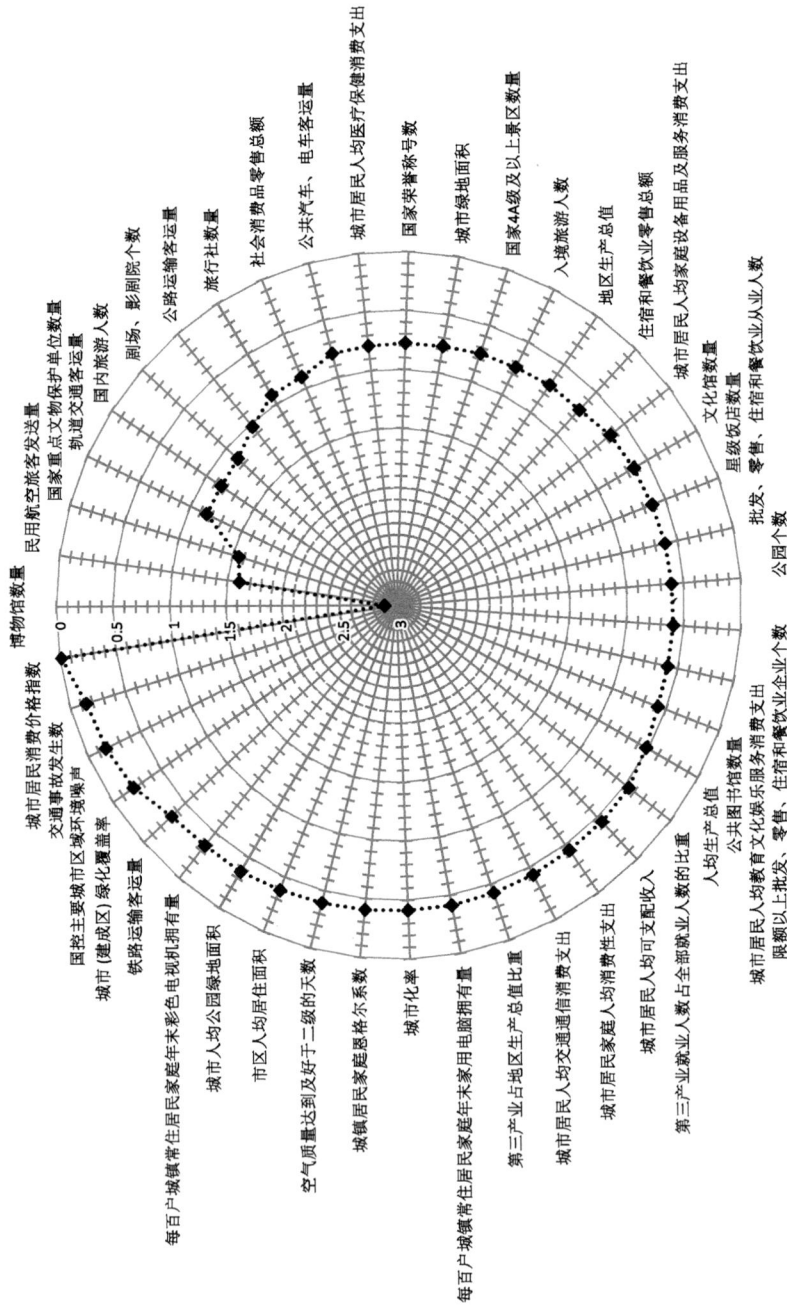

图 4-12 西安 43 个指标水平排列图

一、杭州

杭州是浙江省省会和全省经济、文化、科教中心、长江三角洲中心城市之一,也是国际重要的电子商务中心。杭州人文古迹众多,风景秀丽,素有"人间天堂"的美誉。从数据分析看,杭州 43 个指标水平值区间在 0～2.5 之间,均值为 0.844 3。高于均值水平的指标有 18 个,占指标总数的 42%。具体为限额以上批发、零售、住宿和餐饮业企业个数,博物馆数量,入境旅游人数,剧场、影剧院个数,公园个数,住宿和餐饮业零售总额,旅行社数量,国家荣誉称号数,地区生产总值,城市居民人均医疗保健消费支出,社会消费品零售总额,国家重点文物保护单位数量,国家 4A 级及以上景区数量,星级饭店数量,城市居民人均交通通信消费支出,公共汽车、电车客运量,批发、零售、住宿和餐饮业从业人数,人均生产总值。其中,限额以上批发、零售、住宿和餐饮业企业个数水平值最高(2.039 4),其次是博物馆数量(1.964 5)。从中可以看出,杭州的批发零售住宿餐饮的企业规模、文化娱乐设施和旅游接待设施等指标水平较高,表明杭州在城市休闲化进程中,比较注重服务行业和旅游业的发展。

低于均值水平的指标有 25 个,占指标数量的 58%。具体为国内旅游人数,轨道交通客运量,城市居民人均家庭设备用品及服务消费支出,公共图书馆数量,城市居民家庭人均消费性支出,民用航空旅客发送量,城市居民人均可支配收入,城市居民人均教育文化娱乐服务消费支出,文化馆数量,公路运输客运量,每百户城镇常住居民家庭年末彩色电视机拥有量,每百户城镇常住居民家庭年末家用电脑拥有量,城市绿地面积,空气质量达到及好于二级的天数,城市人均公园绿地面积,铁路运输客运量,城镇居民家庭恩格尔系数,第三产业就业人数占全部就业人数的比重,第三产业占地区生产总值比重,城市化率,市区人均居住面积,交通事故发生数,城市(建成区)绿化覆盖率,国控主要城市区域环境噪声,城市居民消费价格指数。从中可以看出,杭州城市休闲化进程中发展较弱的指标主要集中在国内旅游人数、交通客运规模、生态与绿化等方面,说明杭州国内旅游资源的吸引力的交通通达能力、城市生态文明建设都需要大力加强(见图4-13)。

二、青岛

青岛地处山东,是中国沿海重要中心城市、滨海度假旅游城市和国际性港口城市,这里还是中国道教的发祥地,有着丰富的历史文化与海洋资源,被评为中国最具幸福感城市之一。从数据分析看,青岛43个指标水平值区间在0~1.2之间,均值为0.569 0。高于均值水平的指标有21个,占指标总数的49%。具体为国家荣誉称号数,公园个数,地区生产总值,城市绿地面积,限额以上批发、零售、住宿和餐饮业企业个数,社会消费品零售总额,民用航空旅客发送量,旅行社数量,人均生产总值,国家4A级及以上景区数量,城市居民人均家庭设备用品及服务消费支出,星级饭店数量,城市居民人均交通通信消费支出,剧场、影剧院个数,博物馆数量,空气质量达到及好于二级的天数,入境旅游人数,公共汽车、电车客运量,城市人均公园绿地面积,城市居民人均医疗保健消费支出,城市居民人均可支配收入。其中,国家荣誉称号数的水平值最高(1.163 6),其次是公园个数(1.144 3)。从中可以发现,青岛在城市休闲化进程中,其生态环境建设、文化娱乐设施建设等比较好,这与青岛所处的地理位置与自身的气候环境息息相关。

低于均值水平的指标有22个,占指标数量的51%。具体为城市居民家庭人均消费性支出,文化馆数量,公共图书馆数量,城市居民人均教育文化娱乐服务消费支出,每百户城镇常住居民家庭年末家用电脑拥有量,

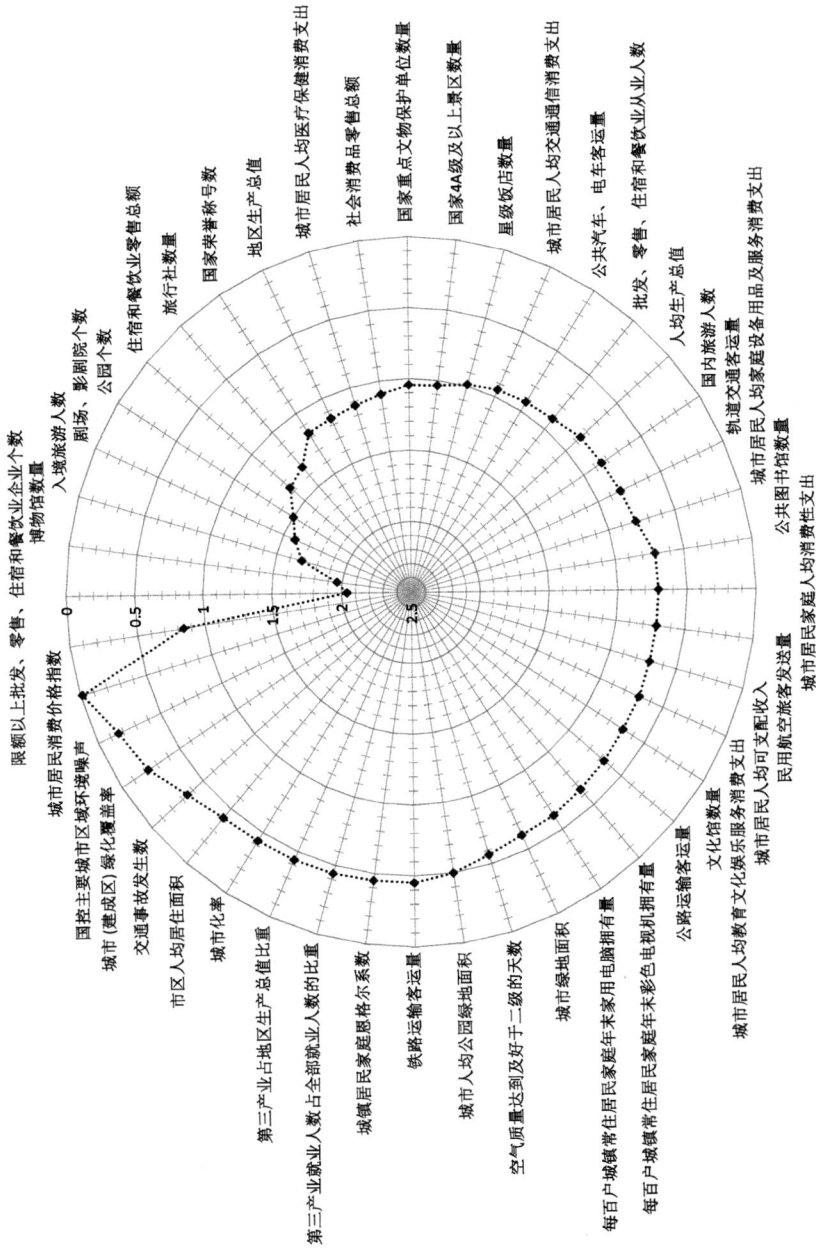

图 4－13　杭州 43 个指标水平排列图

住宿和餐饮业零售总额,国内旅游人数,批发、零售、住宿和餐饮业从业人数,城市化率,城镇居民家庭恩格尔系数,第三产业占地区生产总值比重,国家重点文物保护单位数量,每百户城镇常住居民家庭年末彩色电视机拥有量,市区人均居住面积,第三产业就业人数占全部就业人数的比重,公路运输客运量,交通事故发生数,轨道交通客运量,城市(建成区)绿化覆盖率,铁路运输客运量,国控主要城市区域环境噪声,城市居民消费价格指数。从中可以看出,青岛在城市休闲化进程中发展较弱的指标主要集中在人均意义上的消费指标、交通客运规模、国内旅游人数等,说明青岛对内的旅游吸引力不足,需要加强多元化休闲业态发展,完善交通网络建设,提升城市吸引力(见图4-14)。

三、南京

南京被冠以"六朝古都"之称,是全国重要的科研教育基地和综合交通枢纽。其历史文化资源丰厚,而今随着社会经济的飞速发展,南京的现代化建设也在逐步加快,现已成为长三角辐射带动中西部地区发展的重要门户城市。从数据分析看,南京43个指标的区间值在0~1.8之间,均值水平为0.706 5。高于均值水平的指标有15个,占指标总数的35%。具体有轨道交通客运量,限额以上批发、零售、住宿和餐饮业企业个数,博物馆数量,国家重点文物保护单位数量,国家荣誉称号数,社会消费品零售总额,地区生产总值,旅行社数量,住宿和餐饮业零售总额,城市居民人均教育文化娱乐服务消费支出,人均生产总值,城市绿地面积,公园个数,剧场、影剧院个数,批发、零售、住宿和餐饮业从业人数。其中,指标水平值最高的是轨道交通客运量(1.731 5),其次是限额以上批发、零售、住宿和餐饮业企业个数(1.411 0)。从中可以看出,南京在城市休闲化进程中的城市内部交通优势明显,住宿餐饮业规模较大,文化娱乐设施规模发展较

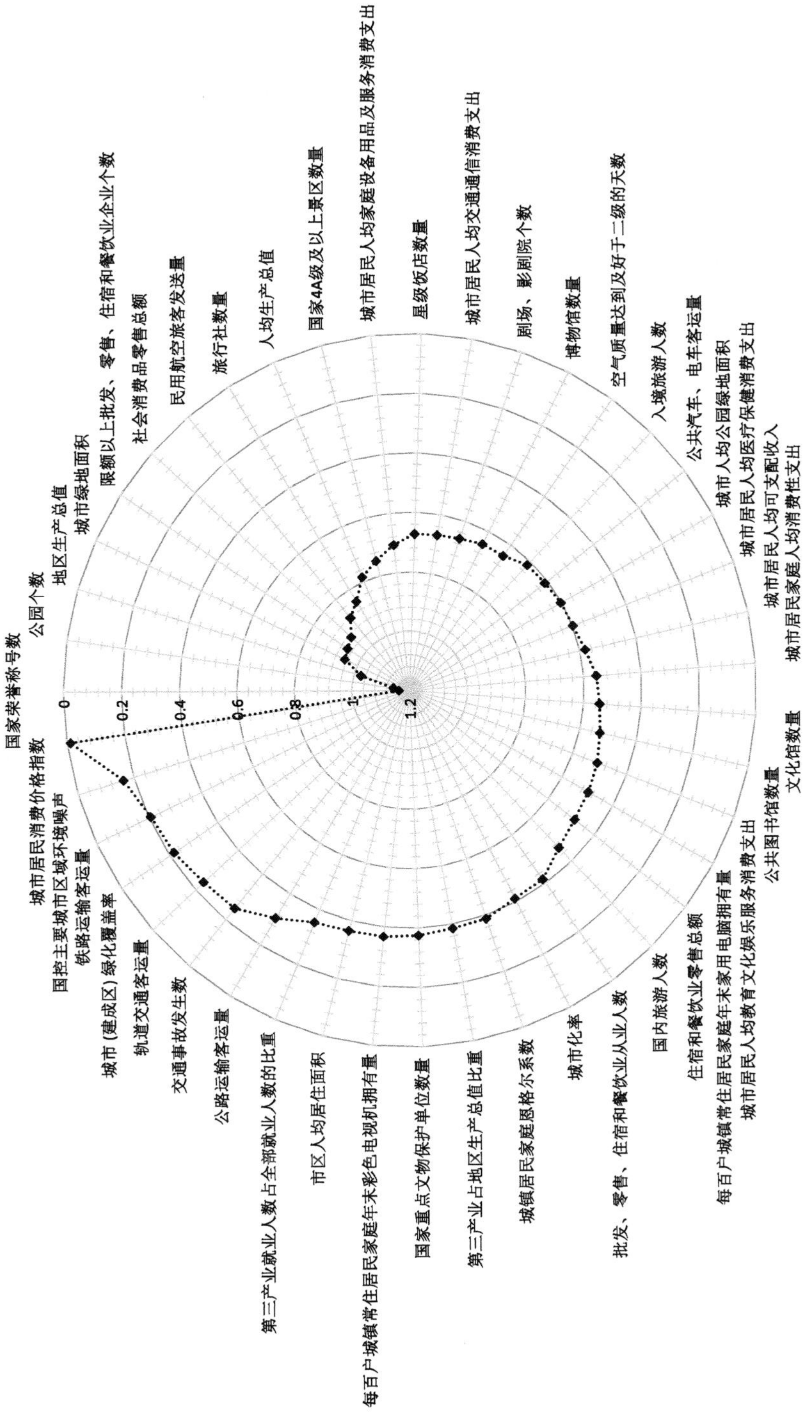

图 4-14 青岛 43 个指标水平排列图

好,这有赖于南京优美的绿化环境以及浓厚的文化底蕴。

低于均值水平的指标有 28 个,占总指标数量的 65%。具体是国家 4A 级及以上景区数量,城市居民人均可支配收入,城市居民人均医疗保健消费支出,公共图书馆数量,每百户城镇常住居民家庭年末家用电脑拥有量,城市居民人均家庭设备用品及服务消费支出,文化馆数量,国内旅游人数,城市居民人均交通通信消费支出,城市居民家庭人均消费性支出,每百户城镇常住居民家庭年末彩色电视机拥有量,城市人均公园绿地面积,公路运输客运量,空气质量达到及好于二级的天数,公共汽车、电车客运量,星级饭店数量,城市化率,民用航空旅客发送量,第三产业就业人数占全部就业人数的比重,交通事故发生数,市区人均居住面积,城镇居民家庭恩格尔系数,第三产业占地区生产总值比重,铁路运输客运量,入境旅游人数,城市(建成区)绿化覆盖率,国控主要城市区域环境噪声,城市居民消费价格指数。从中可以看出,南京在城市休闲化进程中发展较弱的指标主要是旅游接待设施和规模、人均意义上的消费指标、国内外旅游人数、城市空气质量等,反映出目前南京的旅游吸引力比较薄弱,还需注重城市旅游休闲吸引力建设和归属感建设(见图 4 – 15)。

四、沈阳

沈阳地处东北地区、辽宁中部,是东北地区重要的中心城市与先进装备制造业基地,同时拥有极其深厚的历史底蕴,文化资源丰厚。从数据分析看,沈阳 43 个指标水平区间在 0～1.4 之间,均值为 0.528 1。高于均值的指标有 17 个,占指标总数的 40%。具体是文化馆数量,国家荣誉称号数,公路运输客运量,公共图书馆数量,社会消费品零售总额,剧场、影剧院个数,城市居民人均家庭设备用品及服务消费支出,城市居民人均交通通信消费支出,限额以上批发、零售、住宿和餐饮业企业个数,城市居民人

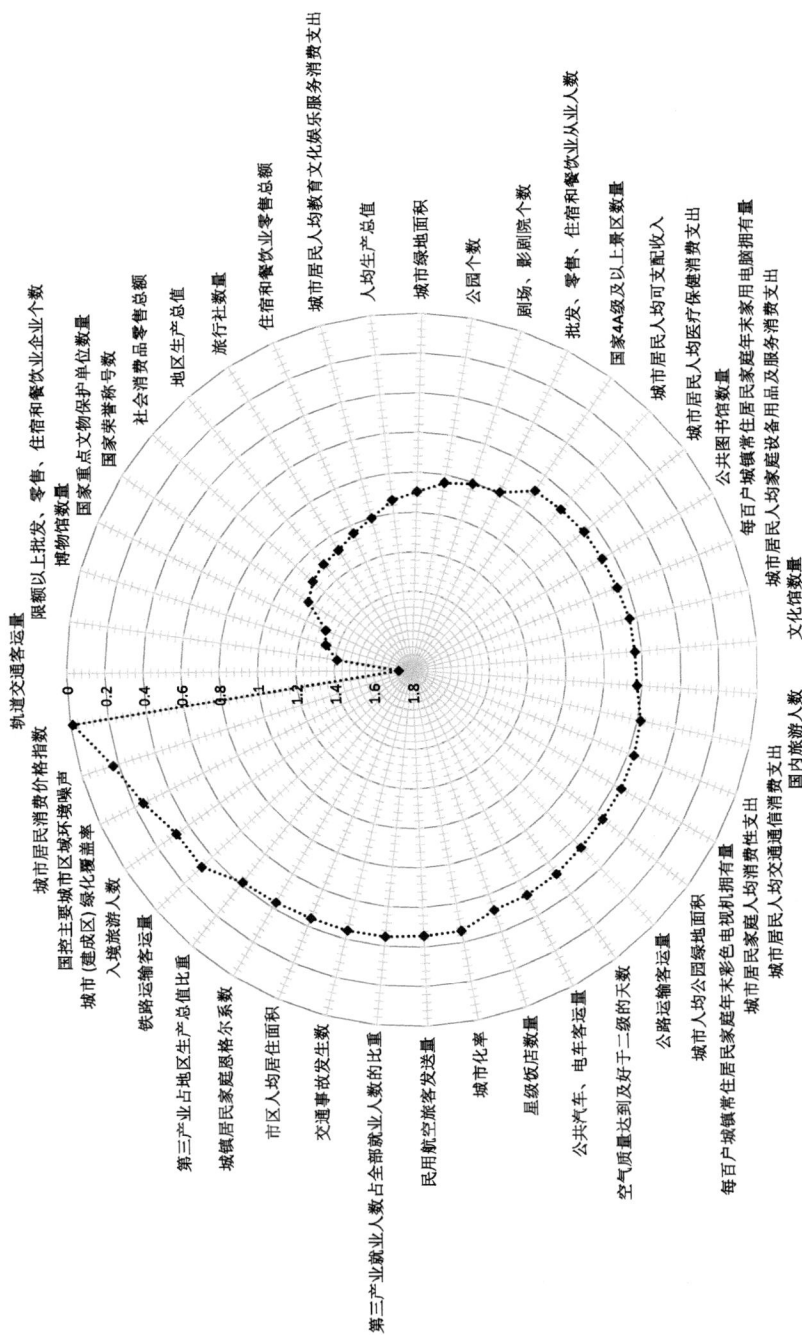

图 4 - 15　南京 43 个指标水平排列图

均医疗保健消费支出,城市居民人均教育文化娱乐服务消费支出,公共汽车、电车客运量,空气质量达到及好于二级的天数,城市绿地面积,星级饭店数量,城市居民家庭人均消费性支出,每百户城镇常住居民家庭年末家用电脑拥有量。其中,指标水平值最高的是文化馆数量(1.316 6),其次是国家荣誉称号数(0.969 7)。从中可以发现,沈阳的文化设施规模、人均休闲消费支出水平、交通客运规模、生态环境等指标发展良好,反映出沈阳注重休闲文化设施建设与生态文明建设,居民的休闲意愿较强,对本地城市的认同感较高。

低于均值水平的指标有 26 个,占指标数量的 60%。具体是公园个数,地区生产总值,轨道交通客运量,城市居民人均可支配收入,第三产业就业人数占全部就业人数的比重,国家 4A 级及以上景区数量,旅行社数量,交通事故发生数,城市人均公园绿地面积,城市化率,人均生产总值,国家重点文物保护单位数量,第三产业占地区生产总值比重,国内旅游人数,城镇居民家庭恩格尔系数,住宿和餐饮业零售总额,批发、零售、住宿和餐饮业从业人数,市区人均居住面积,每百户城镇常住居民家庭年末彩色电视机拥有量,入境旅游人数,铁路运输客运量,博物馆数量,民用航空旅客发送量,城市(建成区)绿化覆盖率,国控主要城市区域环境噪声,城市居民消费价格指数。这些指标中表现较弱的主要在于旅游接待规模、住宿餐饮业规模、交通客运规模等方面,说明沈阳在城市休闲化进程中,旅游活动配套设施有所欠缺,城市绿化与交通设施还需完善(见图 4 - 16)。

五、宁波

宁波是中国五大计划单列市之一,是中国东南沿海重要的港口城市、长江三角洲南翼经济中心。其地理位置优越,历史文化底蕴浓厚。从数据分析看,宁波 43 个指标水平区间在 0~2 之间,均值水平为 0.622 4。高

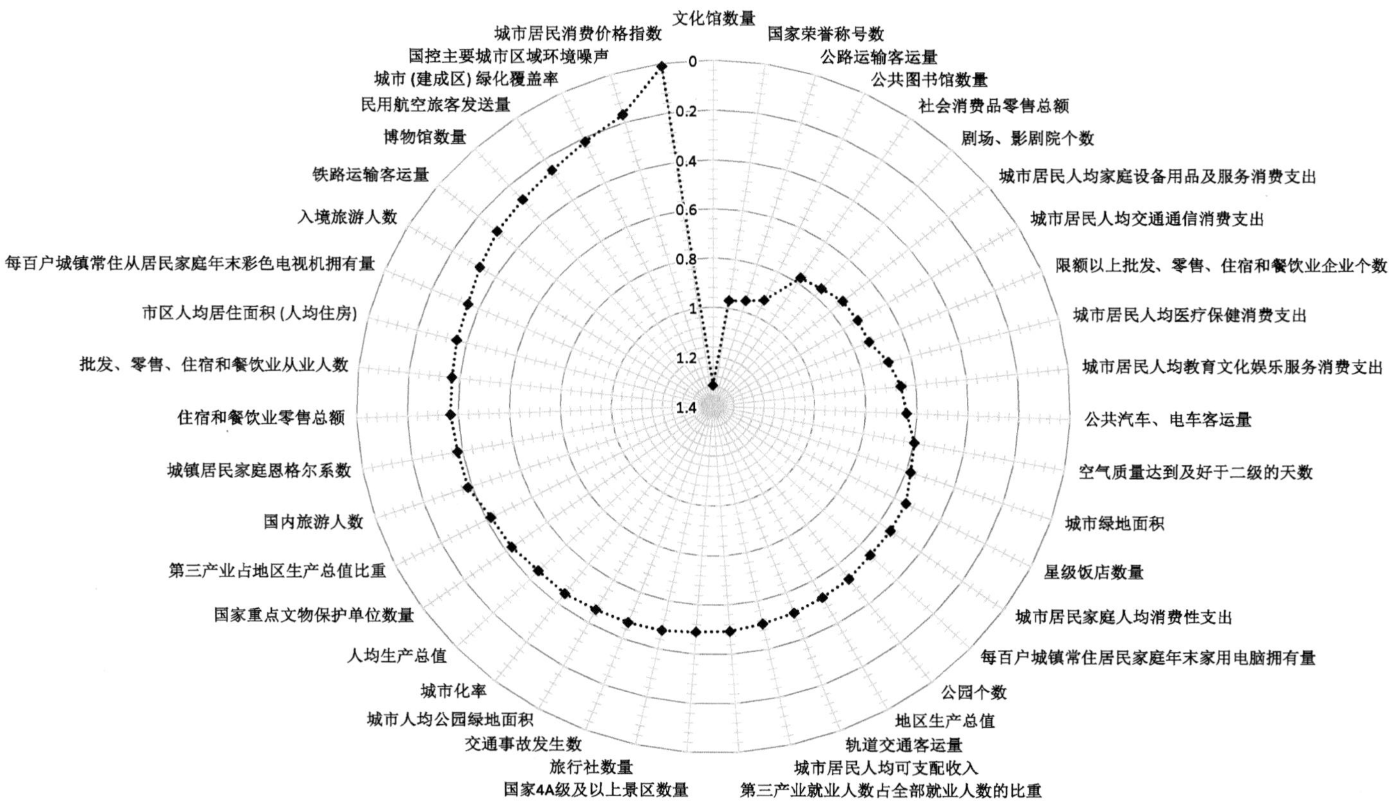

图 4-16 沈阳 43 个指标水平排列图

于均值水平的指标有 19 个,占指标总数的 44%。具体为限额以上批发、零售、住宿和餐饮业企业个数,博物馆数量,国家荣誉称号数,公园个数,人均生产总值,剧场、影剧院个数,国家 4A 级及以上景区数量,地区生产总值,城市绿地面积,城市居民人均交通通信消费支出,国家重点文物保护单位数量,社会消费品零售总额,星级饭店数量,城市居民人均教育文化娱乐服务消费支出,城市居民人均可支配收入,城市居民人均医疗保健消费支出,空气质量达到及好于二级的天数,城市居民人均家庭设备用品及服务消费支出,每百户城镇常住居民家庭年末彩色电视机拥有量。其中,指标水平值最高的是限额以上批发、零售、住宿和餐饮业企业个数(1.981 4),其次是博物馆数量(1.316 9)。从高于均值水平的指标看,宁波在城市休闲化进程中空气质量良好,居民的休闲娱乐意愿较强。同时,文化娱乐设施规模、人均休闲消费水平发展较高,这充分说明宁波的休闲娱乐产业供给和居民消费需求之间匹配度相对较好。

低于均值水平的指标有 24 个,占指标数量的 56%。具体为城市居民家庭人均消费性支出,国内旅游人数,交通事故发生数,每百户城镇常住居民家庭年末家用电脑拥有量,公共图书馆数量,市区人均居住面积,文化馆数量,旅行社数量,城市人均公园绿地面积,民用航空旅客发送量,城市化率,城镇居民家庭恩格尔系数,第三产业就业人数占全部就业人数的比重,铁路运输客运量,入境旅游人数,批发、零售、住宿和餐饮业从业人数,第三产业占地区生产总值比重,公共汽车、电车客运量,公路运输客运量,住宿和餐饮业零售总额,城市(建成区)绿化覆盖率,轨道交通客运量,国控主要城市区域环境噪声,城市居民消费价格指数。从中可以看出,宁波在城市休闲化进程中表现较弱的指标主要是城市绿化环境、交通运输规模、第三产业发展等,这反映出宁波在生态文明建设以及城市交通的通达性方面还存在不足(见图 4-17)。

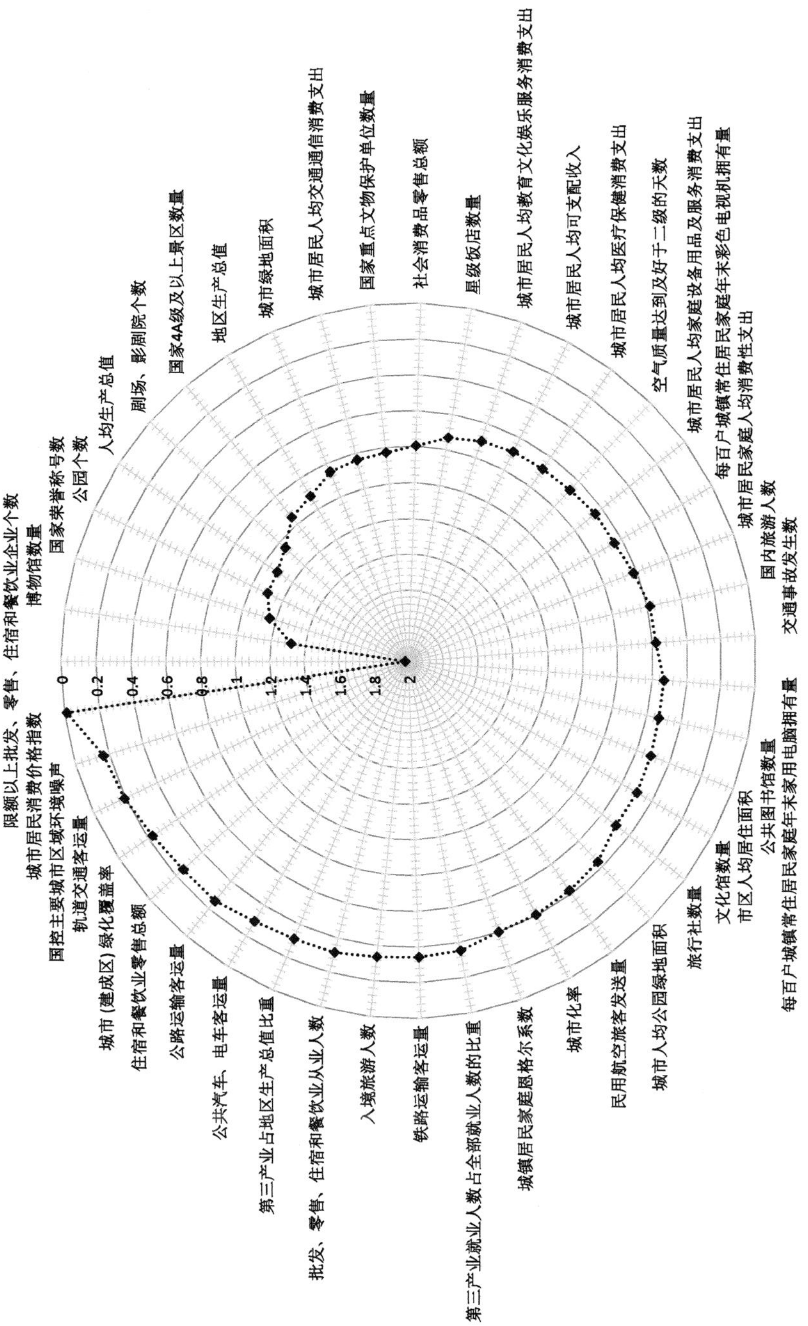

图 4-17　宁波 43 个指标水平排列图

六、长沙

长沙地处长江中游地区,是长江经济带重要的节点城市,文化传媒和休闲娱乐产业相对发达,被称作世界"媒体艺术之都",打造了"电视湘军""出版湘军""动漫湘军"等文化品牌。从数据分析看,长沙 43 个指标水平区间在 0～2.5 之间,均值水平为 0.608 2。高于均值水平的指标有 15 个,占指标总数的 35%。具体为交通事故发生数,铁路运输客运量,城市居民人均教育文化娱乐服务消费支出,限额以上批发、零售、住宿和餐饮业企业个数,地区生产总值,社会消费品零售总额,城市居民人均家庭设备用品及服务消费支出,城市居民人均医疗保健消费支出,人均生产总值,国家荣誉称号数,住宿和餐饮业零售总额,国内旅游人数,国家重点文物保护单位数量,城市居民人均交通通信消费支出,城市居民家庭人均消费性支出。其中,交通事故发生数的水平值最高(2.191 8),其次是铁路运输客运量(2.017 5)。从中可以发现,长沙的交通事故安全指标远高于其他指标,其交通安全情况有待改善,而人均休闲消费水平、国内旅游人数、批发零售业和住宿餐饮业规模发展较好,充分体现了长沙在城市休闲化进程中比较注重旅游业的发展,人均休闲消费指标水平相对靠前。

低于均值水平的指标有 28 个,占指标数量的 65%,具体为剧场、影剧院个数,国家 4A 级及以上景区数量,空气质量达到及好于二级的天数,城市居民人均可支配收入,每百户城镇常住居民家庭年末家用电脑拥有量,公共图书馆数量,入境旅游人数,市区人均居住面积,旅行社数量,文化馆数量,城市化率,民用航空旅客发送量,城镇居民家庭恩格尔系数,每百户城镇常住居民家庭年末彩色电视机拥有量,城市人均公园绿地面积,公共汽车、电车客运量,公路运输客运量,轨道交通客运量,第三产业占地区生产总值比重,批发、零售、住宿和餐饮业从业人数,星级饭店数量,博物馆数量,城市绿地面积,第三产业就业人数占全部就业人数的比重,公园个数,城市(建成区)绿化覆盖率,国控主要城市区域环境噪声,城市居民消费价格指数。从中可以看出,长沙在城市休闲化进程中表现较弱的指标主要是空气与环境绿化、文化设施规模、旅游接待设施规模等,这表明长沙休闲产业供给相对单一,对外吸引力较弱,同时空气质量与环境绿化较差(见图4-18)。

七、合肥

合肥作为安徽省会城市,具有2 000多年历史,文化底蕴深厚。近年来在长三角区域一体化发展战略推动下,发展较快,是国家重要的科研教育基地、现代制造业基地和综合交通枢纽。从数据分析看,合肥43个指标水平区间在0~0.9之间,均值水平为0.431 9。高于均值水平的指标有20个,占指标总数的47%。具体为剧场、影剧院个数,博物馆数量,国家4A级及以上景区数量,地区生产总值,限额以上批发、零售、住宿和餐饮业企业个数,国内旅游人数,人均生产总值,城市居民人均交通通信消费支出,国家荣誉称号数,社会消费品零售总额,空气质量达到及好于二级的天数,旅行社数量,公路运输客运量,城市绿地面积,每百户城镇常住居民家庭年末家用电脑拥有量,城市居民人均教育文化娱乐服务消费支出,城市人均公园绿地面积,城市居民人均可支配收入,文化馆数量,住宿和餐饮业零售总额。其中,剧场、影剧院个数水平值最高(0.835 1),其次是博物馆数量(0.755 6)。从高于均值水平的指标看,合肥在城市休闲化进程中发展较好的主要是文化娱乐设施规模、人均休闲消费水平、空气质量等,这反映出合肥的城市环境建设相对较好,同时居民的文娱生活比较丰富。

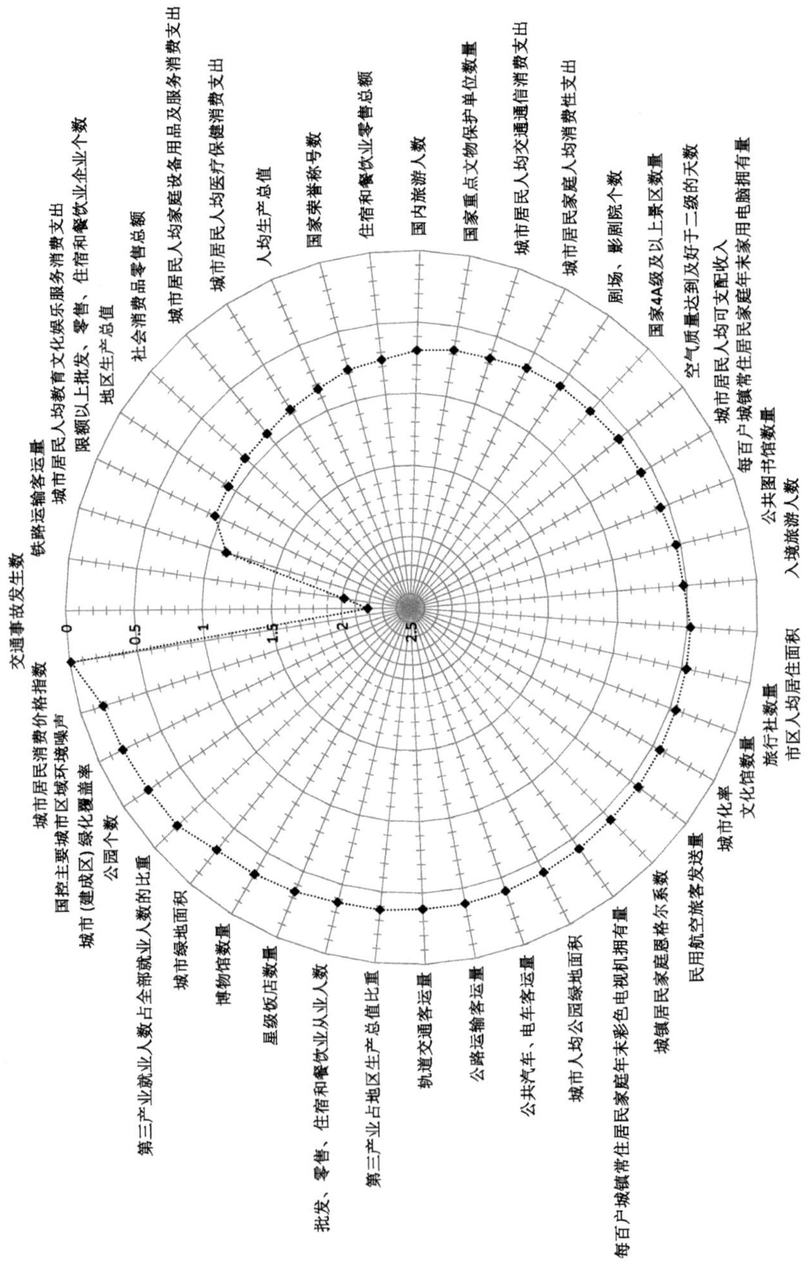

图 4－18 长沙 43 个指标水平排列图

低于均值水平的指标有 23 个,占指标数量的 53%。具体为批发、零售、住宿和餐饮业从业人数,城市居民家庭人均消费性支出,每百户城镇常住居民家庭年末彩色电视机拥有量,城市化率,第三产业就业人数占全部就业人数的比重,公共图书馆数量,市区人均居住面积,城市居民人均医疗保健消费支出,公园个数,公共汽车、电车客运量,星级饭店数量,城镇居民家庭恩格尔系数,城市居民人均家庭设备用品及服务消费支出,第三产业占地区生产总值比重,铁路运输客运量,交通事故发生数,轨道交通客运量,城市(建成区)绿化覆盖率,民用航空旅客发送量,入境旅游人数,国控主要城市区域环境噪声,国家重点文物保护单位数量,城市居民消费价格指数。从中可以看出,合肥在城市休闲化进程中交通运输规模较小,入境旅游吸引力不足,同时商业业态不够丰富(见图 4-19)。

八、福州

福州依山傍水,内河密布,自然风格秀美,名胜古迹较多,曾获"中国优秀旅游城市""滨江滨海生态园林城市"等称号。从数据分析看,福州 43 个指标水平区间在 0～1.2 之间,均值水平为 0.485 3。高于均值水平的指标有 21 个,占指标总数的 49%。具体为限额以上批发、零售、住宿和餐饮业企业个数,国家荣誉称号数,公园个数,社会消费品零售总额,住宿和餐饮业零售总额,空气质量达到及好于二级的天数,地区生产总值,入境旅游人数,公路运输客运量,人均生产总值,公共图书馆数量,市区人均居住面积,剧场、影剧院个数,每百户城镇常住居民家庭年末家用电脑拥有量,城市人均公园绿地面积,文化馆数量,民用航空旅客发送量,城市居民人均交通通信消费支出,城市居民人均可支配收入,城市居民家庭人均消费性支出,城市居民人均教育文化娱乐服务消费支出。其中,限额以上批发、

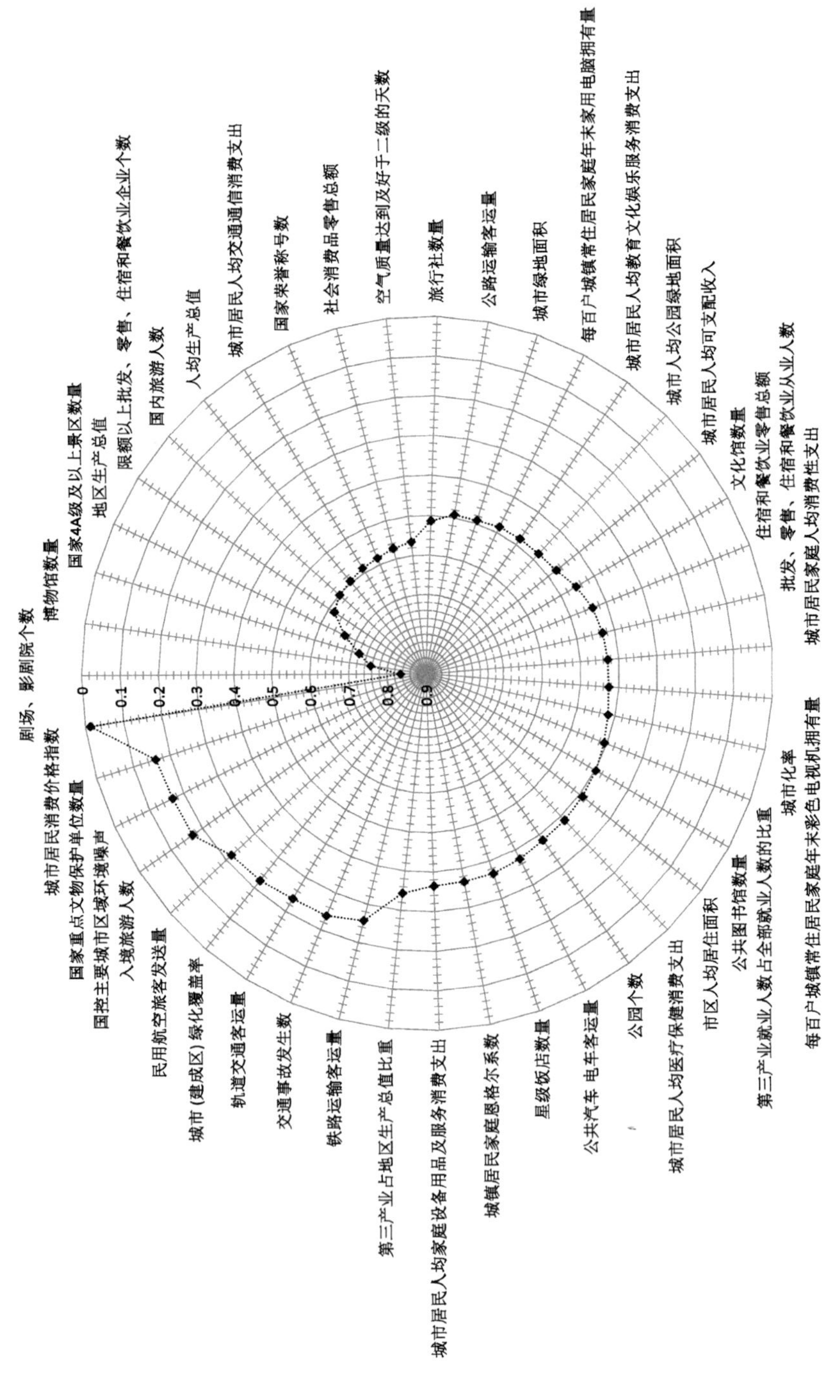

图 4-19 合肥 43 个指标水平排列图

零售、住宿和餐饮业企业个数指标水平值最高(1.175 4),其次是国家荣誉称号数(1.163 7),凸显福州较为发达的商业零售,这一特点与福州的河海交通优势和物产优势密不可分。从高于均值水平的指标看,福州城市休闲化进程中表现良好的指标主要集中在批发零售业和住宿餐饮业规模、文化娱乐设施规模、人均意义上的消费支出等,表明福州休闲生活服务业发展蓬勃,本地居民的休闲消费水平较强。

低于均值水平的指标有 22 个,占指标数量的 51%。具体为每百户城镇常住居民家庭年末彩色电视机拥有量,国家重点文物保护单位数量,城市居民人均家庭设备用品及服务消费支出,国家 4A 级及以上景区数量,城市化率,批发、零售、住宿和餐饮业从业人数,国内旅游人数,城市居民人均医疗保健消费支出,第三产业占地区生产总值比重,博物馆数量,城镇居民家庭恩格尔系数,第三产业就业人数占全部就业人数的比重,旅行社数量,公共汽车、电车客运量,星级饭店数量,交通事故发生数,城市(建成区)绿化覆盖率,铁路运输客运量,国控主要城市区域环境噪声,城市绿地面积,轨道交通客运量,城市居民消费价格指数。从中可以看出,福州在城市休闲化进程中表现较弱的指标主要是交通运输规模、旅游接待规模和水平、城市绿化建设等,这说明福州城市建设交通方面存在一定的劣势(见图 4 - 20)。

九、长春

长春是东北地区的中心城市之一和重要的工业基地,曾是伪满洲国首都,具有众多历史古迹、工业遗产和文化遗存;也是中国四大园林城市之一,享有"北国春城"的美誉,绿化率居于亚洲大城市前列。从数据分析看,长春 43 个指标水平区间在 0～1.2 之间,均值为 0.420 9。高于均值的指标有 22 个,占指标总数的 51%。具体为城市居民人均医疗保健消费支

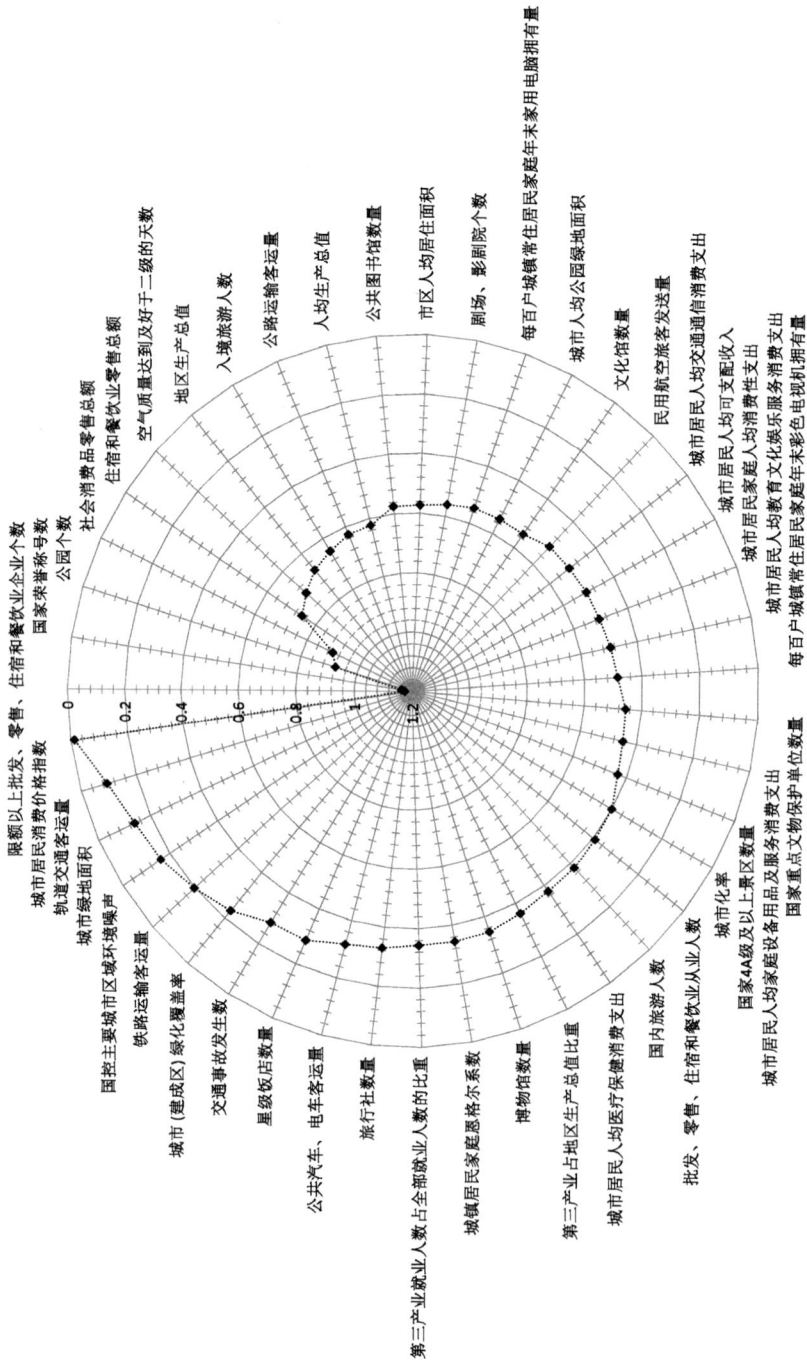

图 4-20 福州 43 个指标水平排列图

出,公园个数,空气质量达到及好于二级的天数,城市居民人均教育文化娱乐服务消费支出,限额以上批发、零售、住宿和餐饮业企业个数,地区生产总值,旅行社数量,城市居民人均家庭设备用品及服务消费支出,人均生产总值,社会消费品零售总额,城市居民人均交通通信消费支出,公共图书馆数量,城市绿地面积,城市人均公园绿地面积,博物馆数量,文化馆数量,每百户城镇常住居民家庭年末家用电脑拥有量,第三产业就业人数占全部就业人数的比重,国家4A级及以上景区数量,公共汽车、电车客运量,城镇居民家庭恩格尔系数,城市居民家庭人均消费性支出。其中,城市居民人均医疗保健消费支出的指标水平值最高(1.115 3),其次是公园个数(0.766 9)。从中可以发现,长春的人均休闲消费水平、文化设施规模、城市绿地面积等指标表现良好,说明长春在城市休闲化进程中,比较关注城市的文化与旅游产业发展,其休闲文化设施供给与消费需求之间匹配良好,从人均消费水平来看,居民的休闲获得感较高。

低于均值水平的指标有21个,占指标数量的49%。具体为国内旅游人数,公路运输客运量,城市居民人均可支配收入,国家荣誉称号数,市区人均居住面积,每百户城镇常住居民家庭年末彩色电视机拥有量,国家重点文物保护单位数量,城市化率,第三产业占地区生产总值比重,批发、零售、住宿和餐饮业从业人数,民用航空旅客发送量,城市(建成区)绿化覆盖率,剧场、影剧院个数,轨道交通客运量,星级饭店数量,铁路运输客运量,入境旅游人数,国控主要城市区域环境噪声,交通事故发生数,住宿和餐饮业零售额,城市居民消费价格指数。从中可以看出,长春在城市休闲化进程中发展较弱的指标主要集中在国内外旅游人数、住宿餐饮业规模、交通运输规模等,说明城市的国内外吸引力、消费类商业建设、交通建设等方面都需要继续加强(见图4-21)。

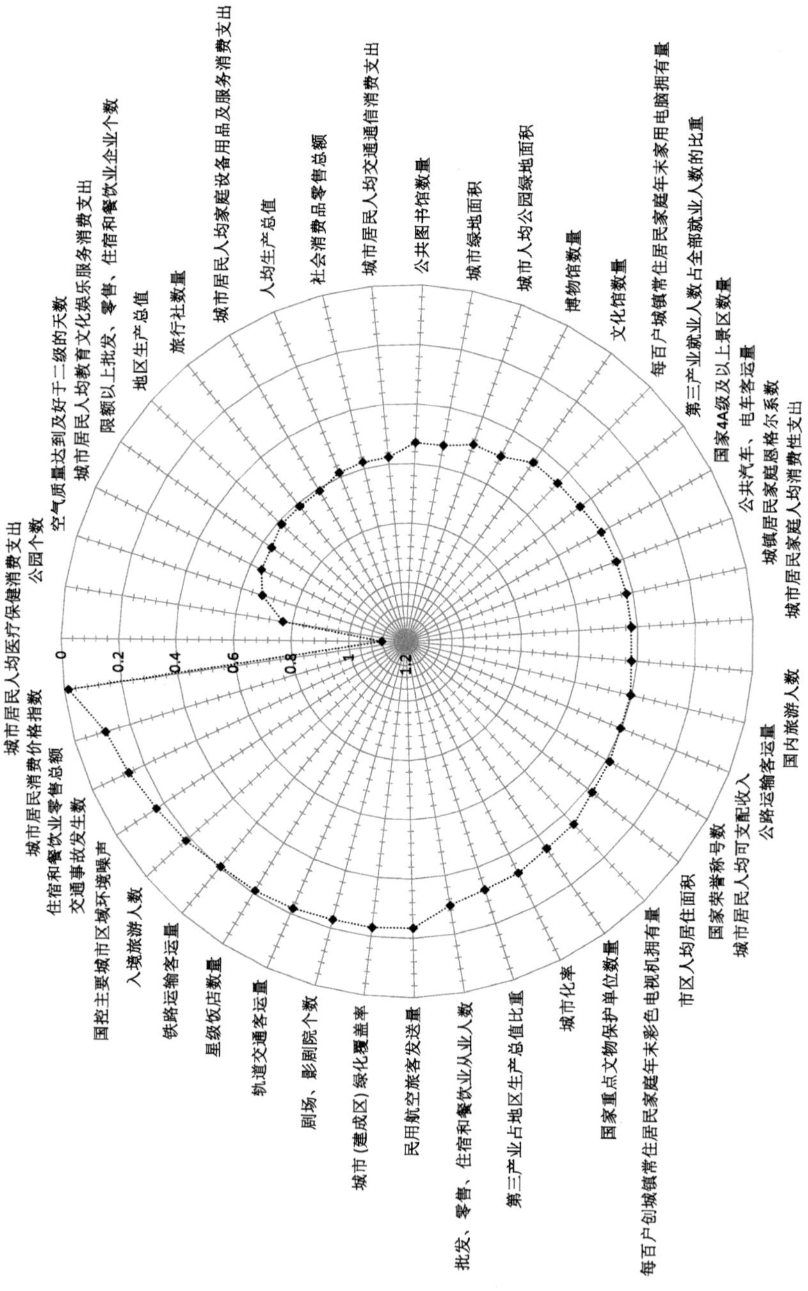

图 4-21 长春 43 个指标标水平排列图

十、济南

济南是山东省省会城市,北连首都经济圈,南接长三角经济圈,是环渤海经济区和京沪经济轴上的重要交汇点,同时境内泉水众多,拥有"七十二名泉",故有"泉城"之美誉。从数据分析看,济南 43 个指标水平值区间在 0～0.9 之间,均值为 0.448 2。高于均值水平的指标有 21 个,占指标总数的 49％。具体为铁路运输客运量,社会消费品零售总额,限额以上批发、零售、住宿和餐饮业企业个数,城市居民人均家庭设备用品及服务消费支出,国家荣誉称号数,城市居民人均医疗保健消费支出,地区生产总值,人均生产总值,城市居民人均交通通信消费支出,城市居民人均可支配收入,国家重点文物保护单位数量,城市居民家庭人均消费性支出,城市居民人均教育文化娱乐服务消费支出,公共图书馆数量,市区人均居住面积,旅行社数量,城市绿地面积,剧场、影剧院个数,每百户城镇常住居民家庭年末家用电脑拥有量,城镇居民家庭恩格尔系数,公共汽车、电车客运量。其中,铁路运输客运量水平值最高(0.870 9),其次是社会消费品零售总额(0.845 9)。凸显了济南的资源优势,同时济南的铁路建设、消费类商业建设、文化娱乐设施建设等发展较好,反映出济南在休闲化进程中,比较注重城市的文化建设与休闲娱乐产品的供给,能够满足人们的休闲文化娱乐需求。

低于均值水平的指标有 22 个,占指标数量的 51％。具体为批发、零售、住宿和餐饮业从业人数,城市人均公园绿地面积,空气质量达到及好于二级的天数,星级饭店数量,公园个数,第三产业占地区生产总值比重,第三产业就业人数占全部就业人数的比重,国家 4A 级及以上景区数量,城市化率,国内旅游人数,每百户城镇常住居民家庭年末彩色电视机拥有量,民用航空旅客发送量,住宿和餐饮业零售总额,文化馆数量,城市(建成区)绿化覆盖率,公路运输客运量,国控主要城市区域环境噪声,入境旅游人数,交通事故发生数,博物馆数量,城市居民消费价格指数,轨道交通客运量。从中可以看出,济南在城市休闲化进程中,发展较弱的指标主要是城市空气质量与绿化建设、城市内部的交通客运规模、旅游接待水平等,反映出济南城市生态文明建设还需进一步加强,城市内部的交通网络建设与城市旅游设施建设还需进一步完善(见图 4-22)。

十一、南宁

南宁是广西壮族自治区首府、北部湾经济区中心城市,也是我国西南出海通道的枢纽城市,区位优势明显。从数据分析看,南宁的 43 个指标水平区间在 0～1 之间,均值水平为 0.360 3。高于均值水平的指标有 15 个,占指标总数的 35%。具体为城市绿地面积,国家 4A 级及以上景区数量,国家荣誉称号数,空气质量达到及好于二级的天数,公共图书馆数量,国内旅游人数,文化馆数量,第三产业就业人数占全部就业人数的比重,限额以上批发、零售、住宿和餐饮业企业个数,每百户城镇常住居民家庭年末家用电脑拥有量,社会消费品零售总额,城市人均公园绿地面积,第三产业占地区生产总值比重,城市居民人均可支配收入,每百户城镇常住居民家庭年末彩色电视机拥有量。其中,城市绿地面积的水平值最高(0.965 3),其次是国家 4A 级及以上景区数量(0.834 7)。从中可以看出,南宁在城市休闲化进程中表现较好的指标主要是城市绿化环境、旅游景区规模、国内旅游人数、文化设施规模,这说明南宁比较注重城市环境建设和文化旅游设施建设,对内旅游吸引力较强,充分彰显了南宁城市的魅力。

低于均值水平的指标有 28 个,占指标数量的 65%。具体为城市化

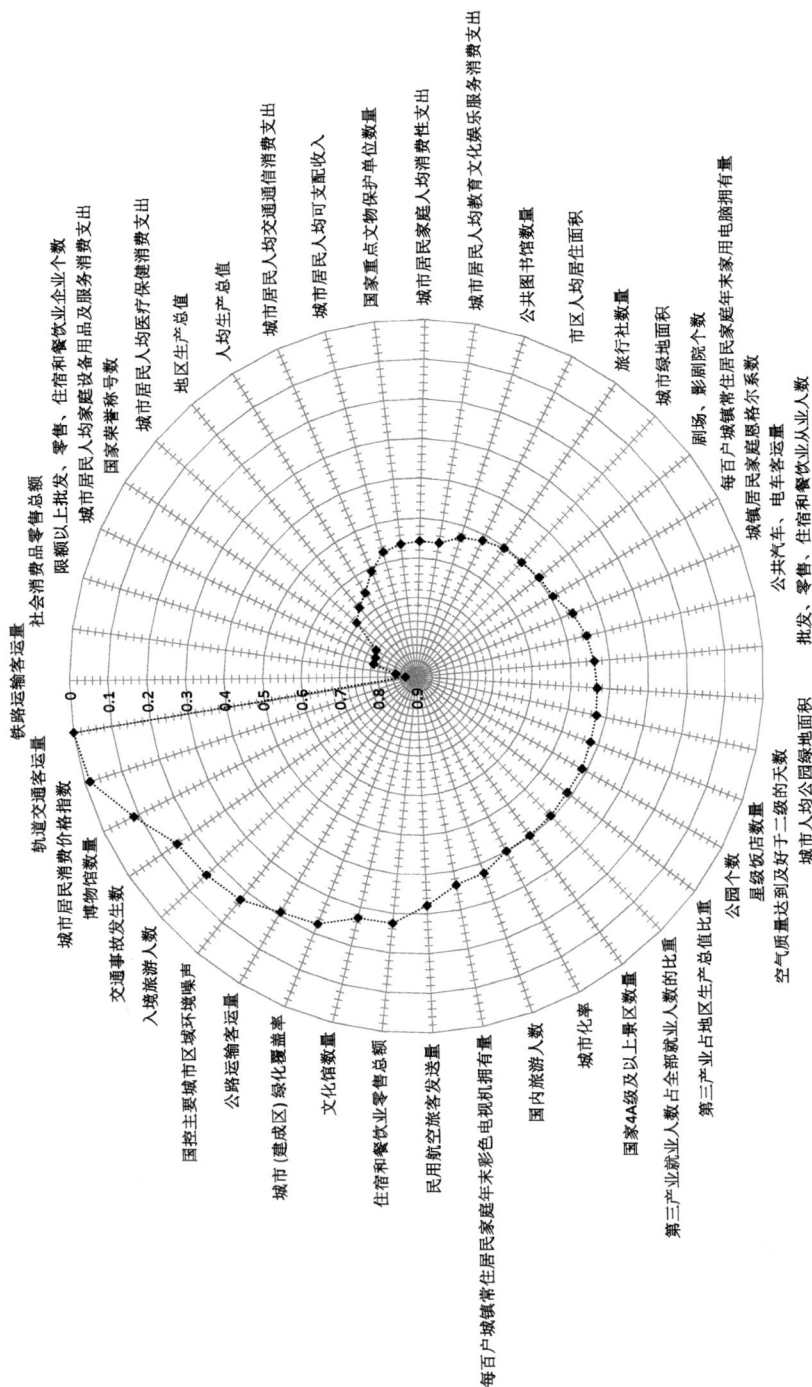

图 4-22　济南 43 个指标水平排列图

率,地区生产总值,公路运输客运量,人均生产总值,星级饭店数量,轨道交通客运量,城市居民人均医疗保健消费支出,市区人均居住面积,城市居民人均家庭设备用品及服务消费支出,城市居民人均教育文化娱乐服务消费支出,民用航空旅客发送量,城市居民家庭人均消费性支出,城市居民人均交通通信消费支出,入境旅游人数,住宿和餐饮业零售总额,批发、零售、住宿和餐饮业从业人数,城镇居民家庭恩格尔系数,剧场、影剧院个数,旅行社数量,城市(建成区)绿化覆盖率,铁路运输客运量,公园个数,公共汽车、电车客运量,国控主要城市区域环境噪声,交通事故发生数,博物馆数量,国家重点文物保护单位数量,城市居民消费价格指数。从中可以看出,南宁在城市休闲化进程中表现较弱的主要是人均休闲消费水平、交通客运规模、住宿餐饮业等商业零售规模,这进一步说明了南宁城市产业结构的单一性,城市休闲娱乐产业规模和需求水平都比较弱(见图4-23)。

十二、大连

大连是中国五大计划单列市之一,其狭长的海岸线造就了众多的自然美景,是中国北方沿海重要的中心城市、港口及风景旅游城市。从数据分析看,大连43个指标水平区间在0~1之间,均值为0.484 3。高于均值的指标有22个,占指标总数的51%。具体为城市居民人均医疗保健消费支出,星级饭店数量,国家荣誉称号数,社会消费品零售总额,旅行社数量,国家4A级及以上景区数量,人均生产总值,交通事故发生数,空气质量达到及好于二级的天数,地区生产总值,国家重点文物保护单位数量,公园个数,公共图书馆数量,文化馆数量,限额以上批发、零售、住宿和餐饮业企业个数,公共汽车、电车客运量,城市居民人均交通通信消费支出,城市居民人均家庭设备用品及服务消费支出,城市居民家庭人均消费性

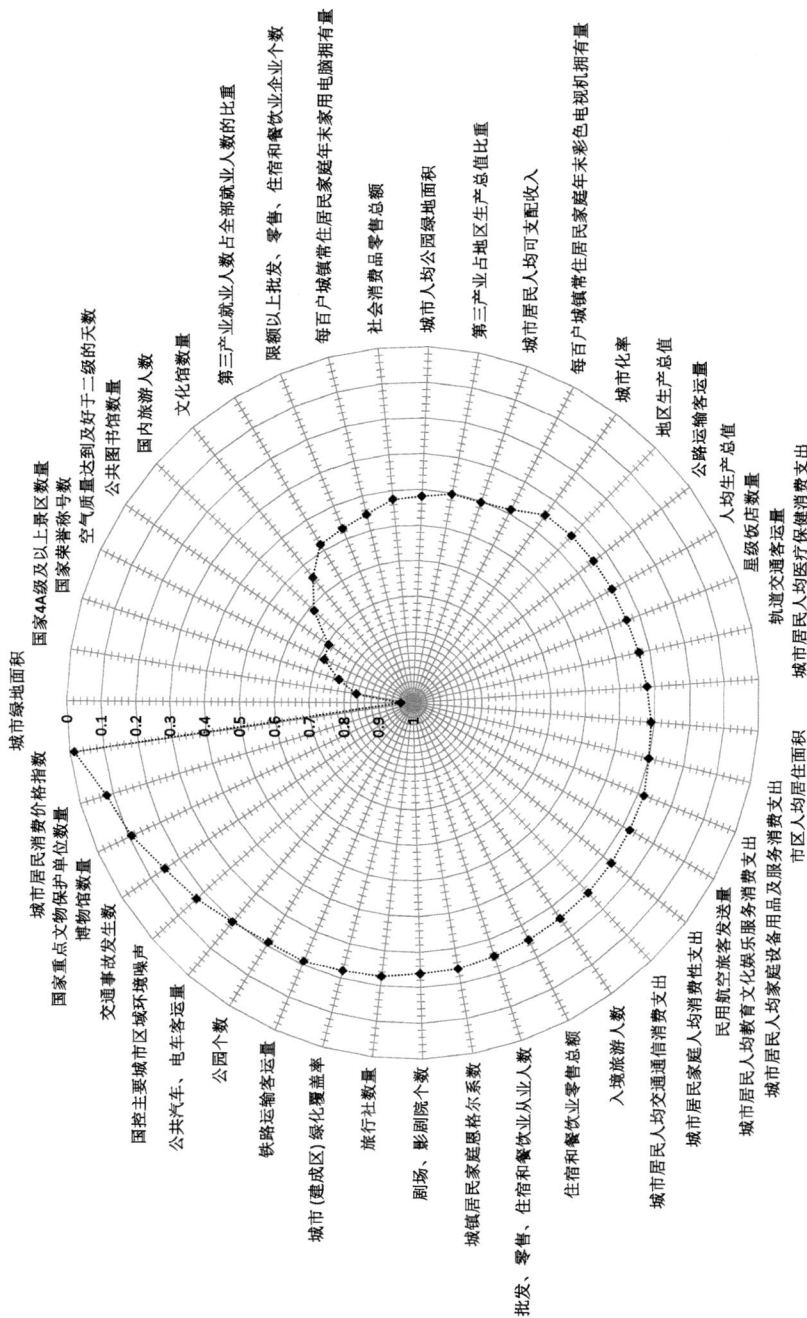

图4-23　南宁43个指标水平排列图

支出,城市居民人均可支配收入,公路运输客运量,城市居民人均教育文化娱乐服务消费支出。其中,城市居民人均医疗保健消费支出的水平值最高(0.930 8),其次是星级饭店数量(0.897 0)。从中可以发现,大连的旅游设施和景区规模、空气质量、文化娱乐设施规模、人均消费水平等表现较好,反映出大连在城市休闲化进程中,比较注重城市的旅游业和文化产业的规模化发展,人均休闲消费指标水平相对靠前。

低于均值水平的指标有 21 个,占指标数量的 49%。具体为第三产业就业人数占全部就业人数的比重,城市绿地面积,入境旅游人数,城市化率,国内旅游人数,每百户城镇常住居民家庭年末家用电脑拥有量,城镇居民家庭恩格尔系数,城市人均公园绿地面积,剧场、影剧院个数,每百户城镇常住居民家庭年末彩色电视机拥有量,第三产业占地区生产总值比重,市区人均居住面积,民用航空旅客发送量,轨道交通客运量,城市(建成区)绿化覆盖率,批发、零售、住宿和餐饮业从业人数,住宿和餐饮业零售总额,博物馆数量,国控主要城市区域环境噪声,铁路运输客运量,城市居民消费价格指数。这些指标主要反映的是第三产业发展规模、城市绿化环境、旅游人数、交通客运规模、家庭娱乐设施、住宿餐饮业零售规模等,说明大连在城市休闲化进程中,还需注意城市的生态文明建设,提升城市旅游吸引力,不断提高大连休闲活动和旅游产业发展的活力和竞争力(见图 4-24)。

十三、昆明

昆明因地处低纬高原形成四季如春的气候,又称"春城",在气候、生态、物种多样性、民族多样性、历史文化、开放门户等方面有着独特优势。从数据分析看,昆明 43 个指标水平区间在 0～3 之间,均值水平为0.562 8。高于均值水平的指标有 13 个,占指标总数的 31%。具体为公园个数,民

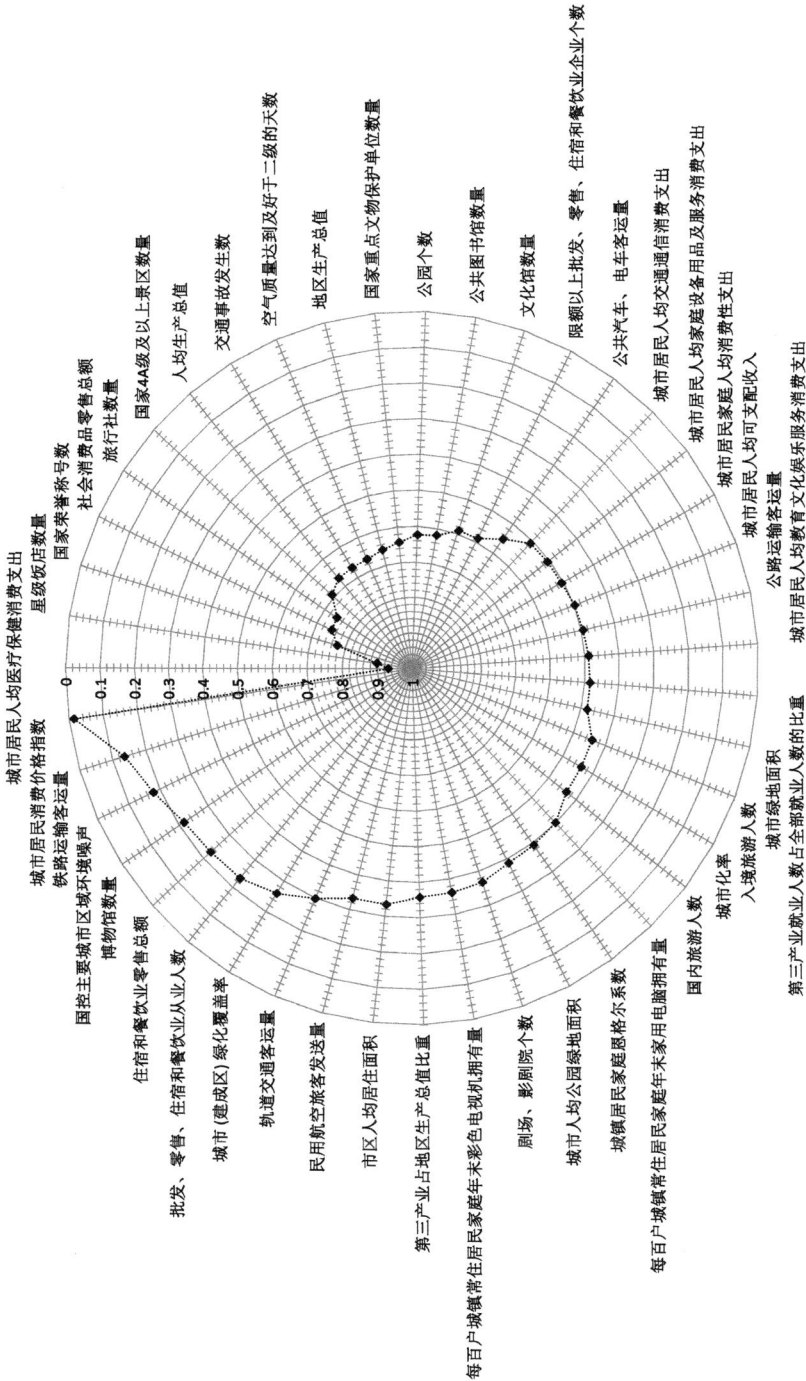

图4-24 大连43个指标水平排列图

用航空旅客发送量,国家荣誉称号数,城市居民人均医疗保健消费支出,博物馆数量,空气质量达到及好于二级的天数,国内旅游人数,文化馆数量,城市居民人均教育文化娱乐服务消费支出,公共图书馆数量,旅行社数量,城市居民人均家庭设备用品及服务消费支出,入境旅游人数。其中,公园个数的指标水平值最高(2.875 8),其次是民用航空旅客发送量(1.691 6)。从高于均值水平的指标看,昆明在城市休闲化过程中发展良好的指标主要是文化设施与旅游接待规模、城市空气质量、人均生活消费水平、旅游人数等,表明昆明的旅游吸引力比较强。

低于均值水平的指标有 30 个,占指标数量的 69%。具体为社会消费品零售总额,城市绿地面积,国家重点文物保护单位数量,批发、零售、住宿和餐饮业从业人数,每百户城镇常住居民家庭年末家用电脑拥有量,城市居民人均可支配收入,城市居民家庭人均消费性支出,市区人均居住面积,人均生产总值,公共汽车、电车客运量,地区生产总值,星级饭店数量,第三产业就业人数占全部就业人数的比重,城镇居民家庭恩格尔系数,城市居民人均交通通信消费支出,城市化率,城市人均公园绿地面积,剧场、影剧院个数,第三产业占地区生产总值比重,限额以上批发、零售、住宿和餐饮业企业个数,每百户城镇常住居民家庭年末彩色电视机拥有量,国家 4A 级及以上景区数量,轨道交通客运量,公路运输客运量,住宿和餐饮业零售总额,城市(建成区)绿化覆盖率,国控主要城市区域环境噪声,铁路运输客运量,交通事故发生数,城市居民消费价格指数。从中可以看出,昆明在城市休闲化过程中,表现较弱的指标主要集中在城市绿化环境、第三产业的发展规模、住宿餐饮业发展规模、交通客运规模等,说明目前昆明的休闲水平还比较弱,应借助自身的旅游资源优势与游客吸引力,将旅游产业与休闲产业相结合,扩大城市的休闲消费潜力(见图 4-25)。

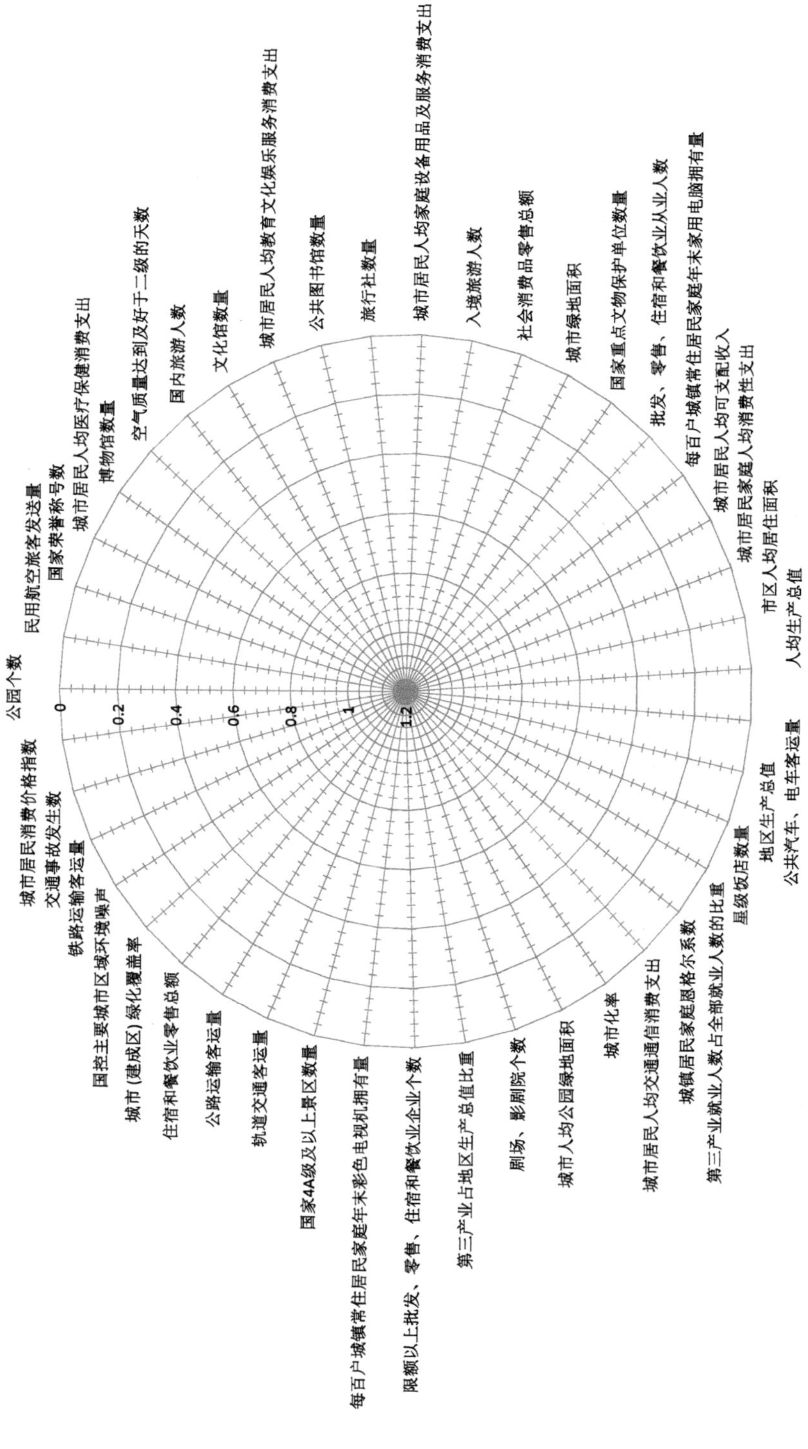

图 4-25　昆明 43 个指标水平排列图

十四、南昌

南昌是中国唯一一个毗邻长江三角洲、珠江三角洲和海峡西岸经济区的省会中心城市，也是长江中游城市群中心城市之一，素有"吴头楚尾、粤户闽庭"的盛誉。从数据分析看，南昌43个指标水平区间在0～1.2之间，均值水平为0.4127。高于均值水平的指标有22个，占指标总数的51％。具体为剧场、影剧院个数，交通事故发生数，国家荣誉称号数，国内旅游人数，空气质量达到及好于二级的天数，人均生产总值，城市居民人均交通通信消费支出，公园个数，民用航空旅客发送量，城市居民人均家庭设备用品及服务消费支出，城市人均公园绿地面积，城市居民人均可支配收入，限额以上批发、零售、住宿和餐饮业企业个数，文化馆数量，地区生产总值，公共图书馆数量，每百户城镇常住居民家庭年末彩色电视机拥有量，城市居民家庭人均消费性支出，城市居民人均医疗保健消费支出，市区人均居住面积，城市居民人均教育文化娱乐服务消费支出，城市化率。其中，剧场、影剧院个数的水平值最高（1.0921），其次是交通事故发生数（0.9889）。从高于均值水平的指标看，南昌在城市休闲化进程中表现较好的指标主要集中在空气质量、文化娱设施规模、家庭娱乐设施等方面，说明南昌城市居民休闲娱乐需求比较旺盛。

低于均值水平的指标有21个，占指标数量的49％。具体为旅行社数量，社会消费品零售总额，城镇居民家庭恩格尔系数，星级饭店数量，国家4A级及以上景区数量，博物馆数量，第三产业就业人数占全部就业人数的比重，城市绿地面积，批发、零售、住宿和餐饮业从业人数，国家重点文物保护单位数量，城市（建成区）绿化覆盖率，铁路运输客运量，公共汽车、电车客运量，轨道交通客运量，第三产业占地区生产总值比重，公路运输客运量,国控主要城市区域环境噪声,住宿和餐饮业零售总额,入境旅游人数,每百户城镇常住居民家庭年末家用电脑拥有量,城市居民消费价格指数。从中可以看出,南昌在城市休闲化进程中表现较弱的指标主要是旅游接待设施规模、城市绿化环境、住宿餐饮业等商业规模、交通客运规模,这表明南昌的休闲相关产业供给相对不足,同时城市的对外吸引力也较弱(见图4-26)。

从杭州、青岛、南京、沈阳、宁波、长沙、合肥、福州、长春、济南、南宁、大连、昆明、南昌14个特大城市休闲化发展状况来看,发展较好的指标主要是文化设施规模,而在城市的绿化环境以及空气质量等方面普遍表现得比较弱,说明虽然目前这14个特大城市的经济发展为休闲化发展奠定了一定的基础,但在环境这一方面还需要进一步的完善。其中值得注意的是,大连、长春、福州、合肥、长沙、沈阳这6个城市的人均消费指标水平较高,存在潜在的休闲消费市场。同时,长春、福州、合肥、沈阳在交通规模上表现不佳,说明目前对休闲设施的建设有所疏漏,这也是未来城市发展追求高质量发展、创造高品质生活需要重点注意的问题。

第四节　Ⅰ型大城市休闲化指数分析

常住人口规模在300万以上500万以下的城市为Ⅰ型大城市,符合这一标准的城市有贵阳、太原、厦门、兰州、乌鲁木齐、呼和浩特6个城市。从城市区域分布看,东部城市有厦门1个城市,中部城市有太原1个城市,西部城市有贵阳、兰州、乌鲁木齐、呼和浩特4个城市;从城市行政级别看,6个城市中除乌鲁木齐是新疆维吾尔自治区首府,呼和浩特是内蒙古自治区首府外,其余皆为省会城市。

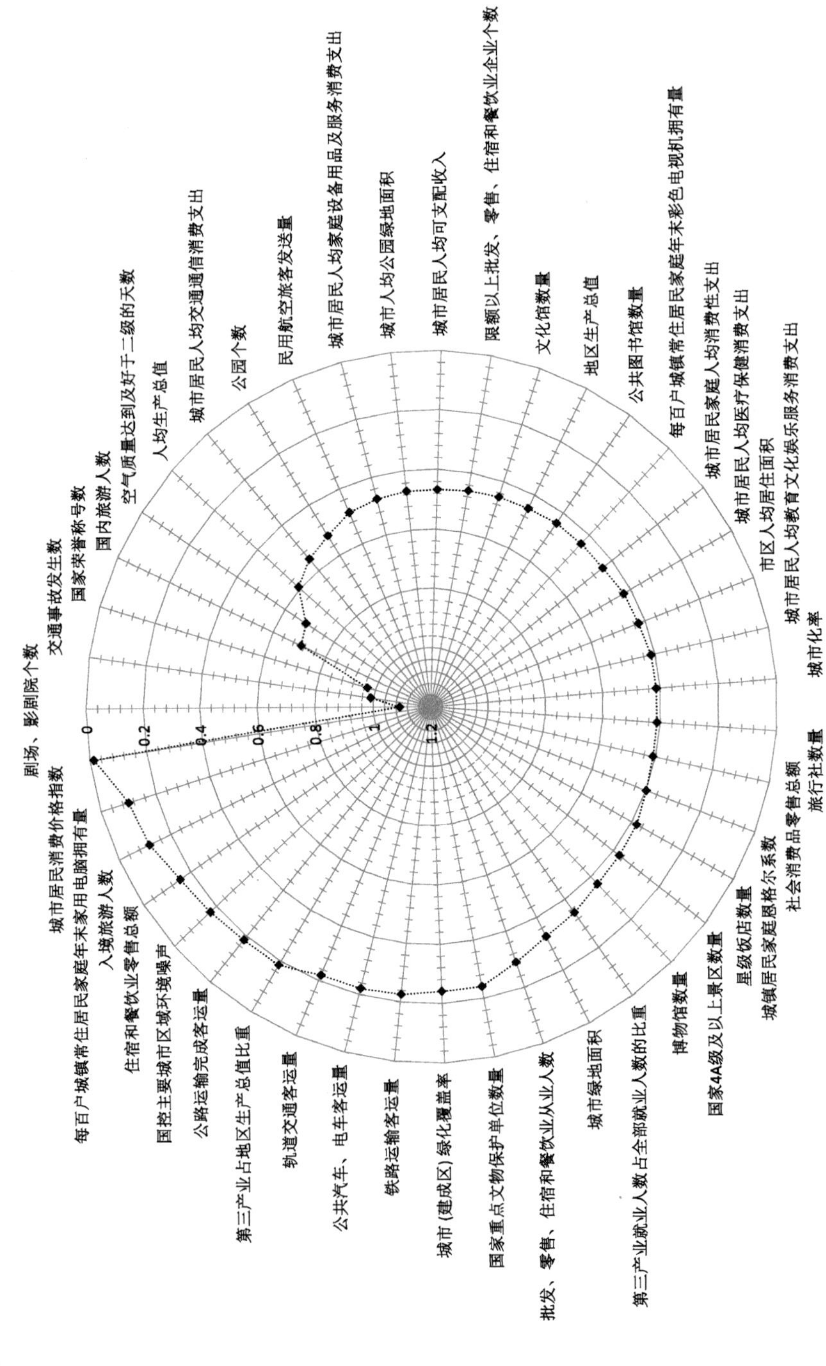

图 4 – 26 南昌 43 个指标水平排列图

一、贵阳

贵阳地处中国西南地区,是全国综合性铁路枢纽,也是中国重要的生态休闲度假旅游城市,其矿产资源和旅游资源丰富。从数据分析看,贵阳43个指标水平区间在0~6之间,均值水平为0.494 1。高于均值水平的指标有13个,占指标总数的31%。具体为公路运输客运量,国内旅游人数,国家荣誉称号数,空气质量达到及好于二级的天数,民用航空旅客发送量,城市居民人均交通通信消费支出,城市人均公园绿地面积,公共图书馆数量,城市居民人均医疗保健消费支出,城市居民人均家庭设备用品及服务消费支出,文化馆数量,国家4A级及以上景区数量,城市居民人均教育文化娱乐服务消费支出。其中,公路运输客运量的水平值最高(5.055 6),远高于其他指标,这与贵阳重视公路建设有关。其次是国内旅游人数(0.882 3)。从中可以看出,贵阳在城市休闲化进程中表现较好的指标主要集中在交通客运规模、国内旅游人数、空气质量、文化设施建设、人均文化娱乐消费水平,这与该城市较少的人口规模有关。

低于均值水平的指标有30个,占指标数量的69%。具体为人均生产总值,城市居民家庭人均消费性支出,城市化率,市区人均居住面积,城市居民人均可支配收入,每百户城镇常住居民家庭年末家用电脑拥有量,第三产业占地区生产总值比重,第三产业就业人数占全部就业人数的比重,每百户城镇常住居民家庭年末彩色电视机拥有量,城镇居民家庭恩格尔系数,旅行社数量,城市绿地面积,公共汽车、电车客运量,地区生产总值,星级饭店数量,限额以上批发、零售、住宿和餐饮业企业个数,社会消费品零售总额,批发、零售、住宿和餐饮业从业人数,博物馆数量,城市(建成区)绿化覆盖率,入境旅游人数,剧场、影剧院个数,铁路运输客运量,国控主要城市区域环境噪声,住宿和餐饮业零售总额,公园个数,国家重点文物保护单位数量,交通事故发生数,城市居民消费价格指数,轨道交通客运量。从中可以看出,贵阳表现较弱的指标主要集中在旅游接待规模和水平、住宿餐饮业等商业规模、城市绿化等,充分体现出贵阳产业结构的单一性(见图4-27)。

二、太原

太原是我国北方地区重要的历史文化名城,历史文化资源丰富,也是中国优秀旅游城市、国家园林城市。从数据分析看,太原43个指标水平区间在0~4之间,均值水平为0.485 2。高于均值水平的指标有9个,占指标总数的21%。具体为城市绿地面积,剧场、影剧院个数,城市居民人均医疗保健消费支出,文化馆数量,人均生产总值,公共图书馆数量,星级饭店数量,第三产业就业人数占全部就业人数的比重,民用航空旅客发送量。其中,城市绿地面积的指标水平值最高(3.674 4),其次是剧场、影剧院个数(3.046 8)。从高于均值水平的指标看,太原在城市休闲化进程中发展较好的指标主要集中在城市绿地规模、文化设施规模、航空交通接待规模,这充分反映出太原的资源优势和地理位置优势。

低于均值水平的指标有34个,占指标数量的79%。具体为城市化率,城镇居民家庭恩格尔系数,城市居民人均教育文化娱乐服务消费支出,市区人均居住面积,城市人均公园绿地面积,第三产业占地区生产总值比重,城市居民人均家庭设备用品及服务消费支出,旅行社数量,国家荣誉称号数,城市居民人均可支配收入,国内旅游人数,每百户城镇常住居民家庭年末家用电脑拥有量,公园个数,空气质量达到及好于二级的天数,城市居民人均交通通信消费支出,国家重点文物保护单位数量,社会消费品零售总额,国家4A级及以上景区数量,限额以上批发、零售、住宿和餐饮业企业个数,每百户城镇常住居民家庭年末彩色电视机拥有量,城

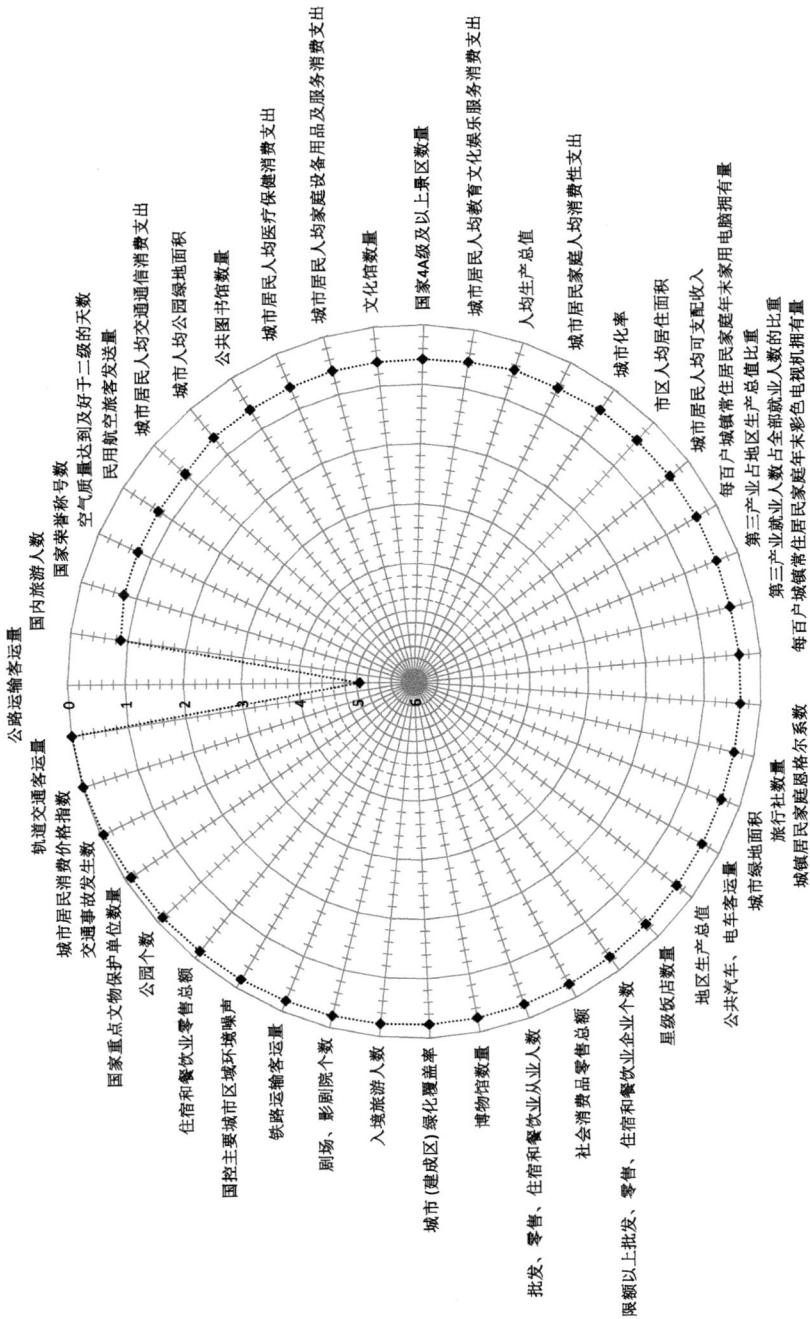

图4-27 贵阳43个指标水平排列图

市居民家庭人均消费性支出,地区生产总值,博物馆数量,交通事故发生数,批发、零售、住宿和餐饮业从业人数,城市(建成区)绿化覆盖率,住宿和餐饮业零售总额,铁路运输客运量,国控主要城市区域环境噪声,入境旅游人数,公路运输客运量,公共汽车、电车客运量,城市居民消费价格指数,轨道交通客运量。从中可以发现,太原城市休闲化进程中,表现较弱的指标主要是休闲娱乐设施规模、人均意义上的消费水平、住宿餐饮业规模、空气质量等方面,说明太原面向本地居民的商业零售业态供给、交通便捷性、休闲游憩活动的选择性还不够强,最终导致旅游吸引力不足(见图4-28)。

三、厦门

厦门是我国5大计划单列市之一,也是中国经济特区、风景旅游城市以及国家生态园林城市,其区位优势独特,自然资源丰富。从数据分析看,厦门43个指标水平区间在0~2.5之间,均值水平为0.519 2。高于均值水平的指标有14个,占指标总数的33%。具体为交通事故发生数,入境旅游人数,国家荣誉称号数,民用航空旅客发送量,限额以上批发、零售住宿和餐饮业企业个数,公园个数,人均生产总值,城市居民人均交通通信消费支出,城市居民人均可支配收入,城市绿地面积,城市居民家庭人均消费性支出,旅行社数量,城市居民人均家庭设备用品及服务消费支出,城市人均公园绿地面积。其中,交通事故发生数的水平值最高(2.181 3),其次是入境旅游人数(1.725 0)。从中可以看出,厦门在城市休闲化进程中表现良好的指标主要是入境游客数量、人均消费水平、人均绿地规模、城市生态文明建设等,这说明厦门的生活相对舒适,城市居住环境比较宜人,人均休闲消费指标水平相对靠前,且有足够的国外旅游吸引力。

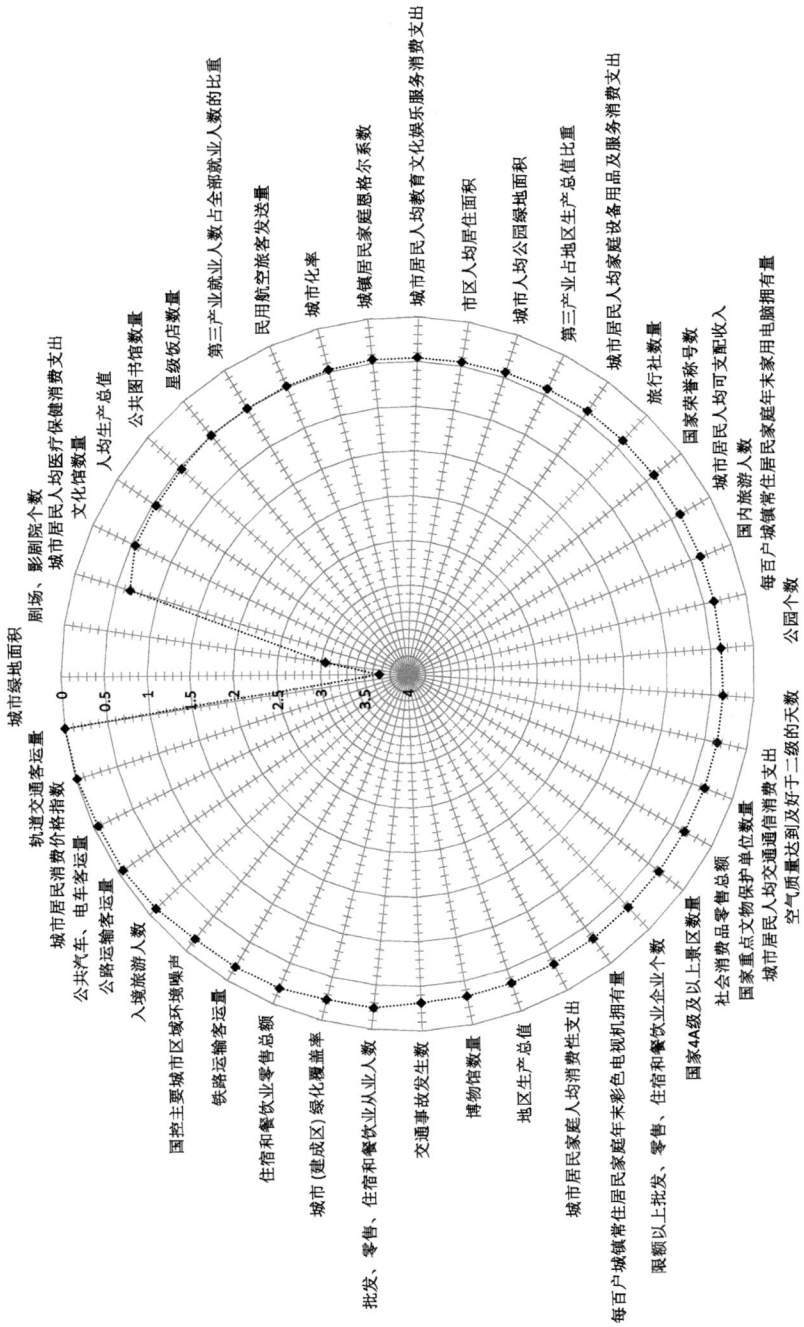

图 4-28 太原 43 个指标水平排列图

低于均值水平的指标有 29 个,占指标数量的 67%。具体为城市化率,每百户城镇常住居民家庭年末家用电脑拥有量,城市居民人均教育文化娱乐服务消费支出,住宿和餐饮业零售总额,剧场、影剧院个数,公共汽车、电车客运量,批发、零售、住宿和餐饮业从业人数,公共图书馆数量,市区人均居住面积,星级饭店数量,城市居民人均医疗保健消费支出,地区生产总值,国家 4A 级及以上景区数量,国内旅游人数,第三产业占地区生产总值比重,城镇居民家庭恩格尔系数,空气质量达到及好于二级的天数,文化馆数量,每百户城镇常住居民家庭年末彩色电视机拥有量,社会消费品零售总额,第三产业就业人数占全部就业人数的比重,公路运输客运量,城市(建成区)绿化覆盖率,国家重点文物保护单位数量,国控主要城市区域环境噪声,铁路运输客运量,博物馆数量,轨道交通客运量,城市居民消费价格指数。从中可以看出,厦门在城市休闲化进程中表现较弱的指标主要是第三产业规模、文化娱乐设施规模、空气质量、市内交通规模等,这说明厦门的休闲娱乐相关产业供给不足,未来还有上升的空间,可借助游客吸引力的优势,加强休闲产业的发展(见图 4 - 29)。

四、兰州

兰州是西北地区重要的区域中心城市、工业基地和综合交通枢纽,是黄河文化、丝路文化、中原文化与西域文化的重要交汇地。从数据分析看,兰州 43 个指标水平区间在 0～0.9 之间,均值水平为 0.327 3。高于均值水平的指标有 23 个,占指标总数的 53%。具体为城市居民人均医疗保健消费支出,城市居民人均家庭设备用品及服务消费支出,交通事故发生数,城市人均公园绿地面积,民用航空旅客发送量,公共汽车、电车客运量,市区人均居住面积,第三产业就业人数占全部就业人数的比重,空气质量达到及好于二级的天数,人均生产总值,城市居民家庭人均消费性支

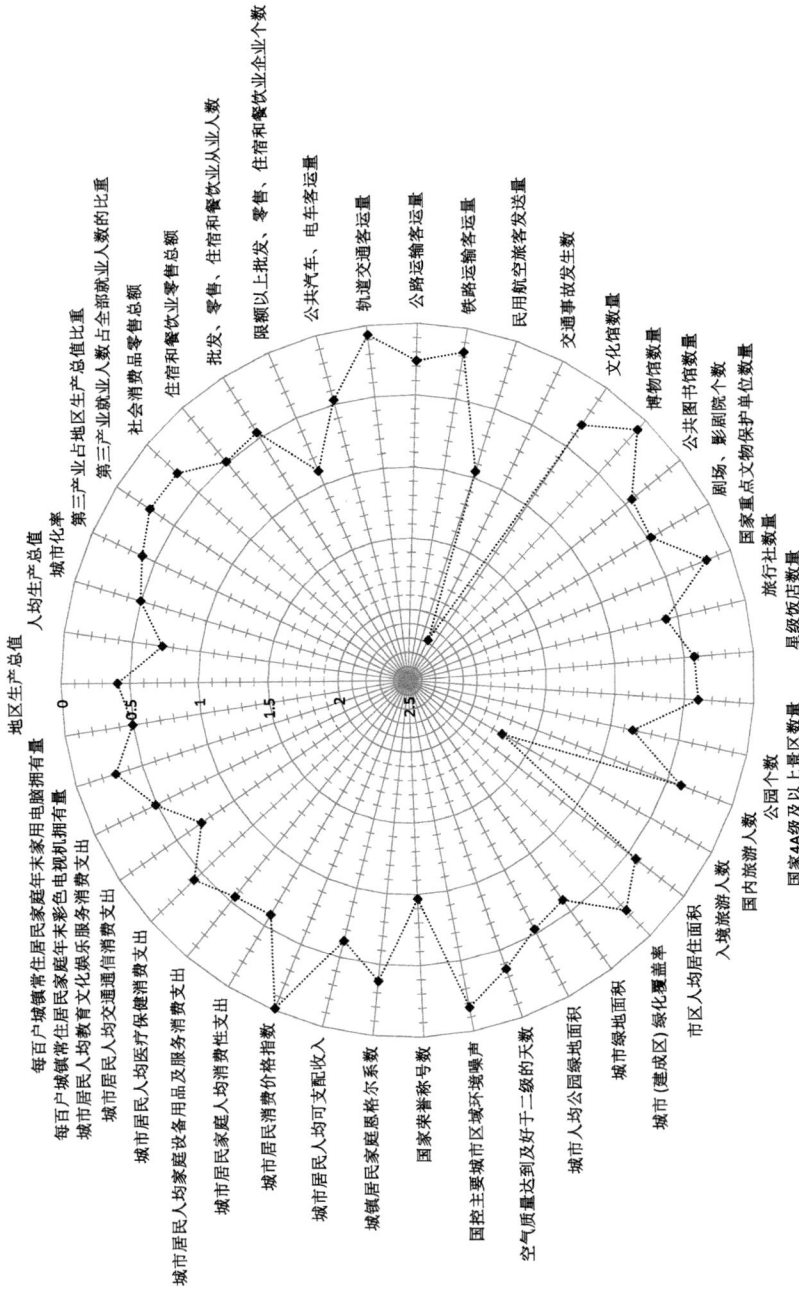

图 4-29　厦门 43 个指标水平排列图

出,第三产业占地区生产总值比重,城市居民人均教育文化娱乐服务消费支出,文化馆数量,城市居民人均交通通信消费支出,城市居民人均可支配收入,城市化率,城镇居民家庭恩格尔系数,每百户城镇常住居民家庭年末家用电脑拥有量,每百户城镇常住居民家庭年末彩色电视机拥有量,旅行社数量,公共图书馆数量,剧场、影剧院个数。其中,指标水平值最高的是城市居民人均医疗保健消费支出(0.881 1),其次是城市居民人均家庭设备用品及服务消费支出(0.552 6)。从中可以看出,兰州在城市休闲化进程中表现良好的指标主要集中在人均休闲消费水平、航空交通客运规模、第三产业的发展规模、文化设施规模、家庭娱乐设备拥有量,说明兰州的历史文化资源相对丰富,居民的休闲消费需求相对旺盛。

低于均值水平的指标有 20 个,占指标数量的 47%。具体为国内旅游人数,限额以上批发、零售、住宿和餐饮业企业个数,公路运输客运量,社会消费品零售总额,博物馆数量,城市绿地面积,星级饭店数量,国家重点文物保护单位数量,地区生产总值,国家荣誉称号数,公园个数,国家 4A级及以上景区数量,城市(建成区)绿化覆盖率,国控主要城市区域环境噪声,批发、零售、住宿和餐饮业从业人数,铁路运输客运量,住宿和餐饮业零售总额,入境旅游人数,城市居民消费价格指数,轨道交通客运量数。从中可以看出,兰州在城市休闲化进程中表现较弱的指标主要是旅游人数、旅游接待规模和水平、城市绿化环境,说明兰州有关休闲娱乐产业的供给结构和发展规模都存在发展短板(见图 4 - 30)。

五、乌鲁木齐

乌鲁木齐地处亚欧大陆中心,是西方文化和中国文化的荟萃之地,呈现出多元文化的发展特质,还是中国优秀旅游城市。从数据分析看,乌鲁木齐43 个指标水平区间在 0～1 之间,均值水平为 0.348 9。高于均值水

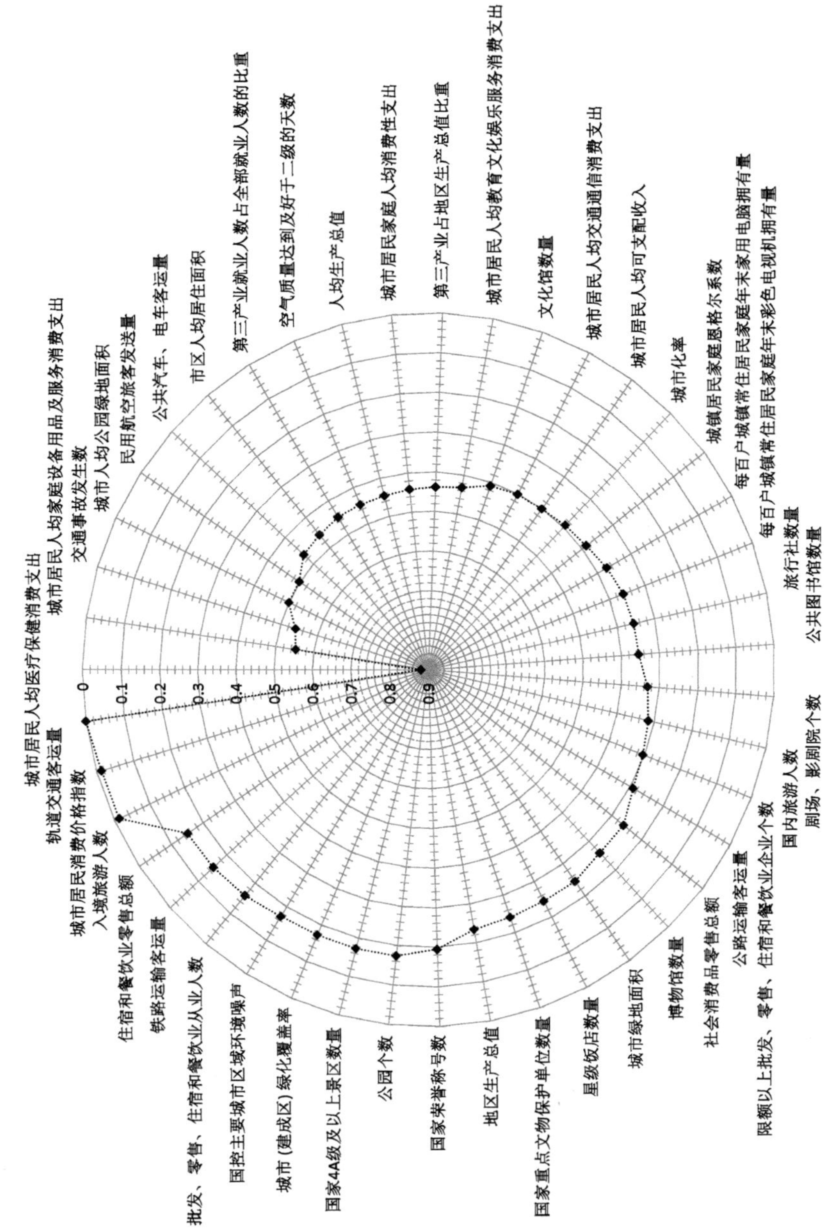

图4-30 兰州43个指标水平排列图

平的指标有 22 个,占指标总数的 51%。具体为城市居民人均医疗保健消费支出,城市绿地面积,城市居民人均家庭设备用品及服务消费支出,公共汽车、电车客运量,第三产业就业人数占全部就业人数的比重,城市居民家庭人均消费性支出,人均生产总值,空气质量达到及好于二级的天数,城市居民人均交通通信消费支出,城市居民人均教育文化娱乐服务消费支出,城市化率,第三产业占地区生产总值比重,城市居民人均可支配收入,城市人均公园绿地面积,文化馆数量,每百户城镇常住居民家庭年末家用电脑拥有量,民用航空旅客发送量,星级饭店数量,国家荣誉称号数,城镇居民家庭恩格尔系数,市区人均居住面积,每百户城镇常住居民家庭年末彩色电视机拥有量。其中,城市居民人均医疗保健消费支出的水平值最高(0.960 1),其次是城市绿地面积(0.733 0)。从中可以看出,乌鲁木齐在城市休闲化进程中发展良好的指标主要是人均休闲消费水平、交通规模、家庭娱乐规模等,说明乌鲁木齐本地居民休闲消费需求相对旺盛,同时城市的基础设施、生态文明建设相对较好。

低于均值水平的指标有 21 个,占指标数量的 49%。具体为限额以上批发、零售、住宿和餐饮业企业个数,国家重点文物保护单位数量,国家4A 级及以上景区数量,公共图书馆数量,地区生产总值,社会消费品零售总额,旅行社数量,城市(建成区)绿化覆盖率,国内旅游人数,公园个数,国控主要城市区域环境噪声,批发、零售、住宿和餐饮业从业人数,入境旅游人数,住宿和餐饮业零售总额,交通事故发生数,铁路运输客运量,公路运输客运量,剧场、影剧院个数,博物馆数量,城市居民消费价格指数,轨道交通客运量。从中可以看出,乌鲁木齐在城市休闲化进程中表现较弱的指标主要是住宿餐饮业等商业零售、旅游接待规模和水平、文化娱乐设施规模、旅游人数,表明乌鲁木齐休闲产业结构相对单一,城市旅游吸引力较弱(见图 4 - 31)。

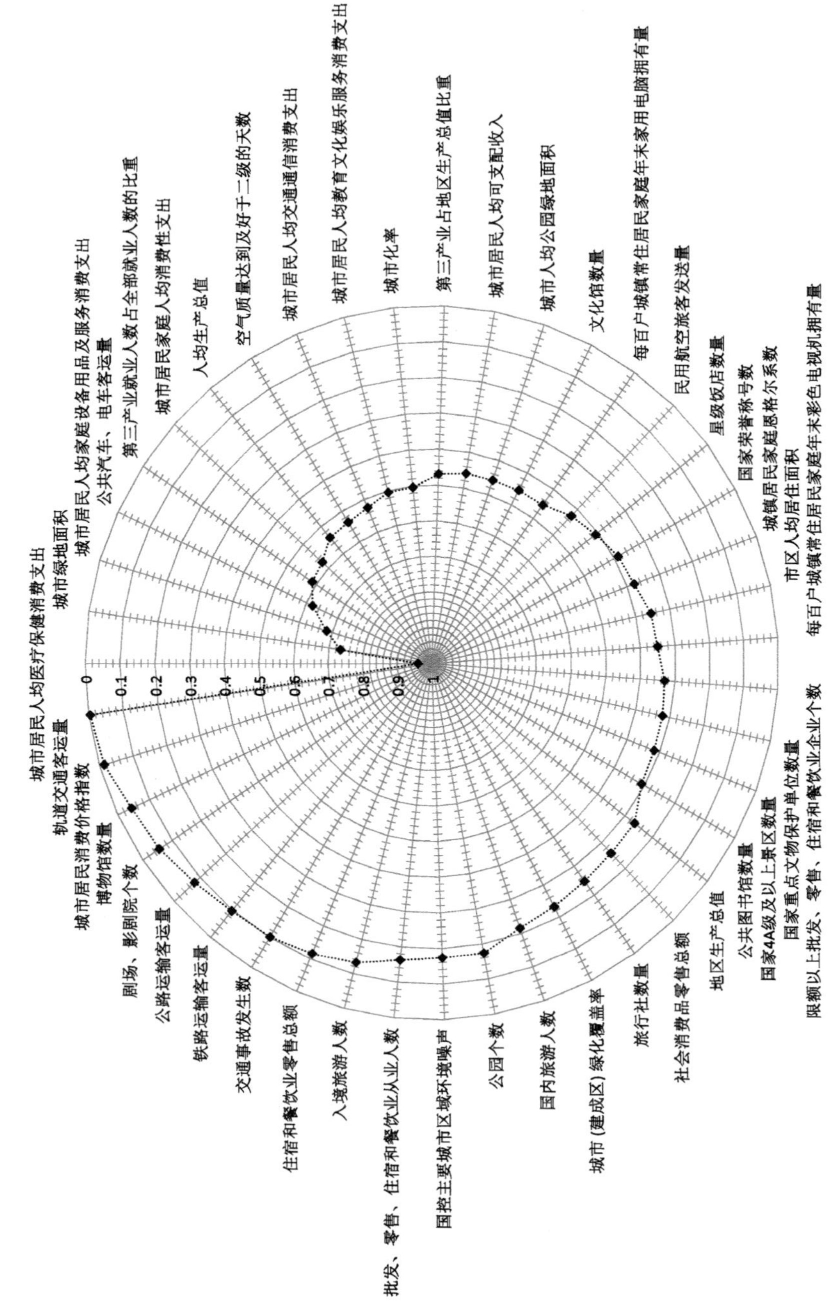

图 4-31　乌鲁木齐 43 个指标水平排列图

六、呼和浩特

呼和浩特是中国向蒙古国、俄罗斯开放的重要沿边开放中心城市，也是我国北方草原地区重要的历史文化名城，是华夏文明的发祥地之一，有着悠久的历史和光辉灿烂的文化。从数据分析看，呼和浩特43个指标水平区间在0～1之间，均值水平为0.368 2。高于均值的指标有23个，占指标总数的53%。具体为城市居民人均医疗保健消费支出，国家荣誉称号数，城市居民人均家庭设备用品及服务消费支出，交通事故发生数，城市人均公园绿地面积，城市居民人均交通通信消费支出，第三产业就业人数占全部就业人数的比重，城市居民人均教育文化娱乐服务消费支出，空气质量达到及好于二级的天数，人均生产总值，城市居民人均可支配收入，城市居民家庭人均消费性支出，文化馆数量，国家4A级及以上景区数量，公共图书馆数量，旅行社数量，第三产业占地区生产总值比重，城镇居民家庭恩格尔系数，民用航空旅客发送量，市区人均居住面积，城市化率，每百户城镇常住居民家庭年末家用电脑拥有量，城市绿地面积。其中，城市居民人均医疗保健消费支出的水平值最高（0.930 3），其次是国家荣誉称号数（0.847 0）。从中可以看出，呼和浩特在城市休闲化进程中发展较好的指标主要集中在人均休闲消费水平、第三产业发展规模、文化设施规模、空气质量等方面，这与呼和浩特的人口规模、历史文化资源有一定的关系。

低于均值水平的指标有20个，占指标数量的47%。具体为每百户城镇常住居民家庭年末彩色电视机拥有量，社会消费品零售总额，公园个数，地区生产总值，城市（建成区）绿化覆盖率，国家重点文物保护单位数量，铁路运输客运量，公共汽车、电车客运量，国内旅游人数，批发、零售、住宿和餐饮业从业人数，限额以上批发、零售、住宿和餐饮业企业个数，剧场、影剧院个数,国控主要城市区域环境噪声,星级饭店数量,博物馆数量,住宿和餐饮业零售总额,入境旅游人数,公路运输客运量,城市居民消费价格指数,轨道交通客运量。可以看出,呼和浩特在城市休闲化进程中表现较弱的指标主要是交通运输规模、住宿餐饮等商业规模、旅游接待设施和人数规模,这反映出呼和浩特的服务业发展水平还处于较低的发展状态(见图 4 - 32)。

从贵阳、太原、厦门、兰州、乌鲁木齐、呼和浩特 6 个城市Ⅰ型大城市休闲化指数分析来看,以上城市在文化设施规模方面的指标发展得都比较好,说明这 6 个城市的历史文化资源相对丰富。此外,太原和厦门的生态环境优势显著,以及兰州、乌鲁木齐、呼和浩特 3 个城市的人均休闲消费指标水平较高,但兰州在城市绿化方面还需改善,总的来看,这些城市之间也存在结构方面的发展差异。

第五节　Ⅱ型大城市休闲化指数分析

常住人口规模在 100 万以上 300 万以下的城市为Ⅱ型大城市,符合这一标准的城市有西宁、海口、银川 3 个城市。从城市区域分布看,东部城市有海口 1 个城市,西部城市有银川、西宁 2 个城市。从城市行政级别看,3 个城市皆为省会城市。

一、西宁

西宁是一个拥有悠久历史的高原古城,是中国黄河流域文化组成部分,也是青藏高原的东方门户,区位优势和政策优势明显。从数据分析看,西宁 43 个指标水平值区间在 0~0.7 之间,均值水平为 0.284 6。高于均值的指标有 23 个,占指标总数的 53%。具体为旅行社数量,空气质量

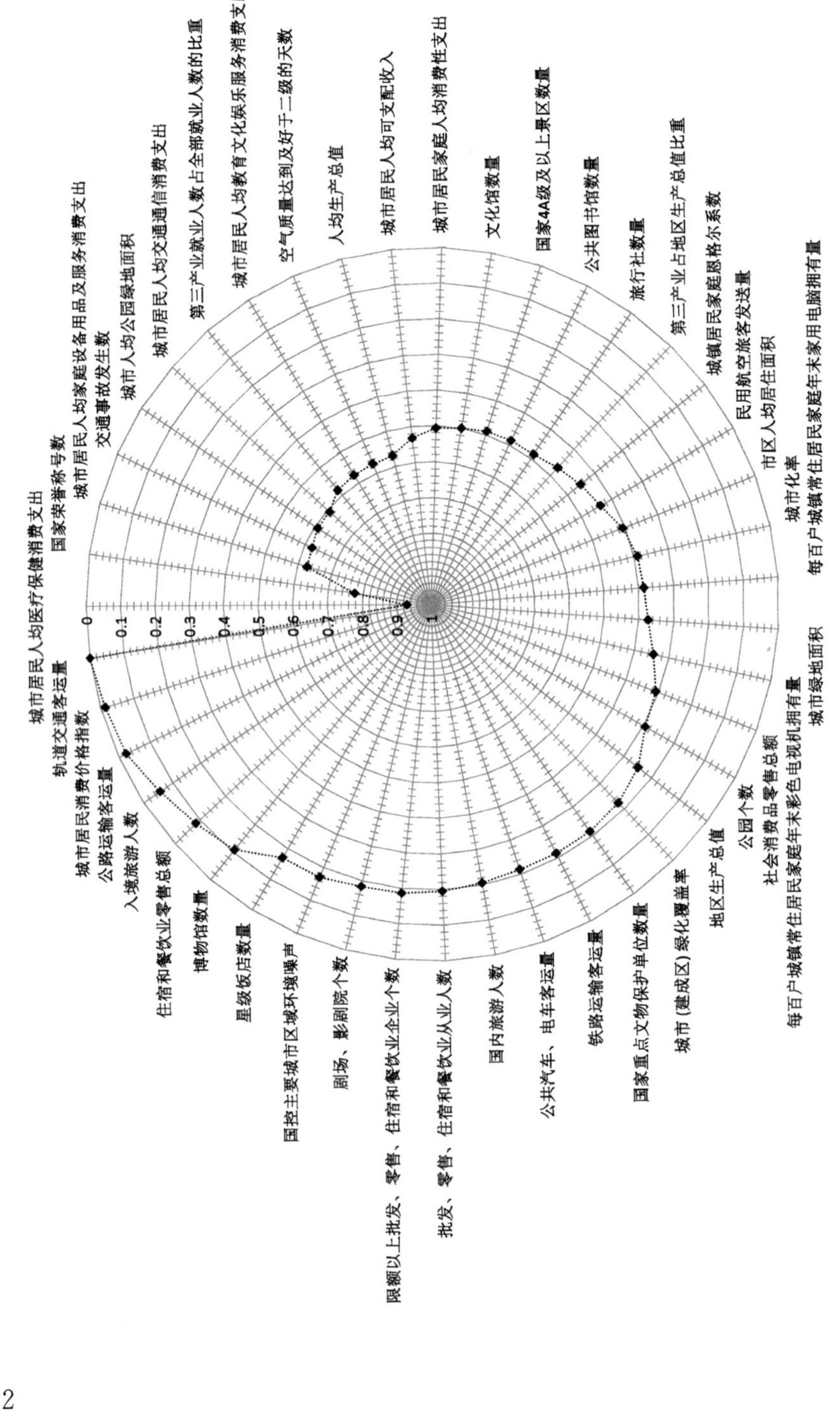

图 4-32　呼和浩特 43 个指标水平排列图

达到及好于二级的天数,交通事故发生数,城市居民人均医疗保健消费支出,第三产业就业人数占全部就业人数的比重,星级饭店数量,城市人均公园绿地面积,第三产业占地区生产总值比重,城市化率,国家荣誉称号数,城市居民家庭人均消费性支出,城镇居民家庭恩格尔系数,城市居民人均可支配收入,市区人均居住面积,每百户城镇常住居民家庭年末家用电脑拥有量,城市居民人均交通通信消费支出,每百户城镇常住居民家庭年末彩色电视机拥有量,城市居民人均家庭设备用品及服务消费支出,城市居民人均教育文化娱乐服务消费支出,人均生产总值,文化馆数量,国家4A级及以上景区数量,公共图书馆数量。其中,旅行社数量的水平值最高(0.602 3),其次是空气质量达到及好于二级的天数(0.592 1)。从中可以看出,西宁在城市休闲化进程中表现较好的指标主要集中在旅游接待规模、城市空气质量、人均休闲消费水平、第三产业发展规模等方面,说明西宁的旅游业发展相对较好,居民的休闲消费需求相对旺盛。

低于均值水平的指标有20个,占指标数量的47%。具体为博物馆数量,剧场、影剧院个数,民用航空旅客发送量,城市(建成区)绿化覆盖率,国家重点文物保护单位数量,公共汽车、电车客运量,公园个数,国控主要城市区域环境噪声,公路运输客运量,限额以上批发、零售、住宿和餐饮业企业个数,住宿和餐饮业零售总额,国内旅游人数,地区生产总值,社会消费品零售总额,城市绿地面积,批发、零售、住宿和餐饮业从业人数,铁路运输客运量,入境旅游人数,城市居民消费价格指数,轨道交通客运量。从中可以看出,西宁在城市休闲化进程中表现较弱的指标主要集中在文化设施规模、交通运输规模、住宿餐饮业等商业零售规模,说明西宁的休闲相关产业供给能力以及旅游吸引力尚且不足(见图4-33)。

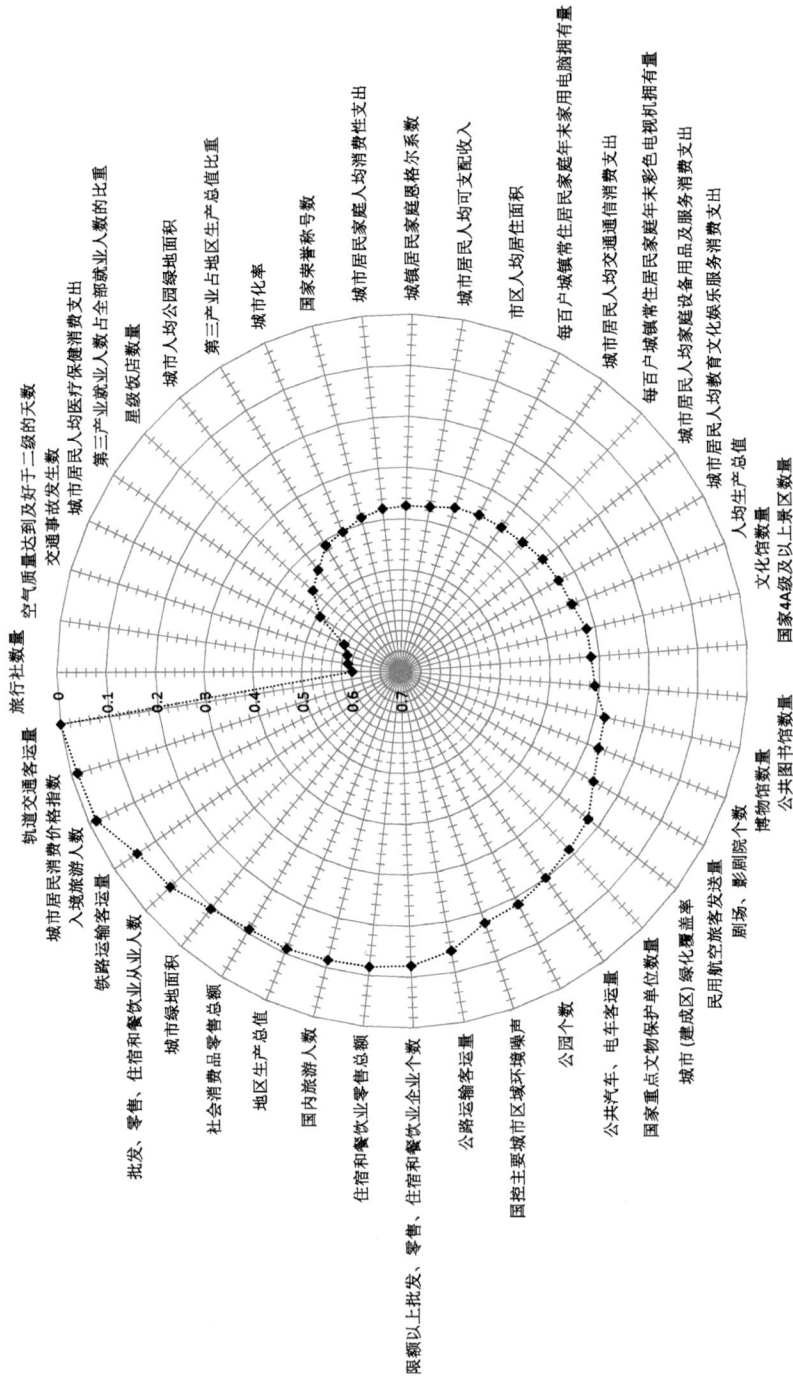

图 4 - 33 西宁 43 个指标水平排列图

二、海口

海口是我国地处热带的海滨城市,热带资源多样,生态环境良好,被世界卫生组织评为我国首个"世界健康城市"试点地,也曾获得"中国最具幸福感城市""中国优秀旅游城市"等荣誉称号。从数据分析看,海口43个指标水平区间在0～2之间,均值水平为0.381 8。高于均值水平的指标有14个,占指标总数的33%。具体为每百户城镇常住居民家庭年末家用电脑拥有量,民用航空旅客发送量,每百户城镇常住居民家庭年末彩色电视机拥有量,国家荣誉称号数,空气质量达到及好于二级的天数,交通事故发生数,城市居民人均医疗保健消费支出,第三产业就业人数占全部就业人数的比重,第三产业占地区生产总值比重,城市居民人均教育文化娱乐服务消费支出,城市化率,城市居民人均可支配收入,城市居民家庭人均消费性支出,人均生产总值。其中,指标水平值最高的是每百户城镇常住居民家庭年末家用电脑拥有量(1.856 0),其次是民用航空旅客发送量(1.309 6)。从中可以看出,海口在城市休闲化进程中表现较好的指标主要是家庭娱乐设备拥有量、航空运输规模、城市环境、人均休闲消费水平和第三产业的发展规模,这充分说明海口城市生活环境的舒适性。

低于均值水平的指标有29个,占指标数量的67%。具体为城市居民人均交通通信消费支出,城市居民人均家庭设备用品及服务消费支出,旅行社数量,市区人均居住面积,城市人均公园绿地面积,城镇居民家庭恩格尔系数,剧场、影剧院个数,星级饭店数量,住宿和餐饮业零售总额,城市(建成区)绿化覆盖率,文化馆数量,公共图书馆数量,批发、零售、住宿和餐饮业从业人数,铁路运输客运量,博物馆数量,公路运输客运量,国控主要城市区域环境噪声,城市绿地面积,社会消费品零售总额,国家重点文物保护单位数量,公共汽车、电车客运量,地区生产总值,国内旅游人数,国家 4A 级及以上景区数量,公园个数,限额以上批发、零售、住宿和餐饮业企业个数,入境旅游人数,城市居民消费价格指数,轨道交通客运量。从中可以看出,海口在城市休闲化进程中表现较弱的指标主要是人均生活与交通支出、住宿餐饮等商业零售规模、文化娱乐设施规模、旅游接待规模和水平,这说明海口虽然地处海岛资源丰富的海南省,但在三亚的强大旅游品牌影响下,城市旅游业发展相对较弱,同时城市缺乏多样性的休闲相关产业供给体系,制约了城市的吸引力和竞争力(见图 4-34)。

三、银川

银川地处中国的西北地区,是历史悠久的塞上古城。从数据分析看,银川 43 个指标水平区间在 0~1.2 之间,均值水平为 0.318 6。高于均值水平的指标有 21 个,占指标总数的 49%。具体为国家荣誉称号数,城市居民人均医疗保健消费支出,国家 4A 级及以上景区数量,城市人均公园绿地面积,城市居民人均教育文化娱乐服务消费支出,空气质量达到及好于二级的天数,城市居民人均交通通信消费支出,人均生产总值,城市居民人均家庭设备用品及服务消费支出,每百户城镇常住居民家庭年末家用电脑拥有量,交通事故发生数,第三产业就业人数占全部就业人数的比重,城市化率,城市居民家庭人均消费性支出,城市居民人均可支配收入,城镇居民家庭恩格尔系数,文化馆数量,公共图书馆数量,每百户城镇常住居民家庭年末彩色电视机拥有量,第三产业占地区生产总值比重,市区人均居住面积。其中,国家荣誉称号数的水平值最高(1.163 7),其次是城市居民人均医疗保健消费支出(0.796 4)。从中可以看出,银川在城市休闲化进程中表现较好的指标主要是人均休闲消费水平、家庭耐用品拥有数量、文化设施规模等方面,表明银川本地居民休闲消费需求相对旺盛,城市也比较注重城市生态文明建设。

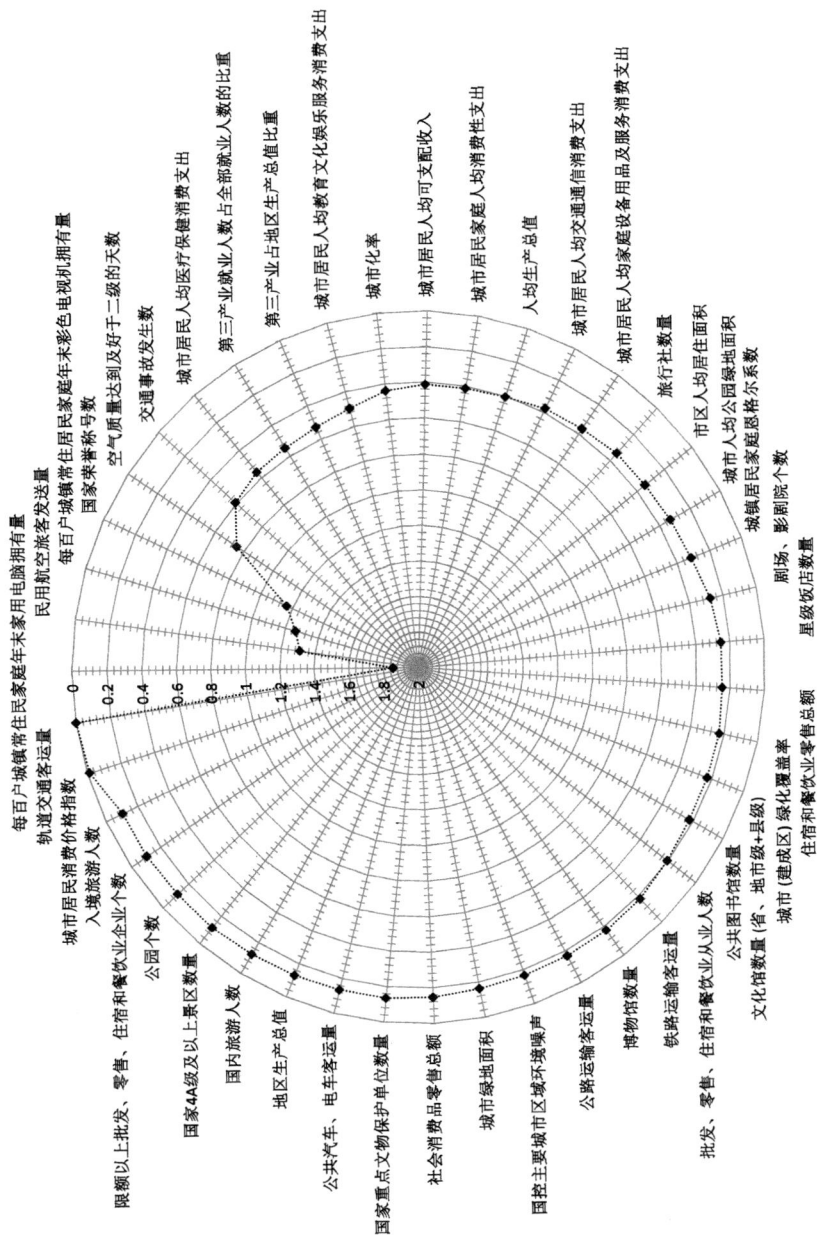

图 4－34　海口 43 个指标水平排列图

低于均值水平的指标有22个,占指标数量的51%。具体为国家重点文物保护单位数量,星级饭店数量,城市绿地面积,城市(建成区)绿化覆盖率,旅行社数量,博物馆数量,国控主要城市区域环境噪声,剧场、影剧院个数,公共汽车、电车客运量,地区生产总值,民用航空旅客发送量,公路运输客运量,公园个数,限额以上批发、零售、住宿和餐饮业企业个数,社会消费品零售总额,国内旅游人数,批发、零售、住宿和餐饮业从业人数,住宿和餐饮业零售总额,铁路运输客运量,入境旅游人数,城市居民消费价格指数,轨道交通客运量。可以看出,银川在城市休闲化进程中表现较弱的指标主要是交通运输规模、商业零售规模以及旅游接待规模和水平等方面,反映了现阶段银川在休闲产业发展的综合能力方面还存在发展短板,从而使得城市对外吸引力呈现较弱的发展特点(见图4-35)。

第六节　中等城市拉萨休闲化指数分析

拉萨是西藏自治区首府,是西藏的政治、经济、文化和科教中心,也是藏传佛教圣地。拉萨号称世界第三极,是具有高原民族特色的旅游目的地城市。从数据分析看,拉萨43个指标水平区间在0~3.5之间,均值水平为0.325 0。高于均值水平的指标有14个,占指标总数的33%。具体为交通事故发生数,文化馆数量,国家荣誉称号数,空气质量达到及好于二级的天数,城市居民人均家庭设备用品及服务消费支出,人均生产总值,城市居民人均交通通信消费支出,公园个数,城市居民家庭人均消费性支出,每百户城镇常住居民家庭年末彩色电视机拥有量,城市居民人均可支配收入,第三产业就业人数占全部就业人数的比重,第三产业占地区生产总值比重,市区人均居住面积。其中,交通事故发生数的水平值最高(3.256 1),

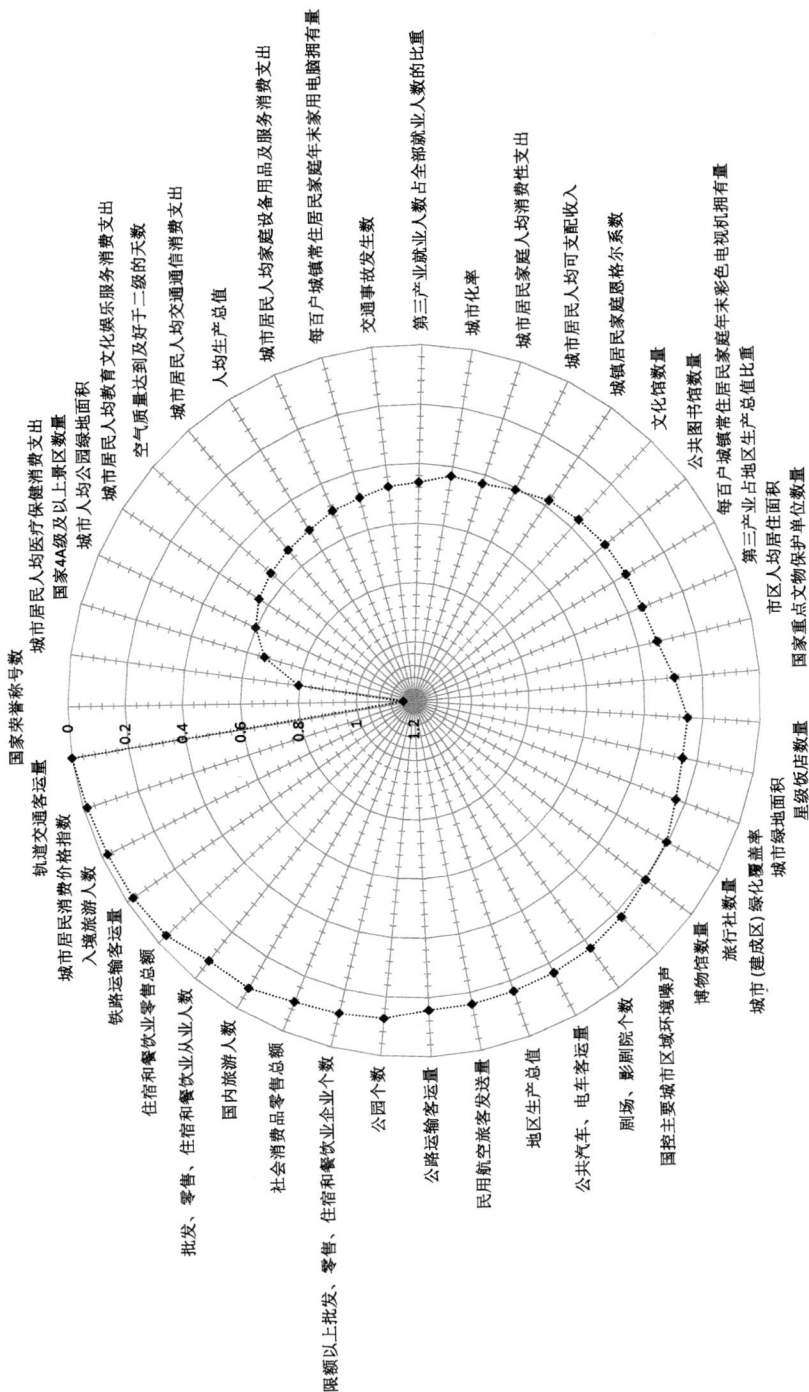

图4-35 银川43个指标水平排列图

远高于其他指标,说明拉萨城市交通安全环境不尽人意。其次是文化馆数量(1.044 2)。从高于均值水平的指标看,拉萨在城市休闲化发展进程中表现良好的指标主要是空气质量、人均休闲消费水平、第三产业规模,这与拉萨的人口规模、城市地理位置有关。

低于均值水平的指标有 29 个,占指标数量的 67%。具体为城镇居民家庭恩格尔系数,城市居民人均医疗保健消费支出,旅行社数量,城市居民人均教育文化娱乐服务消费支出,城市人均公园绿地面积,城市(建成区)绿化覆盖率,国控主要城市区域环境噪声,住宿和餐饮业零售总额,国家 4A 级及以上景区数量,城市化率,民用航空旅客发送量,博物馆数量,星级饭店数量,国家重点文物保护单位数量,每百户城镇常住居民家庭年末家用电脑拥有量,国内旅游人数,剧场、影剧院个数,批发、零售、住宿和餐饮业从业人数,入境旅游人数,城市绿地面积,社会消费品零售总额,公共汽车、电车客运量,地区生产总值,公共图书馆数量,限额以上批发、零售、住宿和餐饮业企业个数,公路运输客运量,铁路运输客运量,城市居民消费价格指数,轨道交通客运量。从中可以看出,拉萨在城市休闲化进程中表现较弱的指标主要是城市绿化环境、交通运输规模、住宿餐饮业等商业零售规模、文化娱乐设施规模以及旅游接待规模,这些指标都是制约拉萨城市休闲产业规模化发展的重要因素(见图 4 - 36)。

综合起来看,上述 4 个城市的共同特点是城市内部的人均休闲消费类指标水平和第三产业的发展规模均表现良好,这一方面是因为这些城市的人口规模较少,导致人均水平较高;另一方面,说明这些城市居民休闲娱乐需求空间还很大,政府应该继续完善休闲产业供给体系,丰富休闲产品和服务类型,更好地满足居民的需求,提升居民的生活幸福。

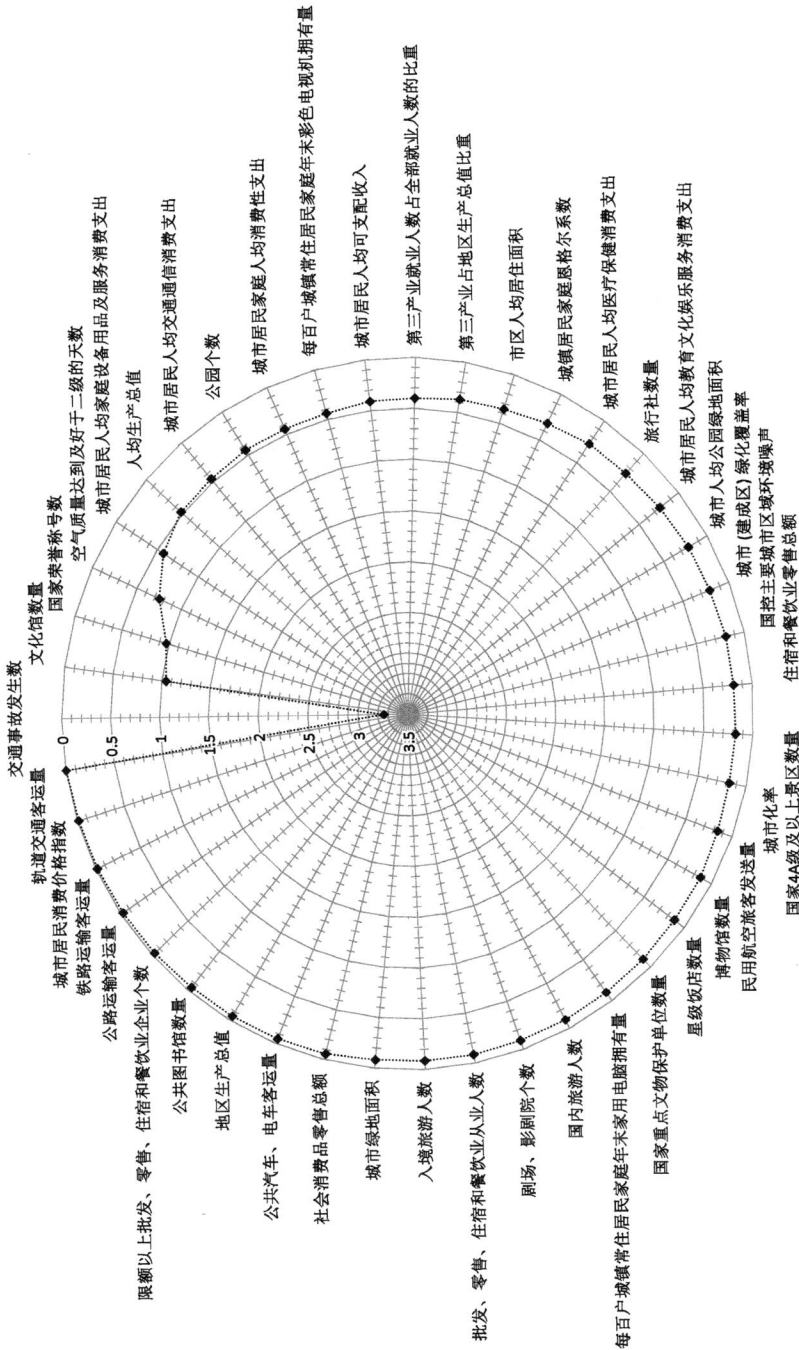

图4-36　拉萨43个指标水平排列图

参考文献

［1］Kang Lei, Yang Zhaoping, Han Fang. The Impact of Urban Recreation Environment on Residents' Happiness — Based on a Case Study in China［J］. Sustainability, 2021, 13(10)：5549.

［2］Kuang C. Does Quality Matter In Local Consumption Amenities? An Empirical Investigation with Yelp［J］. Journal of Urban Economics, 2017, 100(2)：1-18.

［3］Kim D. & Jang S. Symbolic Consumption in Upscale Cafes：Examining Korean Gen Y Consumers' Materialism, Conformity, Conspicuous Tendencies, and Functional Qualities［J］. Journal of Hospitality & Tourism Research, 2017, 41(2)：154-179.

［4］Pritchard A. & Kharouf H. Leisure Consumption in Cricket：Devising a Model to Contrast Forms and Time Preferences［J］. Leisure Studies, 2016, 35(4)：438-453.

［5］Philippa H J. Changing family structures and childhood socialization：A study of leisure consumption［J］. Journal of Marketing Management, 2014, 30(15)：1533-1553.

［6］Han Kyo-nam & Han Beom-Soo. Changes in Distinction of Leisure Consumption between Social Classes［J］. Journal of Tourism Sciences, 2012, 36(9)：197-219.

［7］马红涛,楼嘉军.乌鲁木齐市城市休闲化发展历程及影响因素研究［J］.现代城市研究,2021(05)：83-88.

［8］金云峰,袁轶男,梁引馨,等.人民城市理念下休闲生活圈规划路径——基于城市社会学视角［J］.园林,2021(5)：7-12.

［9］徐爱萍,刘震,楼嘉军.中国休闲城市质量评价及实证研究［J］.世界地理研究,2020(4)：856-866.

［10］王振.长三角地区经济发展报告(2018—2019)［M］.北京：社会科学文献出版社,2020.

［11］于秋阳.高铁加速长三角旅游一体化研究［M］.上海：上海社会科学院出版社,2018.

［12］刘松,楼嘉军,李丽梅,等.上海、南京和杭州城市休闲化协调发展比较研究［J］.现代城市研究,2017(11)：123－129.

［13］楼嘉军,马红涛,刘润.中国城市居民休闲消费能力测度［J］.城市问题,2015,34(3)：86－93＋104.

［14］孙平军,丁四保,修春亮,等.东北地区"人口—经济—空间"城市化协调性研究［J］.地理科学,2012,32(4)：450－457.

第三部分

专题研究

第五章 社会融入视角下的国外特殊群体休闲研究综述[①]

第一节 治疗型游憩和全纳休闲的概念

　　人们在闲暇时间内能否自由参与休闲活动,是衡量社会公平性、幸福感和宜居性的重要指标。从 20 世纪 60、70 年代开始,美国社会部分边缘化群体(如少数民族、残障群体、同性恋群体和老年群体)广泛要求和争取包括社区游憩、体育运动参与和休闲娱乐机会在内的平等的社会经济权利[1];同时期,美国休闲学界开始在社区游憩研究中提出将休闲作为实现社会福利途径的观点[2]。随着社区休闲服务机构和以特殊群体为对象的专业休闲服务项目不断丰富,休闲学界的研究视野也拓展到了少数特定群体的休闲生活状况,尤其是休闲活动如何促进个体被社会接纳等议题,其中最突出的就是将残障群体纳入休闲服务体系的全纳休闲(inclusive leisure)研究。因此本书重点梳理以北美地区为代表的西方学界基于社会融入视角的休闲研究重要观点的基础上,重点回顾

---

① 本章作者:岳培宇(成都大学旅游与文化产业学院);董二为(美国亚利桑那州立大学,海南大学)

20 世纪 90 年代至今的全纳休闲研究成果并提出对中国的启示和借鉴。

一、治疗型游憩的概念

早在 20 世纪 40、50 年代,美国已有医疗机构为重度残障人士提供以治疗和康复为目的休闲服务。在 50 年代初期,美国游憩协会提出了治疗型游憩(Therapeutic recreation,以下简称 TR)的概念,填补了游憩治疗(recreation therapy)和医院游憩(hospital recreation)之间的空白。由于 TR 的出现,促进了美国游憩协会医院游憩部门(成立于 1948 年),美国健康、体育与游憩协会游憩治疗分会(成立于 1952 年)和国家游憩治疗专家协会(成立于 1953 年)于 1966 年合并成国家治疗型游憩学会(the National Therapeutic Recreation Society, NTRS),在此后相当长时期"治疗型游憩"主要包括医院和社区为身体和智力残障人士提供的治疗型或单纯的游憩服务[2]。同时 TR 研究在美国学术界也蓬勃发展,相继设立了本科、硕士和博士课程教育,也成为高等学校中休闲研究的一个重要的方向,并促使美国治疗型游憩协会(American Therapeutic Recreation Association, ATRA)于 1984 年成立。

二、全纳休闲概念的提出和演变

在 TR 不断发展壮大中,部分学者提出质疑。1981 年,Carter 和 Kelley 在研究视障儿童游憩服务案例中提出,带有社区服务性质的治疗型游憩可能为残障儿童和成年人带来两种消极影响,一方面,不住在医疗机构而是居住在日常社区环境的残障人士对"治疗"既不需要也不渴望,他们更希望获得正常的游憩体验;另一方面,为残障人士服务的责任形象由治疗型游憩专家承担,这会影响常规社区游憩服务者忽视残障人士这一服务对象[3]。1987 年,Dan,David 和 Ralph 在《特殊游憩：残障人士的机会》中首次提出"特殊游憩"(Special Recreation)的概念,区分于"治疗型游憩",专指在住宿机构或其他场合特别为残障人士提供的游憩服务。1990 年通过的《美国残疾人法案》(The Americans with Disabilities Act, ADA)规定,所有政府部门、公共组织和商业机构(包括各类休闲服务机构)都必须为残障人士提供完善而平等的服务,从法律上为残障人士提供了更广义的人权保障,并提供了包括休闲服务在内的平等参与社会生活方方面面的机会,这是美国将残障人士纳入休闲服务体系的重要里程碑。1996 年,Smith 等三位学者首次提出"全纳休闲"(inclusive leisure)的概念,并在著作《全纳与特殊游憩：残障人士的机会》中指出,与"特殊游憩"相比较,"全纳"的意义超越了残障与非残障人士在休闲活动中仅限于空间上的接触和融合,而更强调残障与非残障人士共同参与休闲活动的公平性。

1999 年,美国国家游憩与公园协会(NRPA)正式提出:"全纳休闲体验能鼓励并为各种能力水平的人提供更多的机会,使其有尊严地一起参与生命活动且相互影响。它还营造一种情境,可以促进和培养拥有不同经验和技能水平之人的身体、社会和心理融入……提高个人全面积极地参与休闲活动与体验的可能性[1]。"全纳休闲概念提出过程充分反映出：一方面残障人士的休闲权利逐步受到重视、关注和法律保障;另一方面则是特殊群体的休闲服务逐步从特殊对待走向公平对待和促进融合的理念演变。

三、全纳休闲的内涵和外延

基于概念的演变,以北美为代表的研究者进一步阐释了"全纳"的内涵。Bullock 和 Mahon 认为,全纳可定义为一种过程,使得特定个体能通过自主选择、交往朋友、获得日常生活支持和实现个人价值等途径来融入其所在的环境[4]。Dattilo 提出，全纳的意义在于每个人从出生伊始就应当被平等赋予成为其所在社区一分子的机会，全纳休闲服务的意义则在于为所有具备不同经验与技能的个体提供均等的机会[5]。Anderson 和 Kress 认为全纳即个体能在休闲参与中享有与他人同样的选择[6]。Carter 和 LeConey 在《全纳途径下的社区治疗型游憩》著作中提出，全纳是一种回应全纳需求的服务体系，该体系能够在任何时间和地点提供场所和支持，所有的项目和服务都应当是完全无障碍的[7]。从全纳休闲内涵来看，上述研究表述核心在于"全纳"意味着不同群体公平参与休闲活动的机会，这种公平包括资源分配的平等性，活动选择的主动性，人际关系中的相互接纳，社会和社区对特殊与非特殊群体一视同仁的包容性。

从 20 世纪六七十年代开始，伴随北美地区汽车业、快餐业、零售业、电影业等产业发展，休闲产业得以全面发展，这也给残障人士提供了大量休闲机会，其休闲服务需求在特殊群体中最受重视。从科学研究角度讲，70 年代以来，美国和加拿大涌现了一批为残障人士提供休闲服务的研究成果。早在 1977 年，Stein 和 Sessoms 在其重要著作《游憩与特殊人群》中就提出："如果要把这样的（为特殊群体的）考虑与新增的社区服务结合，同时就必须推动专业的游憩活动领导和志愿者的增加，他们必须意识并理解经济状况不佳和社会地位低下的弱势群体的休闲问题，他们还得面向为满足这些人的需求而提供休闲机会的可能性[8]。"Kennedy 等将 1987 年首版的《特殊游憩：残障人士的机遇》于 2013 年第六版更新为《全纳与特殊游憩：多样化群体的活跃机遇》。Schleien 和 Ray 合著的《社区游憩与残障人士》于 1988 年问世，并于 1997 年再版为《社区游憩与残障人士：全纳战略》。进入 21 世纪以来还有 Dattilo 的《全纳休闲服务：回应残障人士的权利》(第二版)(2002)、Anderson 和 Kress 的《全纳：公园与休闲机会中纳入残障人士》(2003)、Bullock,Mahon 和 Killingsworth 的《残障人士休闲服务导论》(第三版)(2010)等著作问世。《休闲力学刊》(Journal of Leisurability)、《治疗型游憩学刊》(Therapeutic Recreation Journal)、《公园与游憩管理学刊》(Journal of Park and Recreation Administration)、《严重残障人士研究与实践》(Research & Practice for Persons with Severe Disabilities)等重要刊物在残障人士休闲服务的议题上也积累了大量的文献。基于上述研究成果，全纳休闲的外延主要包括全纳休闲活动参与的主体、主体参与活动内容与方式，为满足主体需求和实现"全纳"内涵所提供的全纳休闲服务，以及休闲主体在活动参与中获得的效益及影响因素，北美休闲学界在全纳休闲研究中的重点即为全纳休闲服务、休闲效益与休闲制约，下文将围绕上述议题进行综述。

第二节　全纳休闲的主体、活动内容与方式

一、全纳休闲主体与活动内容

从全纳休闲活动主体来看，主要参与者对象是残障群体及其非残障的家人、朋友和专业服务人员，研究者们在全纳实践研究中主要研究对象是活动主体的核心——残障群体，包括智障儿童、智障青少年、肢体障碍者、视障与听障者、严重残障人士(精神或智力)等。从活动内容及活动场所来看，全纳休闲服务集中在家庭休闲项目、社区游憩中心、短途旅行(河谷、森林等)、运动健身(游泳、篮球、其他健身项目、户外教育)、文化艺术活动(图书馆、博物馆、美术馆、音乐会、艺术展览等)、健康护理(护理中

心、医院),其中最主要的活动是发生在家庭和社区空间的。

二、全纳休闲活动方式

从活动方式来看,全纳休闲以促进休闲技能为核心,为残障人士提供无障碍场地、室内与户外辅助设施、发展辅助技术,并针对不同群体提供相应服务,如大学为残障学生提供全纳项目,社会机构为残障儿童举办全纳夏令营,社区为残障居民提供休闲服务等。从具体服务内容和参与方式来看,"全纳"主要体现在:

(一)家庭项目的实施、家庭成员的参与、服务者与家庭成员的合作

Mactavish 和 Schleien 结合了家庭参与模式以及社会人口学特征(如就业状态、残障特征),对发展型残障儿童的调研发现,最普遍和频繁的家庭休闲活动包括五种基本类型:被动型(看电视),游戏(黑板或视频游戏),体育(游泳),社交(走访亲友)和娱乐/特殊节事(看电影)[9]。Scholl 等通过对明尼苏达州 24 个家庭的访谈研究全纳户外休闲体验对于有一个残障小孩家庭的影响,结论表明家庭协作中成员休闲满意度的增加、全家休闲所感知到的障碍减少[10]。Mactavish 和 Schleien 通过问卷和访谈对拥有残障小孩家庭的家长的休闲认知研究表明,家庭休闲一般由成员数量较少的家庭参与(如只有妈妈和小孩),一般活动为体育活动,家长认为这些互动能够增进家庭关系并促进孩子成长,残障小孩的技能和自我发展机会尚在可接受的支持性环境中[11]。

(二)残障人士与非残障人士共同参与

Devine 和 Lashua 通过深度访谈考察到残障人士在全纳休闲环境下,无论是主动还是被动,在全纳休闲实践中,被试者厘清了构建社会接纳与休闲频繁程度的关系,有助于发展友谊,接纳差异性和加强休闲意愿[12]。Schleien,Green 和 Stone 在全纳社区休闲项目研究中讨论了不同层次的

社会融入(身体融入和功能融入),研究认为非残障人士的相互性、义务和倾向起到了监督作用,强调友谊对生活质量的重要性,并提出应当通过受欢迎的、容纳性强的和社会融入式的社区休闲项目来促进残障人士和非残障人士之间的友谊[13]。

(三)社区环境营造

Ellen Fennick 和 James Royle 在发展性残障儿童和青少年的社区融入研究中提出,休闲活动日程安排的困难会限制参与者数量,过多的沟通和规划可能会限制文化多样性群体参与,发展性残障儿童与青少年一般只参加个人范围内的活动,将其纳入社区群体活动的程度应根据阶层不同有所变化[14]。Kleinert, H. L.等对教授中度和重度智障学生的 252 位老师开展调研,了解参与学校和社区活动的智障学生数量和参与程度,以及学生在每种活动参与中所需要的基本支持类型,提出在学校的附加课程和社区游憩活动中纳入中度和重度智障学生的重要意义[15]。Hunter D.针对社区项目、体育俱乐部和康复运动机构的全纳休闲服务研究提出,上述机构应当提供背景知识、特殊设备以保证残障人士安全而有效地参与休闲活动[16]。Rossowkimball 和 Goodwin 研究了共同参与社区中心休闲活动的智力障碍与正常的老年人,发现后者希望活动更丰富,而前者则更需要融入式的环境[17]。

第三节　全纳休闲服务供递与机构管理

一、全纳休闲服务供递过程

全纳休闲是从治疗型游憩中分化和发展的概念,因此对于全纳休闲服务供递的过程,专业从业者也借鉴了治疗型游憩服务的供递过程,包括参与者评估、项目策划、项目实施和项目评价四个阶段(见图 5-1),相关的典型研究成果可概括如下:

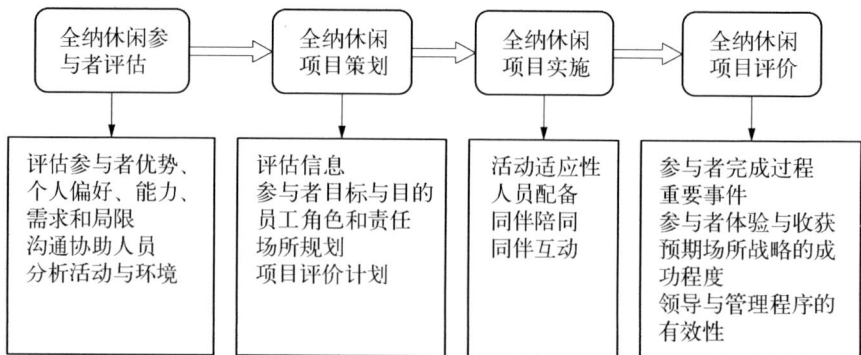

```
┌──────────┐    ┌──────────┐    ┌──────────┐    ┌──────────┐
│ 全纳休闲参 │ →  │ 全纳休闲  │ →  │ 全纳休闲  │ →  │ 全纳休闲  │
│ 与者评估  │    │ 项目策划  │    │ 项目实施  │    │ 项目评价  │
└──────────┘    └──────────┘    └──────────┘    └──────────┘
     ↓               ↓               ↓               ↓
┌──────────┐    ┌──────────┐    ┌──────────┐    ┌──────────┐
│评估参与者优势│  │评估信息   │   │活动适应性  │   │参与者完成过程│
│个人偏好、能力│  │参与者目标与目的│ │人员配备   │   │重要事件   │
│需求和局限 │   │员工角色和责任│  │同伴陪同   │   │参与者体验与收获│
│沟通协助人员│   │场所规划   │   │同伴互动   │   │预期场所战略的成│
│分析活动与环境│  │项目评价计划│  │         │   │功程度    │
│         │   │         │   │         │   │领导与管理程序的│
│         │   │         │   │         │   │有效性    │
└──────────┘    └──────────┘    └──────────┘    └──────────┘
```

图 5-1　全纳休闲服务供递过程

(一)参与者评估

要为个体提供全纳休闲项目的第一步就是评估其优势、个人偏好、能力、需求和局限,而一个全面的评估不仅要从参与者本身获取信息,还要与其家庭成员、看护者、老师、临床医师、个案(病员)管理者进行沟通。Scoll,Dieser 和 Davison 曾将评估过程比作全纳服务供递的技术辅助项目"我们一起来玩吧",它包含了年度信息表、休闲兴趣调查表和(残障)儿童的教师或社会服务员工访谈三部分[18]。Sullivan 和 O'Brien 建议,评估中应当收集到与特殊游憩活动、日常生活技能、常规习惯、沟通技能和支持性需求相关的个体经验水平的信息,并用于指导参与者和项目员工理解项目内容,进而满足参与者的游憩、身体和社会方面的需求,建立个性化的目标并开发适当的活动场所[19]。除了个体评估之外,活动和环境分析同样非常必要,相应的分析工具能帮助专业人员认识参与全纳活动需要的最基本和最重要的技能,进而对项目进行总体评估和差异化分析,以保证为成功的活动参与提供必要的支持[20]。

（二）项目策划

基于参与者评估，游憩活动项目策划应当包含评估信息、参与者目标与目的、员工角色和责任、场所规划和项目评价计划。Carter 等学者在研究中都强调了需要聘用具备全纳服务供递知识背景的员工。这些研究提出，员工支持和培训必须是可持续性的，需要包括对残障的礼节和服务意识，适应性与场所信息，并且项目员工和参与者家庭之间的联系尤其需要沟通技能。此外，非残障同伴也需要在全纳体验中做好准备[7]。Schleien 等学者研究表明同伴的准备是增进残障与非残障参与者互动和社会接纳的可行战略之一[21][22]。学者们建议这种准备包括对参与者的优势和能力信息的了解，以及与同伴互动和建立友谊的技能。

（三）项目实施

Schleien 教授对游憩项目实施成功与否提出了几类战略：活动适应性、人员配备、同伴陪同和同伴互动。适应性方面，Schleien 等人的研究建议应当考虑设备或规则的变更、将完成一项活动的必要技能进行分解、处理身体障碍、将活动朝着目标中的标准修正[21]。Komissar 等还探讨了适应性所需要的辅助技术的创造性应用（如增进沟通的设备），用以增加参与度、运转独立性和同伴之间的社会互动[23]。同伴陪伴方面，相当的研究表明由培训过的非残障同伴与残障参与者配对并提供帮助，能够促进活动的成功，增进社会接纳[22]。Smart 等对 14 位参与艺术类全纳夏令营服务人员的访谈发现，参与不同背景的全纳活动能帮助服务者策划和实施项目，而促进参与者和服务者的、以及参与者和环境的关系是塑造全纳休闲空间的关键所在[24]。

（四）项目评价

Scoll 等建议在每个项目实施期间都应当完成相关的证明文档，总结性的项目评价应当记录参与者目标的完成情况、参与者的体验、领导与管理程序的有效性,以及场所和无障碍战略的适当性,进而引导项目以规范的方式在整个过程中做出调整[18]。Schleien 等还以定量和定性的工具衡量了特殊参与者参与活动的收获,包括技能收获、社会互动、同伴对残障参与者的态度转变、自我概念增强和生活质量的整体提升[21]。Knapp 和 Devine 等在近年关于全纳露营活动对残障儿童的最新研究中则发现,尽管活动明显提升了参与者对社会接纳的认知,但未能帮助参与者将当时的良好体验转移到社区生活中,因此类似的全纳项目还需要后续项目的支持,以进一步提高参与者的生活质量[25]。

二、全纳休闲服务机构管理

全纳休闲服务机构管理是能否成功地提供全纳休闲项目的重要基础,生态学理论和实践经验都提出了对管理层面的要求[26],只有休闲机构所在系统的无障碍环境和受欢迎的态度发生转变时,全纳项目才会更为普及。

（一）机构使命是全纳服务的基础

“使命的陈述表达了机构的价值或信仰、服务供递模式或理念、组织结构,以及全纳服务实施的步骤或过程[7]。”并且,基于全纳原则的机构文化和理念已被视为残障参与者的社会接纳体验创造环境的要素[12][27]。应当进一步推进全纳理念,在使命陈述中基于更为广泛的机构目标描述期望成果[21]。

（二）员工聘用与培训在机构管理中值得重视和推进

Devine、Schleien 等学者都提出相关建议,如聘用获得了治疗型游憩师认证(CTRS)①的人员或是在全纳休闲服务领域有经验的人员,这将拓

---

① 治疗型游憩师是获得美国国家认证的专门人才,其职业认证资格由美国国家治疗型游憩鉴定理事会(National Council for Therapeutic Recreation Certification, NCTRC) 负责认证和颁布。

展休闲机构的技能基础,并加快全纳服务的发展,消除员工培训这样的服务供递障碍[26]。相当一部分学者认为员工培训将是最为频繁的全纳实践活动,包括所有机构员工对全纳原则和过程的认知准备[28][29]。

（三）必须保证物理环境和项目层面的无障碍

只有当人们能够畅通无阻地抵达、进入和使用机构的设施与服务时,全纳才能得以实现[30]。而机构政策和程序也应当被重新审视,以保证某些项目实践不会在无意中造成残障消费者的参与障碍[7]。

（四）资金支持、人际网络和机构营销也是机构管理中需要重视的环节

提供足以支持全纳服务所需的设备和场所的资金也被认为是项目成功的基础[7]。人际关系与合作在研究全纳游憩的文献中备受强调。Schleien 等提出,应当开发基于人际网络的合作机制,将残障个体、家庭和看护者、残障服务人员、支持群体、休闲从业者、管理者和学校系统人员联结起来共同支持和引导全纳服务供递[21]。营销方面,服务机构的营销材料应当反映全纳实践,包括欢迎用语以及残障人士的活动图片等[30]。Bullock 和 Mahon 尤其强调欢迎用语在潜在的残障消费者心目中的重要性[29]。Devine 和 McGovern 则建议休闲机构在营销中特意指向残障人士,原因在于"禁令的缺席和热情邀请的缺席效果是不同的[31]"。

第四节　全纳休闲的休闲效益与休闲制约研究

一、基于社会融入价值的全纳休闲效益

Driver 认为休闲效益（leisure benefits）包括个体在人际关系、体适能

中的需求或预防社会问题或稳定社群等环境需求获得正向的改变[32]。休闲活动对残障人士融入社会过程中的影响,以及残障人士如何通过休闲参与实现社会接纳与认同,是全纳休闲研究的核心议题之一。

一方面,相关研究重点关注了作为休闲主体的残障者在参与中获得的效益。全纳休闲体验首先能够帮助残障人士促进个体自主决策、发展友谊和练习技能提供机会,全纳式的休闲环境能够帮助其锻炼诸如与年龄相符的重要生活技能,还能促进如心血管耐力等身体机能。Schleien 等较早提出,"全纳"的前提就在于提供限制最少的融合式环境,让残障和非残障人士都能在其中体验休闲参与带来的身体、认知、情感和社交方面的积极影响[33]。Tripp 等认为,残障人士能够在全纳环境下的社会接触中证明其能力和价值,进而赢得社会接纳[34]。Devine 和 Dattilo 的研究反映,能确切感知社会接纳的残障人士在休闲体验中将获得更高的满意度[35]。Bedini[36]、Devine 和 Lashua[12]的研究表明,残障人士能在全纳休闲参与中通过谨慎且合理的行为赢得休闲同伴的认同,继而逐步积累起社会接纳要素。Bedini 的研究还发现,在社区获得的全纳休闲体验能够促进残障人士自身包容残障的事实,从而有效解决残障为其带来的社会烙印[36]。

另一方面,部分研究还聚焦于全纳休闲环境下残障与非残障群体的互相认知和接纳。与普通休闲活动相比,全纳休闲的特殊效益在于,全纳环境下的各种场所有利于消除外界对残障人士身心局限的刻板印象。Wilhite 等研究发现,在一个社会化的、非竞争性的环境中,残障的积极意义在残障与非残障青少年之间得以体现,全纳环境下的互动和沟通,使得参与者在行为举止上"反映出接纳性,相互建立友谊且平等相待",以积极的语言提及残障也充分表明了沟通中的积极联系[37]。Robert 的研究表明,早期全纳休闲服务实践中,家长、共同参与者和员工都担心因为残障人士的共同参与,会让非残障青少年在全纳休闲活动中产生诸如心理不适等消极影响,事实上非残障儿童在与残障儿童有过共同的玩耍经历之后,对同龄的残障人士将留下更为积极的印象[38]。Schleien 等证实了残障与非残障青少年共同参与全纳休闲活动都能够提高体适能、增进沟通和锻炼社交技能[33]。Obrusnikova 等在一项全纳体育课程研究中也发现,与没有肢体残障学生的班级相比,纳入使用轮椅的学生一起上课的班级,在知识获取和运动技能提升等方面没有明显差异[39]。Eleftheriou 研究证实,非残障的高尔夫球参与者会主动参加无障碍课程,并非常乐意和残障朋友一起打球[40]。Devine 和 O'Brien 则发现残障和非残障青少年共同参加宿营活动,能更有机会发展不少解决问题的技能,同时也促进了双方对各自异同的相互接纳和欣赏[41]。

二、全纳休闲中的休闲制约

休闲制约指"休闲学者所认识到的和人们在休闲过程中所经历到的制约其参与休闲和影响休闲感受的系列障碍因素[42]",基于制约因素的来源划分为内在制约(个体参与休闲活动的心理障碍因素,如压力、焦虑、失望等)、人际制约(指人际关系和人际交流障碍,如寻找合适的休闲同伴的能力)和结构制约(指休闲爱好与实际参与之间的障碍,如经济状况、时间、天气等)。对残障人士来说,居所的地理位置和交通工具便利性、经济能力、休闲设施可用性等因素严重限制了他们的休闲参与,因此其休闲制约主要来自结构制约;其次,残障人士同样需要寻找合适的休闲伙伴,人际交往时的心理障碍以及残障人士自身的身心障碍也是限制他们参与休闲活动的重要因素,亦即人际制约和内在制约兼而有之[43]。此外,Chick 和 Dong(2005)首次提出文化休闲制约的概念,指出了在不同文化环境下,文化的因素制约着休闲行为[44];Liang 和 Walker(2011)还发现,当需要参加一项新的休闲活动时，面子问题对于教育水平不高的中国人来说是重要的个人内在制约因素[45]，因此残障人士在不同文化社会受到的影响也是不同的。在全纳休闲研究中，从"全纳"视角下的制约因素出发，反思全纳环境营造的氛围，在全纳环境中帮助残障人士突破和解决固有限制，成为研究者重视的议题[46]。

学界对"全纳"精神的思考不仅限于身体上的无障碍项目与设施，在改变固有耻辱感和刻板印象、积极推动社会接纳方面有着更为深远的考虑。大多数研究表明，满意的全纳休闲参与的制约并不在于身体和物理上是否可达，而在于活动过程中的社会性或心理性互动[47]。部分调研证实残障本身的消极影响与全纳有关，尤其体现在如果对个体加以更多的社会性或行为性限制，参与休闲的残障人士耻辱感会更高，而他们能感知到的社会接纳程度会更低。West 最早发现如果个体自身感知到其残障被认为是一种耻辱，他们参与休闲活动的意愿会降低[48]。Bedini 和 Henderson 对残障女性的研究表明，"尽管身体和收入限制会影响到这些女性是否被公平对待，调研对象却反复表达出社会人际交往和活动中的心理舒适感才是全纳服务项目成功的关键[49]。"Wilhite 等发现全纳休闲活动的竞争性越强，残障和非残障个体越容易在休闲技能上感到不公平[50]。Bedini 和 Phoenix 在 West 的研究基础上进一步发现，残障人士对待知觉耻辱（perceived stigma）一般有三类反应：其一是逃避公众监督，其二是为了证明自己，即以挑衅态度来对抗批评，其三是礼貌地顺从，包容个体残障、接受缺陷，并积极面对休闲参与带来的挑战[51]。这三类反应在休闲学内被定义为休闲参与者自身的休闲制约交涉（leisure constraints negotiation），以达到适应社会，融入社会和参与休闲的目的。上述研究表明，在 West 提出这一议题将近二十年后，耻辱感仍然是全纳休闲的重要制约因素，知觉耻辱还会更深层地阻碍残障个体对社会接纳的感知[52]。

Devine 和 Lashua 的研究表明,社会接纳意味着一种群体归属感和价值观,是残障人士在参与休闲活动时受到非残障伙伴的欢迎而非由于技能差异而遭到嘲笑的感觉[12]。Devine 和 Dattilo 研究证实,残障人士参与全纳休闲活动时对社会接纳的感知程度会影响其未来参与活动的频率、满意度和意愿,他们发现社会接纳体验感和参与频率、满意度存在显著联系,残障个体对其休闲同伴的社会接纳感知越高,其休闲活动的频率就越高,满意度也越高,当社会接纳有限时,残障人士参与社会生活的主动性就会受到压抑[35]。

休闲服务机构、活动项目和员工专业性等结构性制约也是全纳休闲的重要制约因素。Devine 和 Kotowski 在美国公共公园和休闲机构调查中发现,全纳休闲服务最常见的两类制约是资金缺乏和员工问题。报告表明,当机构通过普通经营预算来主要提供全纳服务时,服务成本必然高于可用资金;员工问题包括缺乏便捷的公共交通和适当的休闲设备,以及缺乏为残障参与者提供便利的知识;报告还表明全纳服务专业机构的员工在行为规范、休闲活动规范引导或简化适用于残障参与者的设备等方面都缺乏培训[26]。Schleien,Germ 和 McAvoy 的研究也证实成功的全纳休闲要受到财务限制[53]。Schleien,Ray 和 Green 的研究则列出了需求评估、员工不胜任、消极态度、活动策划和营销问题都是全纳休闲活动的常见制约因素。[26]全纳休闲服务的专业员工是塑造残障参与者积极态度和行为期望最关键的角色之一,例如员工对残障人士的刻板印象可能会导致服务过程中过度保护残障参与者,甚至为服务对象贴上永久性的残障标签等;服务机构管理方和项目员工的消极态度,加上社区与潜在残障参与者的消极态度,更深层来看,则是全纳理念的缺失与担忧,都将削弱全纳休闲服务供递的基础,进而影响休闲项目发展和资源分配[54][55][56][57]。

第五节　全纳休闲研究对中国的
　　　　启示和贡献

一、全纳休闲研究填补国内特殊群体休闲研究的空白

国内学者开始关注并研究特殊群体的休闲生活始于 21 世纪初,一是哲学视角下平等休闲观的提出,朱菁菁和徐炎章[58]、可妍[59]等最早提出应当在休闲服务中给予残障人士等特殊群体特别关注,从外在环境和自身因素两方面改善弱势群体的休闲生活,消除偏见和歧视,体现人文关怀。二是以社会学、教育学视角下的城市残障人士的休闲现状研究,张哲乐[60]、别江侠[61]分别运用社会学冲突理论和社会排斥观点关注无障碍建设和社会排斥因素对残障人士休闲生活的影响,此外,李群力[62]、付善民[43]、肖昕茹[63]、李果[64]、汪丽娟[65]、陈文力[66]、刘文璐[67]、宋湘勤[68]、王凌瑾[69]等学者分别以特教学校学生、听障者、视障者等群体为研究对象,对其休闲空间、娱乐方式、休闲教育等开展了深入研究。三是体育学和跨文化视角下对国外残障人士休闲权利保障和措施的介绍,唐征宇介绍了美国全纳娱乐,提倡残障人士与健全人娱乐活动的双向融合[70];刘洋基于社会融合观点分析了欧美残疾人体育立法特征[71];郭叶基于残障人士康复介绍了美国治疗游憩的发展历程,并分析了美国支持治疗游憩的相关法律与公共服务[72]。

从相关研究回顾来看,虽然国内社会、公众和学者开始重视无障碍休闲环境建设,但国外已有丰富实践的全纳休闲服务和研究在国内尚未兴起,涉及纳入残障人士,为其提供专业服务的休闲机构、休闲项目和专业人员等方面的实践和相应研究少之又少。北美休闲研究对中国学术界最

重要的影响,是中国休闲研究必须立足于自身的文化与历史发展,集体主义文化导向意味着在休闲方面对不同人群的分析可能要优先于社会心理学研究[73]。结合中国社会发展与残障群体现状,全纳休闲对国内研究的启示在于:第一,引入全纳休闲服务供递的概念,重视全纳休闲效益和休闲制约研究对休闲主体的心理和体验,深度揭示全纳休闲服务对特殊群体而言的社会融入价值,以及全纳休闲对生活满意度、幸福感等主观体验的提升程度等;第二,构建全纳休闲服务体系,包括服务环境和氛围营造,全纳休闲项目设计的理论与知识,全纳休闲服务的标准化等,国内可结合无障碍旅游和旅游公共服务体系等方向,进一步考量无障碍休闲服务体系的构建;第三,中国文化传统深厚,国人的行为、意识形态、价值观等受根深蒂固的传统文化影响。基于文化制约观点,跨文化环境下全纳休闲的发展在中国有着深远的研究价值。

二、全纳休闲有助于健全国内休闲学科与专业建设

自 1899 年凡勃仑的《有闲阶级论》问世,在近 100 多年的休闲研究中,以美国为代表的西方国家已建立了包括休闲哲学、休闲心理学、休闲行为学、休闲社会学、休闲人类学、休闲政治学、休闲经济学等在内的休闲研究和教育体系。美国休闲学相关专业包括社区休闲、治疗型游憩、户外游憩、旅游管理、高尔夫球管理、青少年发展休闲、商业游憩管理和会展管理等;其中治疗型游憩从 20 世纪五十年代就开设了本科、硕士和博士专业,目前已有成熟健全的学科建设、研究水平、期刊建设、学术团体和就业方向。国内休闲学科建设则始于 1995 年于光远先生创建休闲文化研究小组[74]和 20 世纪 90 年代末马惠娣女士将美国休闲的理论成果引入中国(2000 年、2009 年先后出版西方休闲研究译丛);2004 年,浙江大学亚太休闲教育研究中心(APCL)成立;2006 年世界休闲大会和博览会在杭州举

办,2007年浙江大学开设休闲学博士点(哲学门类);同时,国内体育学界将休闲研究作为休闲体育的一部分开展学科建设;工商管理一级学科下设立休闲服务与管理专科专业,总体上都没有真正意义健全休闲学学科与教育体系。将全纳休闲研究引进我国,将有助于构建全纳休闲的理论体系,包括全纳休闲与社会学、心理学、行为学、文化人类学、管理学、营销学等基础学科的结合,同时为治疗型游憩专业方向奠定基础,对我国休闲学学科建设与教育起到重要作用。

三、全纳休闲对中国弱势群体和边缘化群体休闲服务保障的促进

根据中国残疾人联合会统计报告,2010年末我国残障人士总人数达到了8 502万人[75]。体现对残障人士的关怀,保障残障人士利益,完善无障碍设施,维护残障人士的权利等是我国治国理念中的重要组成部分。"全纳"的思想核心在于兼顾社会公平,促进社会融入,因而全纳休闲可覆盖的主体是多样的,除了残障群体之外,其他被社会排斥的群体都可纳入服务范畴,这也呼应了联合国倡导的对弱势群体和被边缘化群体(marginalized groups)的关爱和支持(联合国,2014)[76]。自1990年美国ADA法案生效,美国全国严格执行法律,全纳休闲的兴起,将残障人士休闲服务提升到了更专业的水平,残障人士不仅能够共享公共休闲设施与环境,还能与非残障人士共同参与休闲活动,完全融入正常社会生活。将全纳休闲服务引入我国,对提升和完善特殊群体的公共服务保障,进而保持社会稳定性,促进社会和谐性,保障社会公平性等有着极大的促进作用。

国民安居乐业是国家强国之本。世界各地的政府、企业与非营利组织都致力于推动社区转变,其中重点就在于休闲资源平等共享、休闲空间的拓展和休闲设施的完善,要发挥休闲在提高社区宜居度方面的作用,就

要扩大人们进行休闲活动选择的范围，要让社区所有人都能有更多的机会表达自己的兴趣、需要和愿望。在国民的闲暇时间内，不同群体都能公平享有社会资源，融入社会各个角落，是全纳休闲的宗旨和目标。全纳休闲观的引入和构建休闲社会符合文明发展趋势，促进社会公平、增进人民福祉，将对我国在世界上树立国际强国形象、增强国际话语权有着积极的推动作用。

参考文献

［1］麦克林，赫德，罗杰斯.现代社会游憩与休闲[M].梁春媚译.北京：中国旅游出版社,2010：102－105.

［2］RALPH W, SMITH, DAVID R, AUSTIN, DAN W, KENNEDY, et al. Inclusive and special recreation：opportunities for persons with disabilities（5th Ed）[M]. Sagamore Publishing LLC, 2011：5－15.

［3］CARTER M J, J D KELLEY. Recreation programming for visually impaired children. In J D Kelley, Ed. Recreation programming for visually impaired children and youth[M]. New York：American Foundation for the Blind, 1981：63－79.

［4］BULLOCK C C, MAHON M J. Introduction to recreation services for people with disabilities：a person-centered approach[M]. Champaign, IL：Sagamore. 1997.

［5］DATTILO J. Inclusive leisure services responding to the rights of people with disabilities（2nd ed.）[M]. State College, PA：Venture Publishing, Inc. 2002.

［6］ANDERSON L, KRESS C. Inclusion：strategies for including people with disabilities in parks and recreation opportunities[M]. State College, PA：Venture Publishing. 2003.

［7］CARTER M J, LECONEY S P. Therapeutic recreation in the community：an inclusive approach[M]. Champaign, IL: Sagamore. 2004.

[8] RALPH W SMITH, YOUNGKHILL LEE, DAVID R AUSTIN, et al. Inclusive and special recreation: opportunities for persons with disabilities[M]. Sagamore Publishing, 2011: 12.

[9] MACTAVISH J, SCHLEIEN S. Exploring family recreation activities in families that include children with developmental disabilities[J]. Therapeutic Recreation Journal, 2000, 34(2): 132 - 153.

[10] SCHOLL K G, MCAVOY L H, RYNDERS J E, et al. The influence of an inclusive outdoor recreation experience on families that have a child with a disability[J]. Therapeutic Recreation Journal, 2003: 38 - 57.

[11] MACTAVISH J, SCHLEIEN S. Re-injecting spontaneity and balance in family life: parents' perspectives on recreation in families that include children with developmental disability[J]. Journal of Intellectual Disability Research, 2004, 48 (2): 123 - 141.

[12] DEVINE M A, LASHUA B. Constructing social acceptance in inclusive leisure contexts: The role of individuals with disabilities[J]. Therapeutic Recreation Journal, 2002, 36(1): 65 - 83.

[13] SCHLEIEN S, GREEN F, STONE C. Making friends within inclusive community recreation programs[D]. University of North Carolina at Greensboro, 2003.

[14] FENNICK E, ROYLE J. Community inclusion for children and youth with developmental disabilities [J]. Focus on Autism and Other Developmental Disabilities, 2003, 18(1): 20 - 27.

[15] KLEINERT H L, MIRACLE S, SHEPPARD - JONES K. Including students with moderate and severe intellectual disabilities in school extracurricular and community recreation activities[J]. Intellectual and Developmental Disabilities,

2007，Vol.45：46－55.

[16] HUNTER D. Community programs, sport clubs, and clinics for adapted sports [J]. Journal of Physical Education Recreation & Dance, 2012, 83(3)：25－26.

[17] ROSSOWKIMBALL B, GOODWIN D L. Inclusive leisure experiences of older adults with intellectual disabilities at a senior centre[J]. Leisure Studies，2014，33(3)：322－338.

[18] SCHOLL K G, MCAVOY L H, RYNDERS J E, et al. Agency readiness to provide inclusive recreation and after-school services for children with disabilities — Special issue on community-based therapeutic recreation services [J]. Therapeutic Recreation Journal, 2005(1)：47－62.

[19] SULLIVAN A K, O'BRIEN M B. Inclusive programming at summer camp[J]. Parks & Recreation, 36(5), 66－72.

[20] MILLER K, SCHLEIEN S, LAUSIER J. Search for best practices in inclusive recreation：Programmatic findings. Therapeutic Recreation Journal, 2009, 43 (1), 27－41.

[21] SCHLEIEN S J, RAY M T, GREEN F P. Community recreation and people with disabilities：Strategies for inclusion[M]. Baltimore：Paul H. Brookes, 1997.

[22] BLOCK M E, KLAVINA A, FLINT W. Including students with severe multiple disability in general physical education [J]. Journal of Physical Education, Recreation, and Dance, 2007, 78(3)：29－32.

[23] KOMISSAR C, HART D, FRIEDLANDER R, et al. Don't the fun：Developing inclusive recreation[M]. Boston：Institute for Community Inclusion, 1997.

[24] SMART E, EDWARDS B, et al. Creating an inclusive leisure space：strategies used to engage children with and without disabilities in the arts-mediated program Spiral Garden[J]. Disability And Rehabilitation, 2016(11)：1－9.

[25] KNAPP D, DEVINE M A, DAWSON S, PIATT J. Examining perceptions of

social acceptance and quality of life of pediatric campers with physical disabilities [J]. Children's Health Care, 2015(1): 1 - 16.

[26] DEVINE M A, KOTOWSKI L. Inclusive leisure services: Results of a national survey of park and recreation departments[J]. Journal of Park and Recreation Administration, 1999, 17(4): 56 - 72.

[27] TRIPP A, RIZZO T L, WEBBERT L. Inclusion in physical education: Changing the Culture[J]. Journal of Physical Education, Recreation, and Dance, 2007, 78 (2): 32 - 48.

[28] ANDERSON L, HEYNE L. A statewide needs assessment using focus groups: Perceived challenges and goals in providing inclusive recreation services in rural communities[J]. Journal of Park and Recreation Administration, 2000, 18(4): 17 - 37.

[29] BULLOCK C C, MAHON M J. Introduction to recreation services for people with disabilities: A person-centered approach[M]. Champaign, IL: Sagamore, 2000.

[30] ANDERSON L, KRESS C B. Inclusion: Including people with disabilities in parks and recreation opportunities[M]. State College, PA: Venture. 2003.

[31] DEVINE M A, MCGOVERN J. Inclusion of individuals with disabilities in public park and recreation programs: Are agencies ready? [J]. Journal of Park and Recreation Administration, 2001, 19(4): 60 - 82.

[32] 奥萨利文.休闲与游憩:一个多层级的供递系统[M].张梦主译.北京:中国旅游 出版社,2010: 9.

[33] SCHLEIEN S, HORNFELDT D, MCAVOY, L. Integration and environmental/ outdoor education: The impact of integrating students with severe developmental disabilities on the academic performance of peers without disabilities[J]. Therapeutic Recreation Journal, 1994, 28(1): 25 - 34.

[34] TRIPP A, FRENCH R, SHERRILL C. Contact theory and attitudes of children in physical education programs toward peers with disabilities [J]. Adapted Physical Activity Quarterly, 1995, 12: 323 - 332.

[35] DEVINE M A, DATTILO J. The relationship between social acceptance and leisure lifestyles of people with disabilities[J]. Therapeutic Recreation Journal, 2000, 34: 306 - 322.

[36] BEDINI L A. "Just sit down so we can talk:" Perceived stigma and community recreation pursuits of people with disabilities. Therapeutic Recreation Journal, 2002, 34: 55 - 68.

[37] WILHITE B, DEVINE M A, GOLDENBERG L. Self-perceptions of youth with and without disabilities: Implications for leisure programs and services [J]. Therapeutic Recreation Journal, 1999, 33: 15 - 28.

[38] ROBERTS R. Boundaries need not apply[J]. Parks and Recreation, 2005, 40 (8): 49 - 52.

[39] OBRUSNIKOVA I, VALKOVA H, BLOCK M. Impact of inclusion in general physical education on students without disabilities[J]. Adapted Physical Activity Quarterly, 2003, 20(3): 230 - 245.

[40] ELEFTHERIOU T. Hole new world[J]. Parks & Recreation, 2005, 40(5): 49 - 52.

[41] DEVINE M A, O'BRIEN M B. The mixed bag of inclusion: An examination of an inclusive camp using contact theory. Therapeutic Recreation Journal, 2007, 41 (3): 201 - 222.

[42] JACKSON E L, CRAWFORD D W, GODBEY G. Negotiation of leisure constraints[J]. Leisure Sciences, 1993, 15(1): 1 - 11.

[43] 付善民.体育休闲学研究主体领域分析——西方社会学视角下休闲学研究的启示[J].武汉体育学院学报,2009,Vol.43:No.6. 72 - 75.

[44] G CHICK，E DONG Culture constraints on leisure. in E L Jackson (ed).
Constraints to Leisure [M]. State College，PA：Venture Publishing，2005：
169－183.

[45] [加] 戈登·沃克,梁海东."综合休闲参与理论框架"及其对跨文化休闲研究的影
响[J].浙江大学学报(人文社会科学版),2012,42(1)：13－21.

[46] JACKSON E. Constraints to Leisure，Venture Publishing：State College，
PA，2005.

[47] DEVINE M A，PARR M G. "Come on in，but not too far：" Social capital in an
inclusive leisure setting[J]. Leisure Sciences，2008，30：391－408.

[48] WEST P C. Social stigma and community recreation participation by the
physically and mentally handicapped[J]. Therapeutic Recreation Journal，1984，
26(1)：40－49.

[49] BEDINI L A，HENDERSON K A. Women with disabilities and the challenges to
leisure service providers [J]. Journal of Park and Recreation Administration，
1994，12(1)：17－34.

[50] WILHITE B，DEVINE M A，GOLDENBERG L. Self-perceptions of youth with
and without disabilities：Implications for leisure programs and services [J].
Therapeutic Recreation Journal，1999，33：15－28.

[51] BEDINI L A，TERRI L，PHOENIX. Perceptions of leisure by family caregivers：
A profile[J]. Therapeutic Recreation Journal，2004，38(4)：366－381.

[52] HIGGINS P. Making disability：Exploring the social transformation of human
variation[M]. Springfield，IL：Charles C. Thomas. 1992.

[53] SCHLEIEN S J，GERM P A，MCAVOY，L. H. Inclusive community leisure
services：Recommended professional practices and barriers encountered [J].
Therapeutic Recreation Journal，1996，30(4)：260－273.

[54] CONATSER P，BLOCK M，LEPORE M. Aquatic instructors' attitudes toward

teaching students with disabilities[J]. Adapted Physical Activity Quarterly, 2000，17：197－207.

[55] DEVINE M A. "Being a 'doer' instead of a 'viewer':" The role of inclusive leisure contexts in determining social acceptance for people with disabilities[J]. Journal of Leisure Research 2004，36：137－159.

[56] GRENIER M. A social constructionist perspective of teaching and learning in inclusive physical education[J]. Adapted Physical Activity Quarterly，2006，23：245－260.

[57] TRIPP A，RIZZO T. Disability labels affect physical educators[J]. Adapted Physical Activity Quarterly，2006，23：310－326.

[58] 朱菁菁,徐炎章.论休闲活动在弱势群体中的开展[J].自然辩证法研究,2005,21(12)：91－94.

[59] 可妍.休闲服务供给的中外比较研究[D].北京：北京第二外国语学院,2006.

[60] 张哲乐.对城市旅游景点无障碍环境问题的社会学思考——以成都市为例[J].特区经济,2006(11)：238－240.

[61] 别江侠.社会排斥视角下城市残疾人休闲娱乐贫乏原因探究——仅以武汉市为例[J].劳动保障世界,2012(8)：50－53.

[62] 李群力.城市残疾人休闲活动满意度调查研究——以长沙、武汉、南昌三地为例[J].中国特殊教育,2009(5)：69－75.

[63] 肖昕茹.上海市残疾人社会空间研究[D].上海：华东师范大学,2010.

[64] 李果.视力障碍儿童生态化休闲教育模式的个案研究[D].重庆：重庆师范大学,2010.

[65] 汪丽娟.听觉障碍高中生休闲生活现状及教育对策研究[D].西南大学,2012.

[66] 陈文力.网络时代听力有障碍年轻群体娱乐休闲研究[J].旅游学刊,2012,27(7)：91－97.

[67] 刘文璐.休闲教学方案对在家教育脑瘫学生休闲能力培养的个案研究[D].重庆：

重庆师范大学,2012.

[68] 宋湘勤,张志如.视障人士参与体育休闲运动的现状,原因与困难的调查分析[J].
当代体育科技,2005,5(14):171-173.

[69] 王凌瑾,浦钰,李若冰,李泽.残疾人休闲活动空间使用研究——以济南市五里牌
坊社区为例[C].中国城市规划学会议论文集,2016.9.

[70] 唐征宇.美国全纳娱乐活动的发展及其启示[J].中国残疾人,2008(1):26-27.

[71] 刘洋.基于社会融合精神下的欧美残疾人体育立法特征研究[J].武汉体育学院学
报,2014,28(6):56-60.

[72] 郭叶,王凤萍.治疗游憩:残疾人康复的新思路[J].残疾人研究,2017(1):87-92.

[73] [美] 杰弗瑞·戈比,[韩] 沈杰明.北美休闲研究的发展:对中国的影响[J].浙江
大学学报(人文社会科学版),2008,38(4):22-29.

[74] 徐秀玉,陈忠暖.我国休闲研究进展分析基于CSSCI期刊(1998—2015年)的数据
研究[J].资源开发与市场,2016,32(6):696-702.

[75] 中国人残疾人联合会.2010年末全国残疾人总数及各类、不同残疾等级人数
[EB]. http://www. cdpf. org. cn/sjzx/cjrgk/201206/t20120626_387581. shtml,
2012-06-26.

[76] United Nations Human Rights Office of the High Commissioner. Marginalized
groups: UN human rights expert calls for an end to relegation[EB]. http://
www.ohchr.org/EN/NewsEvents/Pages/DisplayNews.aspx? NewsID=14690&
LangID=E.

第六章　长三角城市休闲化发展水平及耦合协调度研究[①]

第一节　研究背景

一、"全民高品质休闲"成城市发展大趋势

休闲是人的基本需求和人权自由的充分体现,联合国在《世界人权宣言》(Universal Declaration of Human Rights)第二十四条中指出:"人人都有享受休息和休闲的权利"。随着改革开放的不断深入,工业化、城市化、智能化的多重驱动,我国居民生活水平得到了显著提高,加之黄金周、小长假以及带薪休假制度的跟进,人们的生产生活模式被完全颠覆,拥有了更多可自由支配收入和闲暇时间去追求丰富的文化娱乐活动,据此,休闲逐渐成为我国居民生活方式的重要组成部分。2013年2月,国务院正式发布《国民旅游休闲纲要(2013—2020)》,纲要重点体现了提倡绿色旅游休闲理念、保障国民旅游休闲时间、鼓励国民旅游休闲消费、丰富国民旅游休闲产品、提升国民旅游休闲品质五大亮点,这项重要部署顺应了我

---

① 本文作者:陈彦婷(上海师范大学旅游学院)

国人民群众日益增长的旅游休闲需求,也标志着 14 亿人口正式跨入全民休闲时代。同时,我国社会主要矛盾已经转化为人民日益增长的美好生活需要和不平衡不充分的发展之间的矛盾[①]。表明在这一时代背景下,大众对休闲质量的评判标准在不断提高,居民渴望在休闲中寻求获得感、归属感,在休闲中提升满意度、幸福度。因此,构建与后小康社会相适应的现代国民旅游休闲体系刻不容缓,"建筑是可以阅读的,街区是适合漫步的,城市始终是有温度的[②]"成为城市发展新常态,"全民高品质休闲"成为城市发展大趋势。

二、"长三角区域一体化发展"上升为国家战略

一体化政策最初可以追溯到 1992 年建立的长江三角洲 15 个城市协作部门主任联席会议制度,该制度后于 1997 年升格为长江三角洲城市经济协调会。协调会议从宏观层面聚焦长江三角洲各个领域的发展,旨在推动和加强长江三角洲地区经济联合与协作,促进长江三角洲地区的可持续发展。其中,1999 年、2001 年和 2003 年的协调会议分别对长三角地区的休闲旅游发展提出了明确的目标,并出台了具体的针对性政策。2010 年,《长江三角洲地区区域规划》由国务院正式批准实施,该规划在城市功能、区域布局、产业升级、基础设施建设、对外开放、体制创新等方面均对休闲旅游业的发展做出了详尽的任务部署。2018 年,习近平总书记在首届中国国际进口博览会上宣布,支持长江三角洲区域一体化发展并上升为国家战略[③]。并于 2019 年发布《长江三角洲区域一体化发展规划

① 习近平.决胜全面建成小康社会夺取新时代中国特色社会主义伟大胜利——在中国共产党第十九次全国代表大会上的报告[R].北京.2017.
② 韩正.中共上海市第十一次代表大会报告[R].上海.2017.
③ 中华人民共和国中央人民政府.习近平出席首届中国国际进口博览会开幕式并发表主旨演讲[EB/OL]. http://www.gov.cn/xinwen/2018-11/05/content_5337594.htm.

纲要》,明确要求深化休闲旅游合作,统筹利用文化旅游资源,以提升各城市品牌影响力。所以,在国家战略的引导下,区域一体化政策对长江三角洲休闲旅游业竞争力的提升和协调发展产生了直接的推动作用。

第二节　研究基础

一、研究对象概述

(一)长三角城市样本选取

最理想的情况是,城市休闲化评价对象包含了长三角区域内的全部城市。但是,鉴于在实际操作中,对大量数据的获取存在不可预估性,容易导致数据信息的缺失,进而影响最终评价结果。因此,本研究考虑城市数据的可获得性和全面性,以及城市数据的时间连续性和纵向可比性,并结合《长江三角洲区域一体化发展规划纲要》的指导意见,选择了长三角区域内 27 座中心区城市,包括 3 个省会城市:南京、杭州、合肥,1 个直辖市:上海,1 个计划单列市:宁波,以及 22 个地级市:无锡、常州、苏州、南通、扬州、镇江、盐城、泰州、温州、湖州、嘉兴、绍兴、金华、舟山、台州、芜湖、马鞍山、铜陵、安庆、滁州、池州、宣城。以 2019 统计数据来看,纳入监测的 27 个样本城市,合计土地面积为 22.5 万平方公里,约占长三角区域土地总面积的 62.85%;合计常住人口数量为 1.63 亿人,约占长三角区域常住总人口的 72.44%;合计地区生产总值为 18.40 万亿元,约占长三角地区生产总值的 87.01%。可见这 27 座样本城市无论是从土地面积、常住人口还是经济贡献上来看在长三角区域发展中具有典型性与代表性。

(二)长三角城市休闲化发展阶段

根据国内学者楼嘉军对城市休闲化的定义,可知人均生产总值达

3 000～5 000美元是城市进入休闲化状态的硬门槛。因此,作者将3 000美元作为评判的重要节点,把长三角城市休闲化发展分为以下几个阶段:从1978年改革开放到1998年上海人均生产总值首次达到3 000美元划分为第一阶段;2005年江浙两省人均生产总值首次达到3 000美元为第二阶段;2010年安徽省人均生产总值首次达到3 000美元为第三阶段;2010年至今为第四阶段。

第一阶段,1978年至1998年长三角城市休闲化起步阶段。自改革开放以来,我国的经济潜能得到前所未有的释放,无论是从人们日常的衣食住行,还是从政治、文化、体育、旅游等方面都得到了长足发展。尤其在1998年,上海成为我国首个人均生产总值突破3 000美元的城市,开始跨入城市休闲化的发展阶段,由此也揭开了我国城市休闲化的发展序幕。20世纪90年代中晚期,上海的休闲文化、娱乐产业、旅游景观建设等呈现出规模化的发展趋势,如东方明珠、南浦大桥、上海大剧院、和平饭店等先后成为上海城市休闲化过程中满足居民休闲和外来游客观光的标志性建筑。

第二阶段,1998年至2005年长三角城市休闲化突破阶段。20世纪初,随着我国休假制度调整,人们有更多的闲暇时间用于休闲,毗邻上海的江浙二省也开启了城市休闲化进程,使得社会特征不断向显著休闲转变。江浙多地突破传统的旅游"六要素",将单一的观光景点拓展为休闲娱乐、健康养生、旅游度假等融合功能。同时,在城市建设方面,江浙二省开始注重优化城市形象,突出服务设施的公共特性,这样的改变也使得城市的主要客源市场从国内游客和国际游客为主转变为当地居民和国内游客为主,满足城市休闲发展的目标人群。其中具有代表性的是,杭州在迈入城市休闲化后努力把"人间天堂"改造成了"东方休闲之都"。

第三阶段,2005年至2010年长三角城市休闲化形成阶段。随着安徽省人均生产总值登上3 000美元的台阶,标志着长三角区域全员已经形成城市休闲化的发展态势。期间,与人们休闲生活、文化旅游产业相关的政策接连出台,给予了政府层面上的鼓励,如《国务院关于加快发展旅游业的意见》中将休闲板块作为加快旅游业的重要内容。此外,居民的生活观念也逐渐转变,渴望休闲成为人们生活中的风向标,主动放弃“三倍”工资的节假日加班、过年期间服务行业人手短缺、黄金周人力费用猛涨等现象愈演愈烈。

第四阶段,2010年至今长三角城市休闲化繁荣阶段。首先,《国民旅游休闲纲要》正式发布,着重提出“促进旅游休闲产业健康发展,推进具有中国特色的国民旅游休闲体系建设 ”的发展目标。从国家战略上来看,“休闲”已从与旅游“混为一谈”变成了“有名有姓”,这是提升长三角区域乃至全国城市休闲化质量的重要举措。其次,经历了世博会、进博会等多个面向世界的国际活动后,长三角区域共同夯实了经济基础,迅速提升了服务质量,在产业经济、旅游接待、城市形象等综合方面都名列全国前列,进而有余力去打造丰富多样的休闲产品和定制个性化的休闲服务。

二、评价指标体系构建

（一）指标识别

基于系统理论,对城市休闲化水平的衡量需要做到科学性、客观性和全面性,既要考虑休闲主体的休闲行为和休闲需求,也要监测城市赋予休闲功能的供给能力。由于城市休闲功能的服务对象是以本地居民为主,以外来游客为辅,因此本指标体系在构建过程中更多地侧重于本地居民的日常休闲载体,同时兼顾外来游客在观光旅游与休闲度假时产生的需求及城市所反馈的供给行为。为保证指标的可操作性,作者在构建指标体系前着重学习和借鉴了以下文件和成果:《中国城市休闲指数与休闲城市评估体系》(北京同和时代旅游规划设计院)、《休闲城市评价指标体系》(中国人民大学中国休闲经济研究中心)、《宜居城市科学评价标准》(中国城市科学研究会)、《中国优秀旅游城市检查标准》(国家文化和旅游部)以及前人学者的研究成果等。最终,本研究主要借鉴中国城市休闲化指数的指标框架,再结合长三角区域的地情特色以及当下研究热点,对现有指标体系进行再修正、再完善。按照城市休闲的基本内涵和遵循我国城市发展基本现状,可以将居民在城市空间内进行的休闲事件大致分为休闲活动和休闲消费。因此,在构建城市休闲化评价指标体系时,主要考虑以下两个基本要素:一是能够支撑居民开展休闲活动的配套设施与服务水平,也就是供给角度,其中包括城市的绿色空间、经济水平、接待能力、设施数量、交通线路等。二是能够体现居民区别于日常消费的休闲消费水平方面,也就是需求角度,其中包括旅游总收入、人均文化娱乐服务消费支出水平、家庭休闲设备拥有量等。

(二)指标修正

在现有的中国城市休闲化评价指标体系基础上,本研究采取专家头脑风暴法、会议专家论证和数据论证筛选三种方法对指标进行修正和完善。经过前后两轮专家讨论、两次会议论证,以及两次数据论证,形成了一个结构比较科学、指标数量比较适度的长三角城市休闲化评价指标体系。

一是专家论证,第一轮采取头脑风暴法,由行业专家和学界专家组成,根据现有的城市休闲化指标提出新观点,第二轮是专家根据城市休闲化的定义,对评价指标进行再斟酌。变动主要有以下几点:首先是为保证评价的连续性和客观性,建议不增加主观指标;其次是指标层次结构,建议5个子系统保持不变,但子系统内的具体指标应当给出更好的归类;最后是关于三级指标的修正,建议增加与休闲热点相关的指标,例如夜间消费等。

二是会议论证,借助中国休闲与旅游发展论坛、世界休闲发展高峰论坛等会议平台,与会专家结合城市休闲化的内涵,提出指标指向性应尽量明确,建议剔除部分数据常年不变动或与城市休闲化相关性较弱的指标。

三是数据论证,为保证研究中所能获得的数据都是权威的、可靠的,在专家论证和会议论证后,作者尝试对样本对象进行数据验证,剔除一些数据资料严重缺失的指标项目,形成最终的长三角城市休闲化评价指标体系。

（三）指标体系

长三角城市休闲化评价指标体系一共包括一级指标 5 个,即经济与产业发展、休闲服务与接待、休闲生活与消费、休闲空间与环境、交通设施与规模,共涉及 40 个三级指标。需要指出的是,居民休闲生活的普及是城市休闲化一大重要表现因子,例如白领一族下班后会去健身房锻炼,年轻人常去酒吧聚会,学生党选择在咖啡厅做作业,退休后的银发一族跳广场舞等,这些都是居民首选的休闲场所。但由于相关指标在各个城市均存在难以细化统计、口径差异大等问题,所以暂未被纳入本研究的休闲服务与接待系统中。此外,对城市休闲化水平的评价应当是连续的,即通过多年不间断的数据来呈现和归纳城市休闲化发展的规律,所以对于一些理论上可行,但缺乏连年数据的指标也暂不纳入本次评价指标体系中(见表 6-1)。

表 6-1　长三角城市休闲化评价指标体系

一级指标	二级指标	三 级 指 标	单位	变量	属性
经济与产业发展	经济水平	地区生产总值	亿元	X1	正向
		人均地区生产总值	元	X2	正向
	城市化水平	城市化率	％	X3	正向

(续表)

一级 指标	二级 指标	三 级 指 标	单位	变量	属性
经济与 产业 发展	产业发展	第三产业占地区生产总值比重	%	X4	正向
		第三产业就业人数占全部就业 人数比重	%	X5	正向
		社会消费品零售总额	亿元	X6	正向
		住宿和餐饮业零售总额	亿元	X7	正向
		批发、零售、住宿和餐饮业从业 人数	人	X8	正向
		限额以上批发、零售、住宿和餐 饮业企业个数	个	X9	正向
休闲 服务 与接待	文化设施	公共图书馆数量	个	X10	正向
		文化馆数量(省、地级市＋县城)	个	X11	正向
		国家重点文物保护单位数量	个	X12	正向
	休闲旅游 接待	旅行社数量	个	X13	正向
		星级饭店数量	个	X14	正向
		国家4A级及以上景区数量	个	X15	正向
		公园个数	个	X16	正向
	游客接待 规模	国内旅游人数	万人次	X17	正向
		入境旅游人数	万人次	X18	正向
休闲 生活 与消费	居民消费	城镇居民家庭恩格尔系数	%	X19	负向
		城镇居民人均可支配收入	元	X20	正向
		城镇居民消费价格指数(以上 一年为100)	%	X21	正向
		城镇居民家庭人均消费性支出	元	X22	正向
		城镇居民人均家庭设备用品及 服务消费支出	元	X23	正向
		城镇居民人均医疗保健消费 支出	元	X24	正向
		城镇居民人均交通通信消费 支出	元	X25	正向

（续表）

一级指标	二级指标	三　级　指　标	单位	变量	属性
休闲生活与消费	居民消费	城镇居民人均教育文化娱乐服务消费支出	元	X26	正向
	家庭休闲设备	每百户城镇常住居民家庭年末彩色电视机拥有量	台	X27	正向
		每百户城镇常住居民家庭年末家用电脑拥有量	台	X28	正向
	游客消费	旅游总收入	亿元	X29	正向
	夜间消费	城市夜间灯光指数	辐射亮度值	X30	正向
休闲空间与环境	居住空间	城镇居民人均居住建筑面积	平方米	X31	正向
	城市绿化	城市(建成区)绿化覆盖率	％	X32	正向
		城市绿地面积	公顷	X33	正向
		城市人均公园绿地面积	平方米	X34	正向
	城市环境	空气质量≥二级的天数	天	X35	正向
		国控主要城市区域环境噪声	等级声效	X36	负向
交通设施与规模	城市内交通	公共汽车、电车客运量	万人次/年	X37	正向
		轨道交通客运量(地铁、轻轨)	万人次/年	X38	正向
	城市间交通	公路运输客运量	万人次/年	X39	正向
		民用航空旅客发送量	万人次/年	X40	正向

（四）数据来源及处理

本研究的数据均来源于 2010—2019 年出版的《中国城市统计年鉴》《中国环境统计年鉴》《上海统计年鉴》《上海环境年鉴》《上海旅游年鉴》《江苏统计年鉴》《江苏交通年鉴》《江苏文化和旅游年鉴》《浙江统计年鉴》《浙江自然资源与环境统计年鉴》《安徽统计年鉴》《安徽文化年鉴》等，以及长三角各市统计年鉴、国民经济和社会发展统计公报等公开出版或发布的统计数据，以保证数据的权威性、客观性和科学性。需要说明的是，有些指标在计算时已经经过简单处理，如计算"城市化率"时均采用常住人口数量；"文化馆数量"为省级、地级市和县级文化馆数量的加和；"国家4A级以上景区数量"为4A和5A级景区数量的加和；一部分城市的"空气质量≥二级的天数"为空气质量优良比与全年天数的乘积；"城市夜间灯光指数"从美国国家航空航天局地球观测站（NASA）网站上获取影像资料，其中2010—2013年的数据为美国国防气象卫星（DMSP）抓取，2013—2019年的数据由美国新一代国家极轨卫星（Suomi-NPP）抓取，由于使用不同的卫星传感器导致影像之间不连续、灯光指数阈值不一致等问题，所以作者借鉴Ma等学者的校正方法，对两段夜间灯光数据进行拟合以保证数据的连续性。最后，对于个别缺失数据本研究采用移动平均法进行填补。

第三节　长三角城市休闲化水平测度与分析

一、指标赋权与评价模型构建

（一）数据标准化处理

本研究的评价体系共包含两类指标：一是正向指标，即指标数值越大，评价结果越良好；二是负向指标，即指标数值越大，评价结果越差劲。本研究中除"城镇居民家庭恩格尔系数"和"国控主要城市区域环境噪声"属于负向指标外，其余指标均为正向指标。此外，由于数据单位、数量级的不相同使得数据大小之间呈现出巨大差距，将对评价结果产生影响。本研究采用公式（6-1）（6-2）对正向指标和负向指标进行归一化处理，以消除指标量纲。

$$正向指标：X'_{ij} = \frac{X_{ij} - \min X_{ij}}{\max X_{ij} - \min X_{ij}} \qquad (6-1)$$

$$负向指标：X'_{ij} = \frac{\max X_{ij} - X_{ij}}{\max X_{ij} - \min X_{ij}} \qquad (6-2)$$

其中 X_{ij} 为第 i 年份第 j 项指标的数据，$\min X_{ij}$ 和 $\max X_{ij}$ 分别为所有年份中第 j 项指标的最小值和最大值，X'_{ij} 为标准化后的数据。

（二）指标赋权方法和评价模型确立

由于城市休闲化评价体系中指标数量较多、涉及面较广，为消除人为因素的干扰，提高评价的科学性，本研究采取客观分析法对相关变量进行赋权。目前学术界常用的客观赋权法有：熵值法、变异系数法、主成分分析法、因子分析法、TOPSIS 法和 CRITIC 法等。王昆等曾通过验证具体的案例，对熵值法、变异系数法和 CRITIC 法进行分析比较，最终证明 CRITIC 法赋权的结果是三者中最为全面客观的。CRITIC 法是基于评价指标的对比强度（标准差）和指标之间的冲突性（相关系数）来综合衡量指标的权重，即考虑指标变异性的同时兼顾指标间的相关性。但是，单一的 CRITIC 法仍存在未能虑及指标间离散性的问题，而熵值法则可有效弥补这一不足。基于此，本研究将两种赋权法相融合，构建了基于 CRITIC 法和熵值法的组合赋权模型，具体计算步骤如下。

第一步，使用 CRITIC 法赋权。首先，将标准化后的数据 X'_{ij} 代入公式（6-3）计算指标变异性，一般使用标准差来表示，标准差越大表示指标内取值的差异波动越大，也应该给指标分配更多的权重。

$$\begin{cases} X_j = \frac{1}{n} \sum_{i=1}^{n} X'_{ij} \\ S_j = \sqrt{\dfrac{\sum_{i=1}^{n} (X'_{ij} - X_j)^2}{n-1}} \end{cases} \qquad (6-3)$$

其中,S_j 表示第 j 个指标的标准差。

其次,运用公式(6-4)计算指标冲突性,一般使用相关系数来表示,即与其他指标的相关性越紧密,说明该指标就与其他指标越不可能发生冲突性,一定程度上削弱了这种相似信息、重复内容的评价强度,应该减少分配给此类指标的权重。

$$
\begin{cases}
R_j = \sum_{i=1}^{n}(1-r_{ij}) \\
r_{ij} = \dfrac{\mathrm{Cov}_{ij}}{\sqrt{\mathrm{Var}_i\,\mathrm{Var}_j}}
\end{cases}
\tag{6-4}
$$

其中,r_{ij} 表示评价指标 i 和 j 之间的相关系数,Cov_{ij} 为 i 与 j 的协方差,Var_i 为 i 的方差,Var_j 为 j 的方差。

再次,运用公式(6-5)计算指标包含的信息量,指标信息量越大,说明它在整个指标体系中的作用越大,也应该分配更多的权重。

$$
C_j = S_j \times R_j
\tag{6-5}
$$

最后,运用公式(6-6)计算 CRITIC 客观权重。

$$
W_j^1 = \frac{C_j}{\sum_{j=1}^{n} C_j}
\tag{6-6}
$$

第二步,使用熵值法赋权。首先,将标准化后的数据 X'_{ij} 代入公式(6-7)计算第 i 年份第 j 项指标的比重。

$$
Y_{ij} = \frac{X_{ij}}{\sum_{i=1}^{n} X_{ij}}
\tag{6-7}
$$

其次,运用公式(6-8)计算指标的信息熵值。

$$
E_j = -\frac{1}{\ln n} \sum_{i=1}^{n} (Y_{ij} \ln Y_{ij})
\tag{6-8}
$$

再次,运用公式(6-9)计算指标的信息效用值。

$$D_j = 1 - E_j \qquad (6-9)$$

最后,运用公式(6-10)计算熵值客观权重。

$$W_j^2 = \frac{D_j}{\sum_{j=1}^{n} D_j} \qquad (6-10)$$

第三步,采取综合赋权理念,运用公式(6-11)计算两种权重的均值即为第 j 项指标的综合权重。

$$W_j = \frac{W_j^1 + W_j^2}{2} \qquad (6-11)$$

最后,根据各指标的权重及标准化的数据,可以运用公式(6-12)(6-13)计算出城市休闲化子系统指数和每一座城市休闲化的综合得分。

$$\begin{cases} f(\text{EI}) = \sum_{i=1}^{n} W_{\text{EI}} X_{i(\text{EI})} \\ f(\text{SH}) = \sum_{i=1}^{n} W_{\text{SH}} X_{i(\text{SH})} \\ f(\text{LC}) = \sum_{i=1}^{n} W_{\text{LC}} X_{i(\text{LC})} \\ f(\text{SE}) = \sum_{i=1}^{n} W_{\text{SE}} X_{i(\text{SE})} \end{cases} \qquad (6-12)$$

$$f(\text{TS}) = \sum_{i=1}^{n} W_{\text{TS}} X_{i(\text{TS})}$$

$$\text{ULR} = f(\text{EI}) + f(\text{SH}) + f(\text{LC}) + f(\text{SE}) + f(\text{TS}) \qquad (6-13)$$

其中,ULR 为城市休闲化指数(Urban Leisureification Index),EI、SH、LC、SE、TS 分别为经济与产业发展、休闲服务与接待、休闲生活与消费、休闲空间与环境和交通设施与规模五个子系统,W_{EI}、W_{SH}、W_{LC}、W_{SE}、W_{TS} 为子系统内各指标权重。

二、长三角城市休闲化水平评价

(一)长三角城市休闲化水平综合评价

通过2010—2019年27座长三角中心区城市休闲化水平的计算结果(见表6‐2),可以发现27座城市的综合得分范围在13～86分之间,首尾的落差较大。从总体上看(见图6‐1),长三角城市休闲化发展仍处于初级阶段,27座城市均未保持一直提升的发展状态,其中,上海、杭州、苏州和南京在10年内一直稳居前四,它们中大部分是直辖市和省会城市,拥有较先进的城市配置和优惠政策,故城市休闲建设理应成为排头兵;从城际之间比较来看,长三角27座城市间的休闲化水平仍存在较大差异,上海的城市休闲化综合得分始终遥遥领先且稳定于80分上下,与第二名就已经拉开30分的大差距,而安庆和滁州两市轮流垫底,且与第一名的差距高达5倍左右,有巨大的进步空间。值得注意的是,苏州在城市休闲化水平上的表现远超预期,它的综合得分已经连续9年超越省会城市——南京,有非常大的发展潜力。而嘉兴在2014—2018年间起伏波动较大,先急速提升后又大幅度回落至原位,十分不稳定;从区域比较上看,在空间上,上海、苏州、南通、盐城、杭州、宁波、台州、温州等的城市休闲化综合得分要高于芜湖、滁州、马鞍山、宣城等城市的综合得分,这说明在长三角区域,越靠近东部(地理意义)的沿海城市的休闲化水平要远优于远离东部(地理意义)的内陆城市(如图6‐2所示),并且以上海为中心向四周辐射的邻市具有较高的城市休闲化水平。这一特征与我国社会经济发展的不平衡性相吻合,如图6‐3所示,地区生产总值越高的城市,其城市休闲化水平也越高,这一发展态势从一定程度上揭示一个规律:社会经济发展水平是决定城市休闲化发展程度的重要基础条件。

表 6 - 2　2010—2019 年长三角 27 座中心区
城市休闲化水平综合得分①

	2010	2011	2012	2013	2014	2015	2016	2017	2018	2019
上海	85.64	85.84	83.06	81.71	79.78	79.02	76.58	76.04	78.97	78.41
南京	47.29	44.94	44.47	43.96	45.17	45.59	45.31	43.83	47.86	47.12
无锡	38.01	36.81	35.65	36.30	34.17	35.38	34.64	34.04	35.32	35.27
常州	32.21	34.10	28.57	29.23	27.97	31.33	30.37	29.07	30.08	28.43
苏州	48.07	47.67	46.71	49.21	47.00	47.59	46.45	46.05	46.62	47.64
南通	25.28	26.02	24.80	25.31	25.72	25.96	25.43	26.03	29.03	29.01
盐城	19.83	19.21	18.68	18.70	19.89	21.39	20.74	20.42	23.14	20.64
扬州	26.37	24.47	23.89	22.65	21.98	23.26	22.95	24.36	24.90	25.54
镇江	26.97	25.24	24.42	25.23	25.93	28.42	26.65	27.23	28.38	26.67
泰州	21.44	20.94	19.83	21.95	19.18	21.91	21.85	21.72	24.72	24.91
杭州	46.75	45.98	45.14	44.72	49.16	47.57	47.17	45.62	50.86	51.64
宁波	39.99	38.19	36.13	35.12	36.36	34.18	35.68	35.35	38.64	38.50
温州	33.11	34.54	32.92	31.55	32.10	30.19	29.76	31.35	34.18	33.87
嘉兴	29.80	30.74	29.37	29.77	26.87	35.45	33.56	33.59	28.01	28.19
湖州	26.56	28.52	23.97	24.15	24.60	28.31	26.49	25.10	27.21	30.47
绍兴	29.00	31.88	29.02	26.86	28.72	29.09	28.29	26.43	29.13	32.20
金华	32.20	34.18	31.75	29.41	29.51	26.94	27.33	29.01	31.03	31.01
舟山	28.85	29.82	28.52	27.25	27.57	29.62	28.37	26.43	28.16	30.08
台州	34.27	34.15	30.80	28.53	27.25	29.62	29.62	30.56	33.97	32.80
合肥	23.14	22.91	23.69	22.27	27.59	24.82	23.56	21.59	24.70	24.77
芜湖	19.49	19.29	19.31	19.48	20.28	19.12	17.14	16.42	17.85	16.64
马鞍山	19.63	19.55	18.80	19.49	21.51	22.51	21.18	18.10	19.06	16.81
铜陵	15.46	17.21	17.37	20.32	19.20	19.97	18.11	17.23	14.88	15.43
安庆	16.55	16.41	15.75	13.09	17.24	18.45	17.37	14.59	17.98	14.01
滁州	16.70	16.23	15.49	16.43	19.20	15.08	14.02	13.27	14.66	15.77
池州	19.29	17.77	20.13	18.65	21.16	20.83	21.00	19.39	17.69	18.00
宣城	18.72	17.69	18.62	16.83	26.12	20.18	19.31	17.86	16.87	17.15

① 评价得分为百分制，分值范围为 0～100 分。

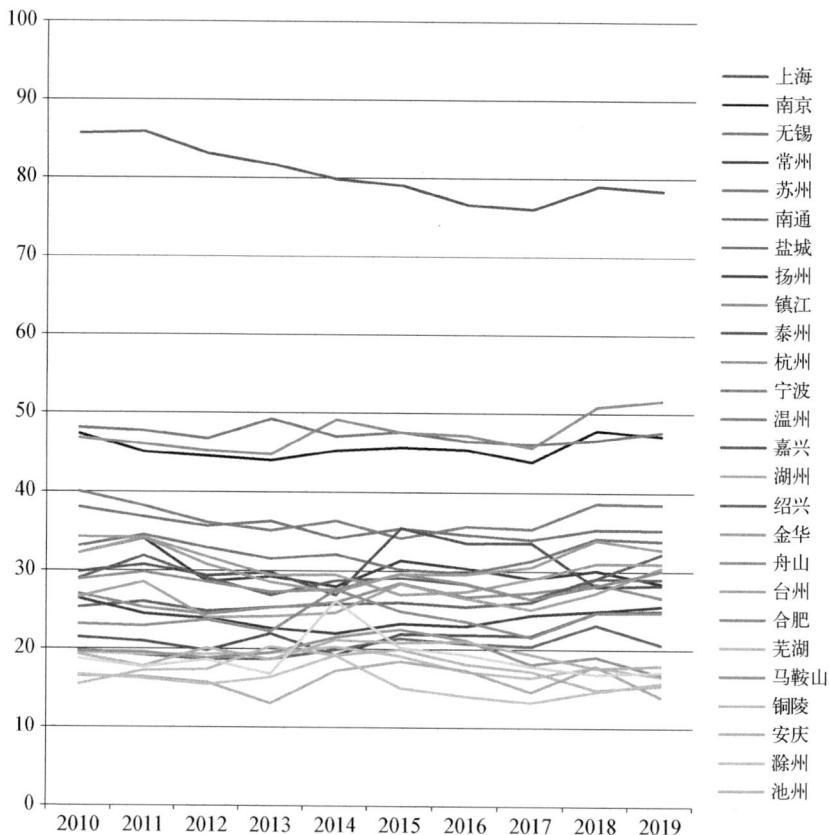

图 6-1　2010—2019 年长三角 27 座中心区城市休闲化水平综合得分变化

（二）长三角城市休闲化水平分项评价

1. 经济与产业发展

经济与产业发展系统主要监测城市休闲建设的宏观环境、休闲产业结构以及服务业规模等状况，这些是城市休闲化发展的前提条件。经计算（见表 6-3），各城市经济与产业发展得分与城市休闲化综合得分的排名情况基本一致，上海位列第一，杭州、南京、苏州紧随其后，再次印证了社会经济发展与城市休闲化发展间的关联性。其次，长三角城市休闲消费的基础环境差异极大，上海的经济与产业发展得分明显高于其他城市，

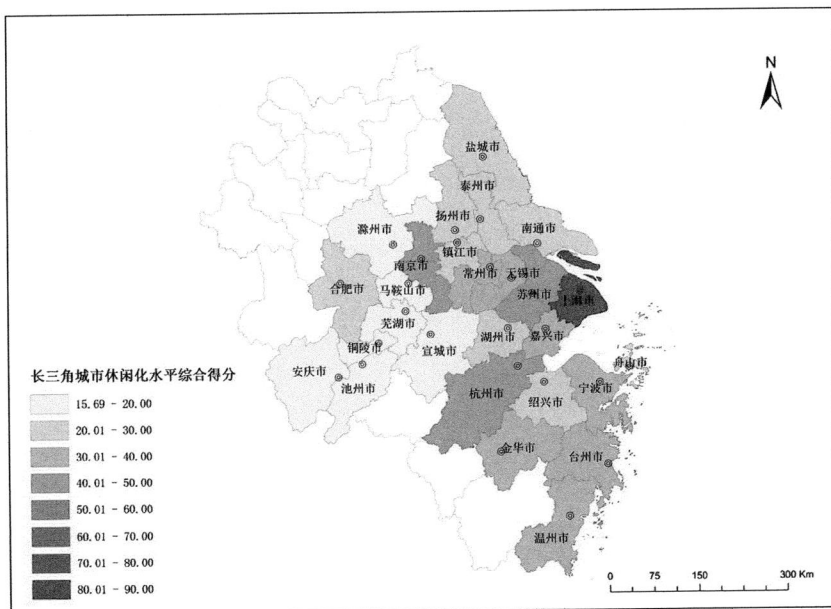

图 6-2　长三角城市休闲化水平综合得分地理分布

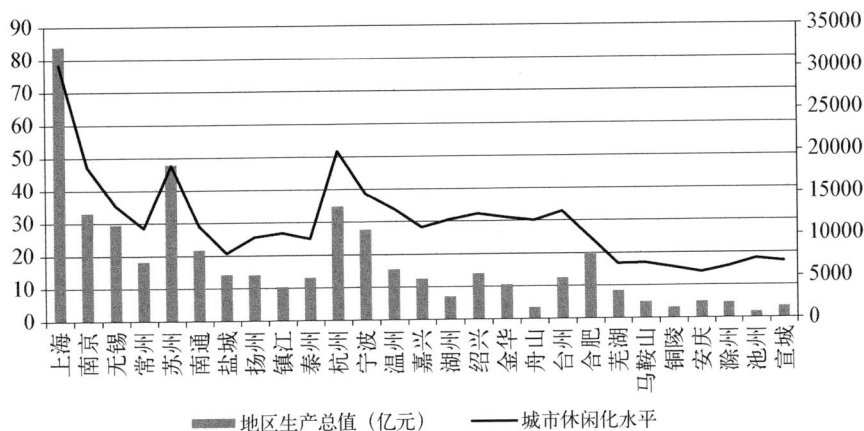

图 6-3　2019 年长三角 27 座中心区城市休闲化指数和地区生产总值

该城市历年最高分与最低分的城市之间相差了 10 倍左右。最后,安徽省内城市的经济与产业发展指数明显落后,像铜陵、安庆、滁州、池州、宣城等城市连年出现不到 3 这样的小数,这表明安徽省在休闲化发展中提升整体经济水平和调整当前产业结构是首要任务。

表 6-3 2010—2019 年长三角 27 座中心区城市经济与产业发展得分

	2010	2011	2012	2013	2014	2015	2016	2017	2018	2019
上海	19.54	19.20	19.32	18.63	18.20	19.66	19.66	19.26	20.83	19.83
南京	9.57	9.37	9.22	9.27	10.40	10.30	10.31	10.47	11.16	10.70
无锡	7.65	8.05	8.46	8.09	7.55	7.41	7.15	7.18	7.47	7.61
常州	5.65	6.04	5.71	5.92	5.95	6.40	6.31	6.35	6.95	6.56
苏州	8.18	8.91	8.77	8.96	9.93	9.18	9.01	8.83	9.01	9.47
南通	4.42	4.74	4.90	4.92	4.12	4.38	4.40	4.42	5.04	4.76
盐城	3.73	4.13	4.25	4.20	3.59	4.13	4.08	4.08	4.33	3.97
扬州	3.95	4.28	4.43	4.46	3.42	3.90	3.87	3.85	4.82	4.07
镇江	4.54	4.81	4.91	4.88	4.50	5.25	5.23	5.25	6.20	5.09
泰州	4.13	4.60	4.63	4.43	3.26	3.49	3.44	3.47	4.15	3.74
杭州	9.79	10.38	10.19	9.87	10.23	10.26	10.40	10.70	11.88	10.87
宁波	6.47	7.00	6.90	6.93	7.00	7.34	7.28	7.32	8.58	7.81
温州	4.80	5.28	5.64	5.37	5.45	5.91	5.94	6.02	6.13	5.97
嘉兴	3.48	3.91	4.53	4.16	4.12	4.55	4.39	4.40	4.69	4.52
湖州	3.08	3.27	3.41	3.36	3.12	3.73	3.63	3.66	3.91	3.78
绍兴	3.61	3.91	3.92	4.11	3.68	4.00	3.96	3.91	4.47	4.24
金华	4.94	5.01	4.93	4.14	4.17	4.46	4.33	4.29	4.87	4.30
舟山	5.36	5.68	5.52	5.11	4.28	5.75	5.36	5.59	6.16	5.47
台州	4.19	4.38	3.76	4.21	4.06	4.29	4.25	4.27	4.36	4.14
合肥	5.94	6.01	5.44	5.15	4.98	5.33	5.66	5.80	7.14	5.96
芜湖	3.55	3.31	3.35	3.28	2.97	4.05	4.13	4.05	5.02	3.75
马鞍山	3.15	3.17	3.21	3.21	2.76	3.60	3.55	3.60	4.58	3.01
铜陵	2.99	3.22	3.58	3.42	2.92	3.82	2.56	2.61	2.82	2.37
安庆	3.75	3.74	3.27	3.11	2.53	3.36	3.03	3.09	4.02	2.22
滁州	3.21	3.38	3.25	3.08	2.51	3.46	3.05	3.09	3.24	2.09
池州	4.14	4.13	3.56	3.51	2.81	3.86	3.66	3.85	3.57	2.87
宣城	3.73	3.70	5.38	5.21	5.29	3.67	3.64	3.72	3.61	2.51

2. 休闲服务与接待

休闲服务与接待系统主要监测城市提供的文化设施、休闲旅游设施以及游客接待规模。这是反映一座城市面向当地居民和外来游客时提供休闲服务质量的重要指标，也是表征一座城市是否足以吸引休闲主体前来的主要因素，更是驱动城市休闲化发展的内在力量。经计算（见表6-4），27座城市的休闲服务与接待指数排名情况与城市休闲化综合得分的排名情况也出入不大。第一，上海休闲服务与接待能力仍高于其他城市，主要在旅行社数量、星级饭店数量和旅游接待规模等方面优势明显。可以看出上海是一个旅游大市，外来游客对城市休闲建设的贡献度一定程度上要多于本地居民，而休闲产业的发展也非常需要城市经济基础的支撑。第二，第二名的杭州与上海在休闲服务与接待水平上的差距在不断缩小，且作为"休闲之都"，杭州在休闲服务与游客接待能力上的表现都非常抢眼，尤其是杭州的公共图书馆数量和文化馆数量都与上海旗鼓相当，同时也表明休闲产业与旅游产业二者能够相辅相成、相得益彰。第三，安徽省内城市的休闲服务与接待指数总体上还是不够理想，在文化设施、休闲旅游接待等方面均不及其他两省的城市。值得注意的是，除省会城市合肥外，安庆在该系统的表现突出，主要因为该城市拥有丰富的自然旅游资源和深厚的历史文化底蕴，吸引了众多国内旅游者。第四，江苏省内的泰州和浙江省内的舟山在休闲服务与接待上表现欠佳，拉低了两省的平均得分，主要因为二者都是"鱼米之乡"，当地居民多以出海捕鱼为业，城市发展也多靠一二产业拉动。这些都表明在提升本地经济发展水平的前提下，要满足多方休闲主体的需求，必须对城市的文化旅游资源、休闲娱乐设施等进行再挖掘、再更新。

表6-4 2010—2019年长三角27座中心区城市休闲服务与接待得分

	2010	2011	2012	2013	2014	2015	2016	2017	2018	2019
上海	19.03	19.16	19.33	18.91	18.66	16.84	16.31	17.01	18.82	19.18
南京	8.34	7.90	8.40	8.22	7.35	6.93	6.66	7.02	7.37	7.22
无锡	5.00	4.89	4.96	4.97	4.88	4.81	4.78	4.45	4.66	4.51
常州	2.78	2.79	2.61	2.63	2.30	2.16	2.11	2.04	2.40	2.47
苏州	11.05	10.91	10.66	10.53	8.76	9.27	8.76	8.91	9.50	9.07
南通	2.74	2.94	3.01	3.04	4.35	2.65	2.52	2.45	2.95	2.82
盐城	2.39	2.28	2.34	2.26	2.30	2.24	2.48	2.52	2.68	2.06
扬州	3.04	2.94	2.85	2.87	2.37	2.21	2.21	3.09	3.52	3.63
镇江	2.82	2.83	2.80	2.82	2.25	2.15	2.17	2.17	2.28	2.65
泰州	1.67	1.63	1.58	1.53	1.36	1.46	1.48	1.46	1.68	1.55
杭州	12.20	11.76	12.10	12.10	11.59	10.54	10.33	10.46	11.62	12.14
宁波	8.57	8.24	8.34	8.29	7.71	6.88	6.65	7.19	7.87	7.02
温州	5.06	4.53	4.97	5.42	5.44	4.95	5.06	5.30	5.83	5.73
嘉兴	3.54	3.47	3.44	3.49	3.52	8.43	8.91	8.92	3.56	3.39
湖州	3.78	3.24	3.17	3.02	3.18	3.08	3.13	3.11	3.44	3.64
绍兴	4.33	4.10	4.00	4.00	4.45	3.97	3.87	3.93	4.38	4.07
金华	4.44	4.29	4.33	4.30	4.30	4.12	4.13	4.26	4.69	4.58
舟山	1.69	1.53	1.38	1.43	1.57	1.34	1.28	1.17	1.30	1.26
台州	5.18	3.59	3.51	3.51	3.46	3.31	3.21	3.33	3.81	3.78
合肥	3.01	3.06	3.93	3.95	4.02	3.67	3.67	3.83	4.27	4.15
芜湖	1.55	1.64	1.66	1.63	1.92	1.92	1.99	2.10	2.25	2.27
马鞍山	0.91	0.87	1.16	1.18	1.08	1.08	1.17	1.06	1.23	1.16
铜陵	0.34	0.33	0.62	0.65	0.66	0.60	0.61	0.70	0.65	0.62
安庆	2.25	2.43	2.80	2.88	3.13	2.93	3.10	3.10	3.36	3.35
滁州	1.17	1.22	1.38	1.49	1.49	1.42	1.40	1.37	1.53	1.48
池州	1.14	1.33	1.24	1.49	1.88	2.00	2.00	1.85	2.00	1.99
宣城	2.30	2.27	2.19	2.15	2.28	2.39	2.40	2.48	2.70	2.48

3. 休闲生活与消费

休闲生活与消费系统主要监测城镇居民的消费结构、城镇家庭拥有的休闲设施、旅游收入和夜间消费等。这些指标是反映城市休闲主体将休闲需求落实为休闲产品和服务的关键介质。经计算（见表 6-5），长三角 27 座中心区城市在休闲生活与消费上的得分情况明显优于其他子系统的得分。其中，上海以绝对的优势仍稳居第一，而南京、无锡、苏州、杭州、宁波、嘉兴的得分紧追不舍、不分上下。究其原因，第一，上海集聚了张江高科技园区、临港自由贸易试验区、上海港等贸易高地，以及迪士尼乐园、欢乐谷等知名旅游品牌，这些庞大资源带给城市的经济体量和旅游收入便不言而喻，使得上海市民的人均消费性支出随着可支配收入的增加而水涨船高。另外，上海在过去十年间，不断拓展城市现代服务业的发展规模，已经形成如武康路上的咖啡街、衡山路上的酒吧街、虹泉路上的美食街这样的生活圈，目不暇接的休闲活动让休闲消费可以从白天一直持续至夜间，丰富了市民的夜生活，也点燃了夜消费。第二，休闲生活方式和消费种类差异还与市民的消费观念息息相关，相较之下，江苏省内城市居民更舍得在文化教育和娱乐服务消费上花钱，而浙江省内城市居民不吝啬于交通和通信的消费支出。第三，省会城市中合肥的休闲生活与消费水平差了一大截，而安徽省内其余城市也出现断层式差距，这又与长三角区域经济发展东强西弱的格局相吻合，说明了经济是最短板。

表 6-5　2010—2019 年长三角 27 座区城市休闲生活与消费得分

	2010	2011	2012	2013	2014	2015	2016	2017	2018	2019
上海	21.73	21.89	19.43	20.17	19.73	19.75	20.25	20.04	18.57	18.07
南京	15.48	14.63	13.58	14.57	14.88	15.20	14.73	13.97	13.53	14.20
无锡	15.12	14.13	13.05	15.31	14.68	15.59	14.96	14.02	13.99	13.19
常州	14.80	15.53	12.28	13.75	12.73	13.90	13.09	12.75	12.38	11.55

(续表)

	2010	2011	2012	2013	2014	2015	2016	2017	2018	2019
苏州	16.58	16.10	16.12	17.91	17.48	17.76	17.30	17.09	16.70	16.43
南通	9.18	10.35	9.59	10.88	10.64	10.90	10.72	9.66	9.73	10.07
盐城	5.81	5.93	5.30	6.18	6.57	6.27	5.99	5.14	6.47	4.55
扬州	9.42	8.06	7.90	8.42	8.33	8.54	8.12	7.57	7.38	7.82
镇江	9.78	8.73	7.89	9.85	12.04	12.13	11.29	10.29	10.65	9.86
泰州	8.19	7.48	7.35	10.09	8.49	9.81	9.40	8.39	9.11	8.57
杭州	13.60	13.92	12.57	13.79	16.46	17.19	16.18	15.50	15.86	17.45
宁波	15.16	14.38	13.73	13.34	14.29	13.29	14.01	13.07	14.26	13.45
温州	15.52	18.67	16.56	14.29	11.96	10.47	9.50	9.78	11.89	11.29
嘉兴	14.02	15.38	13.86	14.66	11.92	13.94	12.66	12.97	13.95	13.78
湖州	11.54	13.28	9.54	10.90	11.34	12.11	11.37	10.47	11.40	11.89
绍兴	13.62	15.78	13.48	13.41	12.68	13.40	11.96	10.03	11.21	12.38
金华	14.57	14.12	13.58	13.60	13.47	12.17	11.03	11.43	11.85	12.48
舟山	12.25	12.95	12.88	11.96	11.83	13.58	12.57	11.15	11.24	12.80
台州	14.80	15.43	14.76	12.22	10.60	13.17	12.09	11.83	13.11	12.68
合肥	6.54	6.76	7.25	7.58	7.48	5.33	5.51	5.34	5.88	6.46
芜湖	6.33	6.50	7.03	6.75	6.43	5.77	4.70	4.52	5.11	5.45
马鞍山	7.42	7.86	6.44	7.67	9.67	8.76	8.29	8.00	8.28	6.76
铜陵	3.85	5.90	5.23	6.18	6.58	6.42	6.93	5.03	3.88	4.13
安庆	2.02	2.57	2.80	1.51	4.77	2.48	2.83	1.06	1.81	1.53
滁州	5.39	4.01	3.43	4.67	6.35	2.59	2.68	3.53	4.78	6.32
池州	2.91	1.57	4.44	2.60	5.19	3.13	3.42	3.37	3.04	1.77
宣城	4.66	3.26	4.46	3.88	6.95	6.07	5.79	4.92	3.33	4.01

4. 休闲空间与环境

休闲空间与环境系统主要监测城市居住空间和城市绿化环境。这些指标反映了城市的住房舒适度和户外环境的生态性,它们是休闲主体在家休息和在外游憩的重要载体。经计算(见表6－6),长三角27座中心区城市休闲空间与环境得分排名与城市休闲化综合得分排名大相径庭。第一,综合来看,池州取代了上海第一的位置,主要原因是人均公共绿地面积、空气质量、噪声污染等影响人们外出休闲的指标得分均高于上海,而上海贸易商业等产业发达,分配用于绿化空间的城市面积较少,加之人口基数大,平均下来的人均绿地面积就更少,这些短板直接拉低了上海的休闲空间与环境得分。第二,紧随其后的是南京、扬州、台州、铜陵等这类历史名城和旅游胜地,由于拥有得天独厚的历史文化和旅游资源,这些城市会以较高标准来严格治理环境,以便向更多的市民和游客传递城市精神。第三,合肥等安徽省内城市在休闲空间与环境水平的排名中逆风翻盘,不再位列倒数,甚至优于上海、杭州这类休闲大城。由此可见,安徽省内城市在城市生态环境建设方面具有一定超前性,空间和环境是它们城市休闲化发展过程中的优势,应当用于扬长避短,以此来提升城市休闲化的综合水平。

表 6－6　2010—2019 年长三角 27 座中心区城市休闲空间与环境得分

	2010	2011	2012	2013	2014	2015	2016	2017	2018	2019
上海	9.26	9.33	8.76	8.19	7.48	7.76	5.50	5.66	6.51	7.51
南京	8.49	7.73	8.33	6.68	8.05	8.97	9.04	7.78	9.89	10.02
无锡	8.47	8.01	7.67	6.41	5.89	6.29	6.36	6.93	7.36	8.35
常州	7.70	7.46	6.82	5.80	6.12	7.88	7.89	6.96	7.30	6.74
苏州	8.62	8.25	7.90	8.35	6.41	7.91	7.84	7.14	7.03	8.14
南通	7.74	6.79	6.32	5.50	5.67	7.18	6.89	8.45	10.16	10.16
盐城	7.01	6.03	6.13	5.42	6.62	7.98	7.40	7.67	8.65	8.97
扬州	9.31	8.55	8.16	6.33	7.36	8.06	8.12	9.16	8.40	9.22
镇江	9.15	8.18	8.24	7.11	6.75	8.42	7.49	9.00	8.69	8.48
泰州	6.86	6.64	5.81	5.43	5.29	6.43	6.78	7.50	8.81	10.02
杭州	6.60	5.77	6.83	5.41	5.36	5.53	5.92	4.70	5.93	5.47
宁波	6.43	5.62	5.19	4.58	4.38	4.83	5.95	6.23	5.93	8.08
温州	4.63	3.40	3.84	4.65	5.82	6.95	7.29	7.52	7.36	7.79

（续表）

	2010	2011	2012	2013	2014	2015	2016	2017	2018	2019
嘉兴	7.81	7.15	6.93	6.90	6.30	7.80	6.85	6.93	5.39	6.05
湖州	7.33	8.01	7.35	6.43	6.31	8.93	7.88	7.37	7.88	10.50
绍兴	6.01	6.84	6.75	4.57	6.23	6.85	7.53	8.06	8.51	10.92
金华	5.97	8.79	7.58	6.14	4.87	5.29	6.77	7.70	8.25	8.22
舟山	8.79	8.75	8.08	8.13	8.63	8.61	8.83	8.18	9.02	10.07
台州	8.30	8.81	7.46	7.39	6.42	7.95	9.11	10.10	11.71	11.28
合肥	5.58	5.06	4.96	3.32	6.71	8.38	6.89	4.71	5.28	5.86
芜湖	7.14	7.02	6.55	7.02	7.37	6.70	5.80	5.21	4.97	4.68
马鞍山	7.86	7.39	7.70	7.04	7.30	8.63	7.68	5.11	4.65	5.58
铜陵	7.64	7.18	7.46	9.59	8.01	8.90	7.79	8.63	7.25	8.04
安庆	8.01	7.17	6.47	5.18	6.00	8.58	7.91	6.88	8.19	6.34
滁州	6.38	7.07	6.84	6.69	7.10	6.99	6.21	4.48	4.63	5.39
池州	10.74	10.39	10.59	10.76	10.73	11.52	11.57	10.14	8.87	11.17
宣城	7.38	7.81	6.10	5.10	10.49	7.56	6.94	6.41	6.92	7.86

5. 交通设施与规模

交通设施与规模系统主要监测城市内外的交通运输能力,包括了公交、地铁、公路、航空的搭载量。城市间交通设施的通达度是连接休闲主体与目的地的桥梁,城市内交通设施的承载力是决定休闲主体休闲效率的关键,良好的交通设施与规模可以大大提升居民和游客的舒适度和愉悦感。经计算(见表6-7),长三角27座中心区城市交通设施与规模得分与城市休闲化综合得分的排名情况大致一样。其中,上海以两位数的高分包揽了历年的第一位,南京、苏州、杭州排名紧随其后。其中,苏州和杭州的交通设施与规模水平进步明显,从指标数据看,苏州主要是在轨道交通客运量上胜出,目前苏州已开通5条地铁线路,日均客运量高达110万人次,并且苏州市民能通过地铁和公交的换乘直接到达上海,很大程度上拓展了城市休闲的范围。而杭州主要是在公路运输客运量上突出,该城市是长三角区域的交通枢纽,随着杭州湾跨海大桥的通车,打通了城市间的空间障碍,也承担着巨大的综合客运量。另外,身为计划单列市的宁波却在交通设施与规模上的排名比较靠后,且呈现逐年倒退的趋势,这颠覆了大众的认知,主要原因是民用航空旅客发送量较低,宁波机场选址位于市中心附近地区,珍贵的土地资源导致机场总用地面积有限,仅能容纳1根跑道和1根平滑道,而唯一的航站楼为满足物流往来的需求就已处于饱和状态,因此居民和游客的航空出行成为棘手难题。最后,镇江、嘉兴、湖州、绍兴、芜湖、马鞍山、铜陵、滁州和宣城这类既没有轨道交通设施又没有民用航空设施的城市排名末尾,基础交通设施的缺乏不光阻挡了当地居民外出休闲的去路,也关闭了外来游客前来旅游的通道。

表 6-7　2010—2019 年长三角 27 座中心区城市交通设施与规模得分

	2010	2011	2012	2013	2014	2015	2016	2017	2018	2019
上海	16.07	16.27	16.22	15.80	15.70	15.01	14.85	14.08	14.25	13.83
南京	5.41	5.30	4.94	5.22	4.49	4.20	4.57	4.59	5.91	4.98
无锡	1.78	1.73	1.51	1.51	1.17	1.28	1.39	1.47	1.85	1.61
常州	1.27	2.29	1.15	1.13	0.87	1.00	0.97	0.98	1.05	1.12
苏州	3.64	3.50	3.27	3.45	4.43	3.47	3.55	4.07	4.39	4.52
南通	1.20	1.20	0.98	0.98	0.94	0.85	0.91	1.06	1.15	1.20
盐城	0.89	0.84	0.66	0.64	0.80	0.76	0.79	1.01	1.00	1.09
扬州	0.66	0.63	0.54	0.57	0.50	0.56	0.63	0.69	0.79	0.81
镇江	0.68	0.69	0.58	0.57	0.39	0.48	0.47	0.51	0.55	0.59
泰州	0.60	0.60	0.47	0.47	0.78	0.72	0.75	0.89	0.98	1.03
杭州	4.55	4.14	3.45	3.57	5.51	4.04	4.35	4.26	5.57	5.71
宁波	3.36	2.94	1.97	1.98	2.97	1.83	1.78	1.54	2.01	2.14
温州	3.11	2.65	1.92	1.82	3.42	1.91	1.97	2.72	2.96	3.09

（续表）

	2010	2011	2012	2013	2014	2015	2016	2017	2018	2019
嘉兴	0.94	0.83	0.62	0.56	1.01	0.73	0.75	0.36	0.42	0.44
湖州	0.83	0.72	0.50	0.42	0.65	0.46	0.48	0.49	0.57	0.66
绍兴	1.44	1.24	0.87	0.78	1.69	0.87	0.97	0.51	0.56	0.59
金华	2.28	1.97	1.34	1.24	2.70	0.90	1.06	1.34	1.37	1.43
舟山	0.75	0.92	0.66	0.63	1.25	0.33	0.33	0.34	0.44	0.49
台州	1.80	1.95	1.32	1.20	2.71	0.90	0.95	1.02	0.98	0.92
合肥	2.08	2.03	2.10	2.27	4.40	2.12	1.84	1.92	2.13	2.34
芜湖	0.92	0.82	0.73	0.81	1.60	0.68	0.52	0.54	0.50	0.48
马鞍山	0.30	0.27	0.29	0.39	0.70	0.45	0.49	0.33	0.32	0.30
铜陵	0.63	0.59	0.48	0.48	1.02	0.23	0.22	0.27	0.29	0.28
安庆	0.51	0.49	0.41	0.40	0.81	1.09	0.50	0.46	0.60	0.57
滁州	0.56	0.56	0.59	0.50	1.74	0.62	0.67	0.79	0.48	0.50
池州	0.36	0.36	0.30	0.29	0.55	0.32	0.35	0.18	0.21	0.20
宣城	0.66	0.65	0.50	0.49	1.10	0.49	0.53	0.34	0.31	0.29

第四节　长三角城市休闲化耦合协调测度与分析

一、模型构建与计算

（一）耦合度评价模型

建立耦合度评价模型需要从系统论的角度入手，以功效函数作为计算基础，主要反映的是子系统的表现和变化对推进整个大系统发展的贡献程度。

设 U_i 是城市休闲化子系统的序参量，x_{ij} 为第 i 个子系统序参量的第 j 项指标，x'_{ij} 为标准化后的功效函数值，计算公式如下。

$$正功效：x'_{ij} = \frac{x_{ij} - \min x_{ij}}{\max x_{ij} - \min x_{ij}} \qquad (6-14)$$

$$负功效：x'_{ij} = \frac{\max x_{ij} - x_{ij}}{\max x_{ij} - \min x_{ij}} \qquad (6-15)$$

各子系统对整个大系统的贡献率运用公式(6-16)计算

$$U_i = \sum_{j=1}^{m} \lambda_{ij} x'_{ij} \qquad (6-16)$$

其中，U_i 为子系统对大系统的贡献值，m 为子系统的个数，λ_{ij} 为第 i 个序参量的第 j 项指标的权重，权重确定方式与上文城市休闲化评价指标赋权方法一致。

耦合度是反映综合系统是否走向有序发展的一种度量，没有好坏之分。耦合度越大意味着子系统间的发展关系越和谐、越有序、越稳定；耦合度越小意味着子系统间的发展关系越矛盾、越无序、越波折。为深入剖析城市休闲化子系统之间的耦合关系，运用公式(6-17)构造城市休闲化耦合度评价模型。

$$C = \left[\frac{U_1 \cdot U_2 \cdot U_3 \cdots U_m}{\left(\dfrac{U_1 + U_2 + U_3 + \cdots + U_m}{m} \right)^m} \right]^{\frac{1}{m}} \qquad (6-17)$$

其中，C 为城市休闲化耦合度，取值范围为 $[0,1]$。

（二）协调度评价模型

耦合度评价模型只能衡量子系统间相互作用的紧密程度，忽略了子系统本身的发展质量，即如果城市休闲化向错误的方向发展时，子系统间仍会存在高耦合度的现象，显然这不是对城市休闲化质量最完整的评价。

因而,在完成耦合度计算的基础上,引入城市休闲化协调度评价模型:

$$
\begin{cases}
D = \sqrt{C \times T} \\
T = \alpha U_1 + \beta U_2 + \cdots + \gamma U_m
\end{cases}
\tag{6-18}
$$

其中,D 为城市休闲化协调度,取值范围仍为$[0,1]$,T 为子系统之间的综合协调指数,α、β、γ …为待定系数,且满足 $\alpha + \beta + \cdots + \gamma = 1$,作者认为本研究中的 5 个城市休闲化子系统同等重要,故取均值。

二、长三角城市休闲化耦合协调发展分析

(一)耦合水平

为了更加直观地反映城市休闲化的耦合发展情况,作者借助学者孙平军等的研究成果,将耦合度分为 4 个阶段:$0.0 < C \leqslant 0.3$ 为低水平耦合阶段;$0.3 < C \leqslant 0.5$ 为拮抗阶段;$0.5 < C \leqslant 0.8$ 为磨合阶段;$0.8 < C \leqslant 1.0$ 为高水平耦合阶段。 2010—2019 年长三角 27 座中心区城市休闲化发展的耦合度及耦合阶段如表 6-8 所示。

表 6-8　2010—2019 年长三角 27 座中心区城市休闲化发展耦合水平

	2010		2011		2012		2013		2014	
	耦合度	耦合阶段	耦合度	耦合阶段	耦合度	耦合阶段	耦合度	耦合阶段	耦合度	耦合阶段
上海	0.960	高	0.961	高	0.960	高	0.954	高	0.947	高
南京	0.944	高	0.946	高	0.951	高	0.941	高	0.927	高
无锡	0.807	高	0.813	高	0.808	高	0.784	磨合	0.758	磨合
常州	0.729	磨合	0.787	磨合	0.749	磨合	0.729	磨合	0.701	磨合
苏州	0.894	高	0.895	高	0.886	高	0.880	高	0.899	高
南通	0.793	磨合	0.790	磨合	0.781	磨合	0.766	磨合	0.776	磨合
盐城	0.800	磨合	0.805	高	0.781	磨合	0.774	磨合	0.780	磨合

（续表）

	2010		2011		2012		2013		2014	
	耦合度	耦合阶段	耦合度	耦合阶段	耦合度	耦合阶段	耦合度	耦合阶段	耦合度	耦合阶段
扬州	0.701	磨合	0.722	磨合	0.707	磨合	0.728	磨合	0.685	磨合
镇江	0.702	磨合	0.729	磨合	0.715	磨合	0.700	磨合	0.611	磨合
泰州	0.693	磨合	0.703	磨合	0.683	磨合	0.639	磨合	0.715	磨合
杭州	0.927	高	0.908	高	0.906	高	0.889	高	0.911	高
宁波	0.889	高	0.880	高	0.837	高	0.835	高	0.869	高
温州	0.843	高	0.762	磨合	0.773	磨合	0.812	高	0.917	高
嘉兴	0.701	磨合	0.676	磨合	0.667	磨合	0.642	磨合	0.755	磨合
湖州	0.719	磨合	0.670	磨合	0.684	磨合	0.647	磨合	0.693	磨合
绍兴	0.775	磨合	0.728	磨合	0.716	磨合	0.705	磨合	0.810	高
金华	0.829	高	0.811	高	0.778	磨合	0.764	磨合	0.850	高
舟山	0.649	磨合	0.654	磨合	0.614	磨合	0.622	磨合	0.700	磨合
台州	0.795	磨合	0.775	磨合	0.736	磨合	0.766	磨合	0.883	高
合肥	0.914	高	0.912	高	0.925	高	0.921	高	0.971	高
芜湖	0.76	磨合	0.750	磨合	0.736	磨合	0.744	磨合	0.829	高
马鞍山	0.557	磨合	0.543	磨合	0.589	磨合	0.617	磨合	0.630	磨合
铜陵	0.583	磨合	0.558	磨合	0.607	磨合	0.565	磨合	0.659	磨合
安庆	0.707	磨合	0.737	磨合	0.738	磨合	0.746	磨合	0.823	高
滁州	0.704	磨合	0.710	磨合	0.737	磨合	0.716	磨合	0.812	高
池州	0.573	磨合	0.562	磨合	0.567	磨合	0.566	磨合	0.653	磨合
宣城	0.766	磨合	0.757	磨合	0.740	磨合	0.758	磨合	0.758	磨合
	2015		2016		2017		2018		2019	
	耦合度	耦合阶段	耦合度	耦合阶段	耦合度	耦合阶段	耦合度	耦合阶段	耦合度	耦合阶段
上海	0.950	高	0.912	高	0.915	高	0.928	高	0.945	高
南京	0.917	高	0.927	高	0.933	高	0.959	高	0.941	高
无锡	0.759	磨合	0.777	磨合	0.792	磨合	0.822	高	0.810	高

（续表）

	2015		2016		2017		2018		2019	
	耦合度	耦合阶段	耦合度	耦合阶段	耦合度	耦合阶段	耦合度	耦合阶段	耦合度	耦合阶段
常州	0.690	磨合	0.694	磨合	0.701	磨合	0.725	磨合	0.750	磨合
苏州	0.881	高	0.887	高	0.900	高	0.910	高	0.921	高
南通	0.728	磨合	0.737	磨合	0.754	磨合	0.762	磨合	0.758	磨合
盐城	0.755	磨合	0.781	磨合	0.815	高	0.790	磨合	0.788	磨合
扬州	0.685	磨合	0.706	磨合	0.730	磨合	0.770	磨合	0.757	磨合
镇江	0.621	磨合	0.637	磨合	0.647	磨合	0.658	磨合	0.687	磨合
泰州	0.678	磨合	0.687	磨合	0.713	磨合	0.713	磨合	0.699	磨合
杭州	0.882	高	0.902	高	0.887	高	0.921	高	0.906	高
宁波	0.832	高	0.828	高	0.821	高	0.839	高	0.860	高
温州	0.873	高	0.887	高	0.920	高	0.909	高	0.918	高
嘉兴	0.702	磨合	0.714	磨合	0.622	磨合	0.625	磨合	0.631	磨合
湖州	0.629	磨合	0.652	磨合	0.670	磨合	0.679	磨合	0.670	磨合
绍兴	0.718	磨合	0.747	磨合	0.686	磨合	0.689	磨合	0.659	磨合
金华	0.748	磨合	0.781	磨合	0.800	磨合	0.802	高	0.794	磨合
舟山	0.527	磨合	0.532	磨合	0.546	磨合	0.576	磨合	0.559	磨合
台州	0.713	磨合	0.721	磨合	0.728	磨合	0.704	磨合	0.702	磨合
合肥	0.907	高	0.910	高	0.935	高	0.927	高	0.940	高
芜湖	0.758	磨合	0.755	磨合	0.778	磨合	0.756	磨合	0.763	磨合
马鞍山	0.589	磨合	0.625	磨合	0.609	磨合	0.613	磨合	0.620	磨合
铜陵	0.494	拮抗	0.496	拮抗	0.535	磨合	0.576	磨合	0.546	磨合
安庆	0.803	高	0.731	磨合	0.686	磨合	0.725	磨合	0.751	磨合
滁州	0.739	磨合	0.774	磨合	0.834	高	0.754	磨合	0.699	磨合
池州	0.588	磨合	0.599	磨合	0.552	磨合	0.590	磨合	0.517	磨合
宣城	0.713	磨合	0.738	磨合	0.701	磨合	0.693	磨合	0.653	磨合

如表6-8所示,2010—2019年上海、南京、苏州、杭州、宁波和合肥的城市休闲化耦合发展始终处于高水平阶段,换而言之,这些城市休闲化内部的5个子系统已经形成比较良好的协同和互动。分析其原因,2010年以来,尤其是在上海成功举办世博会后,国内外游客的蜂拥而至给上海的商业经济和服务产业提供了喷发的机遇,而上述城市多与上海为邻或为省会城市,具有2~3小时舒适出游距离的优势,成为旅游者们次选的目的地,使得这些城市的旅游总收入在短时间内迅猛增长,居民的收入水平也相应提高,变得"有钱有闲",产生城市休闲需求。同时,这些城市察觉到了休闲旅游产业给城市经济带来的巨大红利,开始调整产业结构、增添休闲设施、优化休闲环境、加强休闲服务等,把握住经济产业与城市建设相互繁荣的窗口期。另外,温州在2013年从磨合阶段提升到了高耦合阶段,并且常年保持这种好状态,说明该城市的5个子系统间合作得越来越频繁。而无锡于2013年从高耦合阶段转变为磨合阶段,铜陵也于2014年从磨合发展阶段转变为拮抗阶段,说明这两座城市在休闲化发展中5个子系统之间存在一定的相反作用力。究其原因,2015年是"十二五"规划的收官之年,也是我国城市化发展的重要转型期,城市问题不断涌现。城市人口的激增让城市资源被抢占一空,这在一定程度上给城市休闲的供需结构施加了巨大压力,供不应求的情况下只会加大城市居民的生活成本,迫使他们放弃休闲权利。同时,人口的扩张对休闲空间数量和质量也带来了极大压力,环境污染和破坏绿地等问题日益凸显,固然打破了当地居民已养成的休闲方式,最终导致城市休闲化水平的骤然下降。最后,如江苏省内的南通、盐城、扬州,浙江省内的湖州、绍兴、金华,安徽省内的滁州、池州、宣城等城市10年内一直在磨合子系统间的连接关系,以期更好的发展。

（二）协调水平

为了更直接地判断城市休闲化发展的协调水平,作者借助学者吴玉鸣等有关协调度等级划分的研究成果,根据测算出的协调度大小,采用均匀分布法来划分协调度的区间与等级(见表6-9)。

表6-9 城市休闲化协调度等级划分

协调等级	协调度区间	协调程度	协调等级	协调度区间	协调程度
1	(0.0~0.1)	极度失调	6	[0.5~0.6)	勉强协调
2	[0.1~0.2)	严重失调	7	[0.6~0.7)	初级协调
3	[0.2~0.3)	中度失调	8	[0.7~0.8)	中级协调
4	[0.3~0.4)	轻度失调	9	[0.8~0.9)	良好协调
5	[0.4~0.5)	濒临失调	10	[0.9~1.0)	优质协调

表6-10 2010—2019年长三角27座中心区城市休闲化发展协调水平

	2010		2011		2012		2013		2014	
	协调度	协调阶段	协调度	协调阶段	协调度	协调阶段	协调度	协调阶段	协调度	协调阶段
上海	0.406	濒临失调	0.406	濒临失调	0.399	轻度失调	0.395	轻度失调	0.389	轻度失调
南京	0.299	中度失调	0.292	中度失调	0.291	中度失调	0.288	中度失调	0.289	中度失调
无锡	0.248	中度失调	0.245	中度失调	0.240	中度失调	0.239	中度失调	0.228	中度失调
常州	0.217	中度失调	0.232	中度失调	0.207	中度失调	0.206	中度失调	0.198	严重失调
苏州	0.293	中度失调	0.292	中度失调	0.288	中度失调	0.294	中度失调	0.291	中度失调
南通	0.200	中度失调	0.203	中度失调	0.197	严重失调	0.197	严重失调	0.200	严重失调
盐城	0.178	严重失调	0.176	严重失调	0.171	严重失调	0.170	严重失调	0.176	严重失调
扬州	0.192	严重失调	0.188	严重失调	0.184	严重失调	0.182	严重失调	0.173	严重失调

（续表）

	2010		2011		2012		2013		2014	
	协调度	协调阶段	协调度	协调阶段	协调度	协调阶段	协调度	协调阶段	协调度	协调阶段
镇江	0.195	严重失调	0.192	严重失调	0.187	严重失调	0.188	严重失调	0.178	严重失调
泰州	0.172	严重失调	0.172	严重失调	0.165	严重失调	0.168	严重失调	0.166	严重失调
杭州	0.294	中度失调	0.289	中度失调	0.286	中度失调	0.282	中度失调	0.299	中度失调
宁波	0.267	中度失调	0.259	中度失调	0.246	中度失调	0.242	中度失调	0.251	中度失调
温州	0.236	中度失调	0.229	中度失调	0.226	中度失调	0.226	中度失调	0.243	中度失调
嘉兴	0.204	中度失调	0.204	中度失调	0.198	严重失调	0.196	严重失调	0.201	中度失调
湖州	0.195	严重失调	0.195	严重失调	0.181	严重失调	0.177	严重失调	0.185	严重失调
绍兴	0.212	中度失调	0.215	中度失调	0.204	中度失调	0.195	严重失调	0.216	中度失调
金华	0.231	中度失调	0.236	中度失调	0.222	中度失调	0.212	中度失调	0.224	中度失调
舟山	0.193	严重失调	0.197	严重失调	0.187	严重失调	0.184	严重失调	0.197	严重失调
台州	0.233	中度失调	0.230	中度失调	0.213	中度失调	0.209	中度失调	0.219	中度失调
合肥	0.206	中度失调	0.204	中度失调	0.209	中度失调	0.203	中度失调	0.231	中度失调
芜湖	0.172	严重失调	0.170	严重失调	0.169	严重失调	0.170	严重失调	0.183	严重失调
马鞍山	0.148	严重失调	0.146	严重失调	0.149	严重失调	0.155	严重失调	0.165	严重失调
铜陵	0.134	严重失调	0.139	严重失调	0.145	严重失调	0.152	严重失调	0.159	严重失调

(续表)

	2010		2011		2012		2013		2014	
	协调度	协调阶段	协调度	协调阶段	协调度	协调阶段	协调度	协调阶段	协调度	协调阶段
安庆	0.153	严重失调	0.156	严重失调	0.152	严重失调	0.140	严重失调	0.168	严重失调
滁州	0.153	严重失调	0.152	严重失调	0.151	严重失调	0.153	严重失调	0.177	严重失调
池州	0.149	严重失调	0.141	严重失调	0.151	严重失调	0.145	严重失调	0.166	严重失调
宣城	0.169	严重失调	0.164	严重失调	0.166	严重失调	0.160	严重失调	0.199	严重失调

	2015		2016		2017		2018		2019	
	协调度	协调阶段	协调度	协调阶段	协调度	协调阶段	协调度	协调阶段	协调度	协调阶段
上海	0.387	轻度失调	0.374	轻度失调	0.373	轻度失调	0.383	轻度失调	0.385	轻度失调
南京	0.289	中度失调	0.290	中度失调	0.286	中度失调	0.303	轻度失调	0.298	中度失调
无锡	0.232	中度失调	0.232	中度失调	0.232	中度失调	0.241	中度失调	0.239	中度失调
常州	0.208	中度失调	0.205	中度失调	0.202	中度失调	0.209	中度失调	0.206	中度失调
苏州	0.290	中度失调	0.287	中度失调	0.288	中度失调	0.291	中度失调	0.296	中度失调
南通	0.194	严重失调	0.194	严重失调	0.198	严重失调	0.210	中度失调	0.210	中度失调
盐城	0.180	严重失调	0.180	严重失调	0.182	严重失调	0.191	严重失调	0.180	严重失调
扬州	0.179	严重失调	0.180	严重失调	0.189	严重失调	0.196	严重失调	0.197	严重失调
镇江	0.188	严重失调	0.184	严重失调	0.188	严重失调	0.193	严重失调	0.191	严重失调

（续表）

	2015		2016		2017		2018		2019	
	协调度	协调阶段	协调度	协调阶段	协调度	协调阶段	协调度	协调阶段	协调度	协调阶段
泰州	0.172	严重失调	0.173	严重失调	0.176	严重失调	0.188	严重失调	0.187	严重失调
杭州	0.290	中度失调	0.292	中度失调	0.285	中度失调	0.306	轻度失调	0.306	轻度失调
宁波	0.238	中度失调	0.243	中度失调	0.241	中度失调	0.255	中度失调	0.257	中度失调
温州	0.230	中度失调	0.230	中度失调	0.240	中度失调	0.249	中度失调	0.249	中度失调
嘉兴	0.223	中度失调	0.219	中度失调	0.204	中度失调	0.187	严重失调	0.189	严重失调
湖州	0.189	严重失调	0.186	严重失调	0.183	严重失调	0.192	严重失调	0.202	中度失调
绍兴	0.204	中度失调	0.206	中度失调	0.190	严重失调	0.200	中度失调	0.206	中度失调
金华	0.201	中度失调	0.207	中度失调	0.215	中度失调	0.223	中度失调	0.222	中度失调
舟山	0.177	严重失调	0.174	严重失调	0.170	严重失调	0.180	严重失调	0.183	严重失调
台州	0.205	中度失调	0.207	中度失调	0.211	中度失调	0.219	中度失调	0.215	中度失调
合肥	0.212	中度失调	0.207	中度失调	0.201	中度失调	0.214	中度失调	0.216	中度失调
芜湖	0.170	严重失调	0.161	严重失调	0.160	严重失调	0.164	严重失调	0.159	严重失调
马鞍山	0.163	严重失调	0.163	严重失调	0.149	严重失调	0.153	严重失调	0.144	严重失调
铜陵	0.140	严重失调	0.134	严重失调	0.136	严重失调	0.131	严重失调	0.130	严重失调
安庆	0.172	严重失调	0.159	严重失调	0.142	严重失调	0.161	严重失调	0.145	严重失调

(续表)

	2015		2016		2017		2018		2019	
	协调度	协调阶段	协调度	协调阶段	协调度	协调阶段	协调度	协调阶段	协调度	协调阶段
滁州	0.149	严重失调	0.147	严重失调	0.149	严重失调	0.149	严重失调	0.148	严重失调
池州	0.156	严重失调	0.159	严重失调	0.146	严重失调	0.145	严重失调	0.136	严重失调
宣城	0.170	严重失调	0.169	严重失调	0.158	严重失调	0.153	严重失调	0.150	严重失调

如表6-10所示,长三角27座中心区城市2010—2019年休闲化协调发展中,没有城市进入勉强协调及协调程度更高的阶段,简而言之,长三角城市休闲化尚未完全处于协调发展或协调发展水平相对低下状态。从整体上看,除了个别城市出现小幅度倒退之外,长三角城市休闲化的协调发展水平一直是停滞不前的。但需要指出的是,长三角27座城市之间休闲化协调发展的差距在慢慢减小,各城市间的年协调度差从2010年的0.272下降到了2019年的0.255,虽然变化微小,但也是长三角城市休闲化整体趋于协调发展的信号。其中,上海、南京和杭州属于第一梯队,处于轻度失调的发展阶段;无锡、常州、苏州、宁波、温州、嘉兴、绍兴、金华、台州和合肥属于第二梯队,处于中度失调的发展阶段;南通、盐城、扬州、镇江、泰州、湖州、舟山、芜湖、马鞍山、铜陵、安庆、滁州、池州和宣城属于第三梯队,处于严重失调的发展阶段。

上海城市休闲化协调度高于其余26座城市,是唯一一座迈入濒临失调阶段的城市,一是因为上海人均生产总值已于2008年超过10 000美元,随着地区生产总值和人均生产总值的进一步丰裕,居民的生活方式不断改变,居民的休闲旅游意识不断增强,休闲消费水平得以不断提升,逐渐缩小与经济基础和休闲水平的差距,从而使得上海城市休闲化进程进入到濒临协调的良性发展阶段。二是借助 2010 年世博会这一契机,中国馆、世博中心、东方艺术中心等一大批休闲文化场馆的拔地而起为市民的文化休闲活动创造了条件,进而拉动文化产业、休闲产业、旅游产业等相关产业,同时政府开始注重对城市环境的建设,休闲基础设施得以快速更新,公共绿地面积和人均绿地面积均大幅提高,从而使得休闲基础、休闲产业与休闲消费间的协调程度进一步提升,进而影响综合协调程度。其次,杭州和南京的城市休闲化协调度呈现螺旋式上升态势,主要因为随着沪宁城际高铁和杭州湾跨海大桥的通车,人力、财力、物力等资源得以在城市间畅通无阻地流转,直接辐射于这两座城市的经济发展,从而改变了居民的休闲理念,推动了城市休闲化的有序发展。最后,安徽省城市休闲化发展的协调水平不太理想,除了省会城市合肥外,全员处于严重失调阶段。这些城市应当想方设法去利用好城市当地的休闲旅游资源,创造新的经济增长点,以此来带动城市休闲化其他子系统的协同运作。

三、长三角城市休闲化耦合协调发展驱动因素识别

(一)灰色关联分析

考虑到城市休闲化内部 5 个子系统相互作用时的交错性、关联性和时序性,本研究利用灰色关联度分析驱动城市休闲化发展的关键因素,进一步揭示城市休闲化内部耦合协调机制。灰色关联分析是指一个系统发展变化态势的定量描述和比较,基本思想是通过确定参考数列和若干个比较数列的几何形状相似程度来判断其联系是否紧密,反映了曲线间的关联程度。具体计算步骤如下。

第一步,确定数列。

参考数列(母序列):$X_0(k) = (X_0(1), X_0(2), X_0(3) \cdots X_0(m))$

比较数列(子序列)：$X_i(k) = (X_i(1), X_i(2), X_i(3) \cdots X_i(m))$

其中，$k = 1, 2, 3 \cdots m$，$i = 1, 2, 3 \cdots n$。本研究将长三角城市休闲化综合得分设为参考数列，将40个城市休闲化三级指标设为比较数列，即 m 代表年份，n 代表指标数。

第二步，数据标准化。由于系统中各因素列中的数据可能因量纲不同，不便于比较或在比较时难以得出正确的结论，因此需要对搜集到的原始数据进行无量纲化处理。本研究采用均值法进行处理：

$$
\begin{cases}
X'_0(k) = \dfrac{X_0(k)}{\dfrac{1}{m}\sum_{k=1}^{m} X_0(k)} \\[3em]
X'_i(k) = \dfrac{X_i(k)}{\dfrac{1}{m}\sum_{k=1}^{m} X_i(k)}
\end{cases}
\tag{6-19}
$$

第三步，逐个计算每个比较序列与参考序列对应元素的绝对差值。

$$
\Delta_i(k) = \mid X'_0(k) - X'_i(k) \mid
\tag{6-20}
$$

第四步，计算灰色关联系数。

$$
\zeta_i(k)
$$

$$
= \frac{\min_i \min_k \mid X'_0(k) - X'_i(k) \mid + \rho \max_i \max_k \mid X'_0(k) - X'_i(k) \mid}{\mid X'_0(k) - X'_i(k) \mid + \rho \max_i \max_k \mid X'_0(k) - X'_i(k) \mid}
$$

$$
\tag{6-21}
$$

其中，ρ 为分辨系数，ρ 越小，关联系数间差异越大，区分能力越强。经研究，当 $\rho \leqslant 0.546\,3$ 时，分辨能力最好，因此本研究将 ρ 取 0.5。

第五步，计算灰色关联度。

$$
r_{(X_0, X_i)} = \frac{1}{m}\sum_{k=1}^{m} \zeta_i(k)
\tag{6-22}
$$

（二）长三角城市休闲化耦合协调发展驱动因素分析

经计算，长三角城市休闲化影响因素灰色关联度及排名如表 6-11、图 6-4 所示，显而易见国控主要城市区域环境噪声是最能影响城市休闲化发展质量的因素，而星级饭店数量的多少与城市休闲化发展水平的好坏的关联度最弱。为便于观察，本研究依据计算得出的灰色关联度结果，将城市休闲化 40 个指标分为三个层次：第一层次为高关联度指标，即灰色关联度介于(0.8,1.0]；第二层次为中关联度指标，即灰色关联度介于[0.7,0.8)；第三层次为低关联度指标，即灰色关联度<0.7。

表 6-11　长三角城市休闲化驱动因素灰色关联度及排名

一级指标	三 级 指 标	变量	灰色关联度	排名
经济与产业发展	地区生产总值	X1	0.693	28
	人均地区生产总值	X2	0.680	29
	城市化率	X3	0.910	7
	第三产业占地区生产总值比重	X4	0.815	14
	第三产业就业人数占全部就业人数比重	X5	0.887	10
	社会消费品零售总额	X6	0.616	34
	住宿和餐饮业零售总额	X7	0.613	35
	批发、零售、住宿和餐饮业从业人数	X8	0.700	27
	限额以上批发、零售、住宿和餐饮业企业个数	X9	0.732	22
休闲服务与接待	公共图书馆数量	X10	0.931	5
	文化馆数量(省、地级市＋县城)	X11	0.919	6
	国家重点文物保护单位数量	X12	0.621	33
	旅行社数量	X13	0.784	17
	星级饭店数量	X14	0.513	40
	国家 4A 级及以上景区数量	X15	0.650	32
	公园个数	X16	0.706	26

(续表)

一级 指标	三 级 指 标	变量	灰色 关联度	排名
休闲 服务与 接待	国内旅游人数	X17	0.607	36
	入境旅游人数	X18	0.806	16
休闲 生活与 消费	城镇居民家庭恩格尔系数	X19	0.814	15
	城镇居民人均可支配收入	X20	0.674	30
	城镇居民消费价格指数(以上一年为100)	X21	0.943	2
	城镇居民家庭人均消费性支出	X22	0.707	25
	城镇居民人均家庭设备用品及服务消费 支出	X23	0.712	24
	城镇居民人均医疗保健消费支出	X24	0.661	31
	城镇居民人均交通通信消费支出	X25	0.731	23
	城镇居民人均教育文化娱乐服务消费 支出	X26	0.751	20
	每百户城镇常住居民家庭年末彩色电视 机拥有量	X27	0.938	3
	每百户城镇常住居民家庭年末家用电脑 拥有量	X28	0.826	12
	旅游总收入	X29	0.577	37
	城市夜间灯光指数	X30	0.864	11
休闲 空间与 环境	城镇居民人均居住建筑面积	X31	0.825	13
	城市(建成区)绿化覆盖率	X32	0.934	4
	城市绿地面积	X33	0.779	18
	城市人均公园绿地面积	X34	0.893	9
	空气质量≥二级的天数	X35	0.779	19
	国控主要城市区域环境噪声	X36	0.958	1
交通 设施与 规模	公共汽车、电车客运量	X37	0.894	8
	轨道交通客运量(地铁、轻轨)	X38	0.572	38
	公路运输客运量	X39	0.530	39
	民用航空旅客发送量	X40	0.746	21

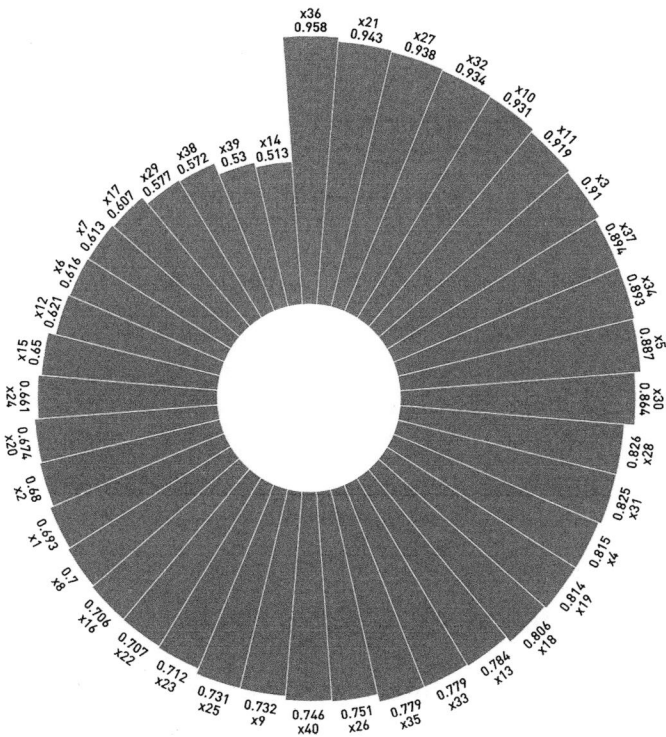

图 6-4 长三角城市休闲化驱动因素灰色关联度分布

1. 高关联度指标

40 个城市休闲化评价指标中高关联度指标共有 16 项,分别为国控主要城市区域环境噪声、城镇居民消费价格指数(以上一年为 100)、每百户城镇居民家庭年末彩色电视机拥有量、城市(建成区)绿化覆盖率、公共图书馆数量、文化馆数量(省、地级市＋县城)、城市化率、公共汽车/电车客运量、城市人均绿地面积、第三产业就业人数占全部就业人数比重、城市夜间灯光指数、每百户城镇常住居民家庭年末家用电脑拥有量、城镇居民人均居住建筑面积、第三产业占地区生产总值比重、城镇居民家庭恩格尔系数、入境旅游人数。其中,经济与产业发展系统内相关指标占据高关联度指标的 19%,休闲服务与接待系统内相关指标占据高关联度指标的

19%,休闲生活与消费系统内相关指标占据高关联度指标的 31%,休闲空间与环境系统内相关指标占据高关联度指标的 57%,交通设施与规模系统内相关指标占据高关联度指标的 31%。

由此可见,"休闲生活与消费""休闲空间与环境"与长三角城市休闲化发展的关联度最高。随着 2010 年上海世博会的召开,长三角城市居民的消费行为也发生了巨大变化,逐渐从基础物质消费转变为享受型和发展型的精神消费,呈现休闲消费化特征。以直辖市和省会城市中城市休闲化综合得分首位的上海和末位的合肥为例,上海 2019 年城镇居民人均消费性支出达 25 339 元,比上年同比增长 8.8%。从分类来看,城市居民人均家庭设备用品及服务消费支出、城市居民人均医疗保健消费支出、城市居民人均交通通信消费支出、城市居民人均教育文化娱乐服务消费支出总计 16 026 元,比上年同比增长 14.4%;合肥 2019 年城镇居民人均消费性支出达 46 015 元,比上年同比增长 8.7%。从分类来看,城市居民人均家庭设备用品及服务消费支出、城市居民人均医疗保健消费支出、城市居民人均交通通信消费支出、城市居民人均教育文化娱乐服务消费支出总计 9 564 元,比上年同比增长 10.2%。两座城市的休闲消费增速均超过了消费总额增速。

长三角区域三省一市相互毗邻,生态环境问题休戚相关。当前,长三角区域在大气污染联防联控、水污染综合防治、跨界污染应急处置、危废环境管理等方面做了大量积极探索,摸索建立了一套良好的生态环境保护协商机制,为区域环境共治共建共享打下了坚实基础。2017 年,上海黄浦江两岸 45 公里岸线正式贯通,该项改造工程拓展了城市滨江绿地面积,切实为上海市民更新休闲游憩公共空间,也为长三角区域打造了"城市会客厅"的样板间。2018 年,长三角区域生态环境协同保护又进入了新阶段,包括制定方案深化了重污染天气区域应急联动,联合制定实施了首个区域秋冬季大气污染综合治理攻坚行动方案,印发实施了太浦河水质预警联动方案等。2019 年,三省一市联合签署《加强长三角临界地区省级以下生态环境协作机制建设工作备忘录》;上海市青浦区、江苏省苏州市吴江区、浙江省嘉兴市嘉善县联合签署《关于一体化生态环境综合治理工作合作框架协议》;上海市、江苏省、浙江省联合签署《太湖流域水生态环境综合治理信息共享备忘录》。多项政策和举措聚焦于整个长三角的城市生态发展,三省一市在环境领域不断寻求合作,深耕项目培育,致力于为长三角居民提供"绿色"的休闲空间。

2. 中关联度指标

40 个城市休闲化评价指标中中关联度指标共有 11 项,分别为旅行社数量、城市绿地面积、空气质量大于二级的天数、城镇居民人均教育文化娱乐服务消费支出、民用航空旅客发送量、限额以上批发/零售/住宿和餐饮业企业个数、城镇居民人均交通通信消费支出、城镇居民人均家庭设备用品及服务消费支出、城镇居民家庭人均消费性支出、公园个数、批发/零售/住宿和餐饮业从业人数。其中,经济与产业发展系统内相关指标占据中关联度指标的 18%,休闲服务与接待系统内相关指标占据中关联度指标的 18%,休闲生活与消费系统内相关指标占据中关联度指标的 36%,休闲空间与环境系统内相关指标占据中关联度指标的 18%,交通设施与规模系统内相关指标占据中关联度指标的 10%。

显而易见,除休闲生活与消费、休闲空间与环境外,经济与产业发展、休闲服务与接待与长三角城市休闲化发展的关联度也较高。经济与产业发展的优势项主要体现在批发/零售/住宿和餐饮业,批发零售业和住宿餐饮业在一定程度上为休闲产业的发展提供了必要的基础性支持,进而形成深度融合发展机制,激发休闲产业发展的内生动力。住宿餐饮业与休闲产业的互动主要体现在两方面:一是住宿餐饮业为休闲旅游各类活动的开展提供住宿及餐饮等基础性服务;二是各类休闲旅游活动,尤其是大型节庆赛事为住宿餐饮业提供了大量客源,扩大了区域消费需求。批发和零售业与休闲产业的互动集中在休闲制造业和旅游装备业领域。电子商务零售业的蓬勃发展在一定程度上刺激了休闲用品的制造与消费,且随着近年来国家政策的支持和健康休闲的倡导,休闲消费逐步偏向高尔夫、舞蹈、乐器等这类运动产品,休闲制造业占休闲产业总产出的比例稳步增加,休闲产业对批发和零售业的需求也不断扩大。

休闲服务与接待系统主要从文化业和旅游业去评估:第一,文化业和休闲业都是满足人民美好生活需要的"幸福产业",其内在属性决定了二者互相融合、互相促进发展的可能性和必然性。其中,长三角27座中心区城市在公共图书馆、文化馆数量上出现持续增长,可见文化业逐渐成为长三角经济发展的支柱产业,同时文化设施的改善也为休闲化的发展注入强大动力,是休闲服务与发展的重要组成部分;第二,旅游业与休闲业的互动是全方位的,首先旅游业的发展离不开餐饮、酒店、交通等硬件设施的完善,而基础设施也恰恰成为城市休闲化发展的重要条件。其次,旅游业为城市休闲化进程提供了客源保障。上海市旅游产业较为发达,每年吸引数以万计的国内外游客来沪开展休闲旅游活动,当然,如上海国际电影节、《不眠之夜》浸入式戏剧、五五购物节等极具影响力的休闲活动品牌也吸引了大量外地游客,促进了上海旅游业的蓬勃发展。

因此,经济与产业发展、休闲生活和消费与城市休闲化发展具有较高的相关性,而随着文旅设施和居民消费水平的稳步提升,休闲服务和活动如何进一步优化升级,更好地适应居民消费需要将成为休闲产业发展的重要着力点。

3. 低关联度指标

40个城市休闲化评价指标中低关联度指标共有13项,分别为地区生产总值、人均地区生产总值、城镇居民人均可支配收入、城镇居民人均医疗保健消费支出、国家4A级及以上景区数量、国家重点文物保护单位数量、社会消费品零售总额、住宿和餐饮业零售总额、国内旅游人数、旅游总收入、轨道交通客运量（地铁、轻轨）、公路运输客运量、星级饭店数量。其中，经济与产业发展系统内相关指标占据低关联度指标的31%，休闲服务与接待系统内相关指标占据低关联度指标的31%，休闲生活与消费系统内相关指标占据低关联度指标的23%，休闲空间与环境系统内相关指标数量为0，交通设施与规模系统内相关指标占据低关联度指标的15%。

可以看出，交通设施与规模对长三角城市休闲化发展的促进作用相对较弱。四通八达的交通网络和适度合理的运输承载力是连接休闲服务对象与休闲活动的桥梁，是发生休闲行为的必要保障。同时，休闲的可持续发展对城市交通线路与城市交通设施的多元化繁殖也具有原动力。但目前长三角城市交通规模和城市休闲化发展水平间尚未同步，主要原因是城市间的差距过大。截至2019年，上海共有16条地铁运营线路，相较之下合肥只开通运营了2条轨道交通线路，而常州、苏州、南通、盐城、扬州、镇江、泰州、温州、嘉兴、湖州、绍兴、金华、舟山、台州、芜湖、马鞍山、铜陵、安庆、滁州、池州、宣城这些城市还在等待城市轨道交通的规划给他们生活带来的便利，因此长三角区域仍有大量载客需求亟待满足，也有巨大休闲潜力需要被挖掘。

第五节　对策建议

一、坚持"以人为本"原则

休闲主体是产生休闲需求的本体，也是城市休闲最终的服务对象。

因此,在推进城市休闲化发展的过程中,必须坚持"以人为本"的原则,将提高休闲主体的生活质量、提升休闲主体的生活满意度作为根本目标。

一是完善城市休闲公共服务体系。首先,就城市休闲公共服务的供给内容来说,长三角区域最不平衡的就是公共交通服务体系,建议根据住宅区、商业区、娱乐区等功能空间合理添置交通线路和交通设施占地,最大程度地发挥交通运输工具在城市休闲建设中的作用,也为休闲主体的出行提供便利;其次,从城市休闲公共服务的供给主体来看,主要分为政府供给、市场供给和(非营利)组织供给,而单一的供给方式难免会出现服务空隙的问题,如政府供给可能会脱离休闲主体真正的需求,造成供不对求的弊端,市场供给容易把握需求风向,但难于独自管理,而(非营利)组织供给的资金来源不稳定,会导致服务脱节的问题等。建议多个供给主体联动合作,形成扬长避短的协同模式,必要时成立城市休闲公共服务管理部门;再次,要建立城市休闲公共服务供给反馈机制,建议设置意见箱、投诉专线等来专门听取休闲主体的需求和建议,真正做到休闲为人们服务,让市民和游客有渠道能倾诉、有地方能交流。

二是打造人性化的休闲服务。每个人都有享受休闲的权利,但对于一些弱势群体来说,休闲是遥不可及的奢侈品。首先,建议设立休闲公共服务中心,或在旅游公共服务中心内增加休闲点位,为休闲主体提供详细的休闲资讯(如交通线路图、文化展览手册等)和舒适的休息驿站(如饮用水、纸巾等);其次,为残障人士开放休闲通道,以上海为例,近期在黄浦江45公里沿岸,竖立起多个盲文介绍牌和指示牌,让视障群体也能有机会出门休闲,领略黄浦江贯通后的美景。

二、提升休闲产业地位

休闲产业是新兴生产力,它在社会经济中的占比直接体现了休闲在城市中的地位,在后疫情时代的机遇下,城市一定要厘清休闲产业特征,制定产业发展战略,打响城市转型升级的攻坚战。

一是让休闲产业贴近生活。休闲不同于旅游的根本区别就在于其有"生活味",它可以发生在生活中的任何时刻、任何地点,喝咖啡是休闲,看电视也是休闲。因此,建议就从生活入手,创新休闲产业发展,比如电竞游戏、动漫手办、汉服头饰等大受 Z 一代的追捧,城市就可以通过举办电竞比赛、动漫展览、汉服交流会等吸引居民和游客,让他们在生活中感受休闲、自主消费,催生创意休闲产业链。

二是让休闲产业传播文化。休闲产业不仅有经济价值,还有巨大的文化价值,一座城市的文化是经过几千年的历史沉淀汇聚而成的,深深烙刻在市民的行为习惯中,他们再通过生活方式展现出来,并转化为当地的特色产业。当外来游客或新迁入的居民去尝试这种体验时,已经在潜移默化中领略了这座城市的精神力量。建议深入挖掘与城市文化紧密相关的休闲产业,通过市场营销、品牌战略等策略,提升城市休闲产业知名度,打造城市新 IP。

三、完善休闲政策制度

政策制度是城市休闲化发展中的顶层设计,它关乎城市休闲的发展方向以及休闲生活的质量保障,主要包含以下两方面:

一是休闲时间保障。《劳动法》规定要落实"带薪休假"制度,确保国家法定假日、传统节假日以及每天 8 小时与每周 40 或 44 小时工作制。建议在此基础上,可以制定休闲相关的法律法规,尝试推行每周 2.5～3 天弹性休假制度,为休闲主体提供更多可自由支配的闲暇时间,同时也达到拉动休闲消费的效果。

二是休闲空间保障。一定面积的休闲空间能在较短时间内集聚多种城市休闲资源,彰显城市气质,如武康路体现了上海的小资情调,衡山路弥漫着上海的历史气息,只有独特的休闲氛围才能增强城市居民的归属感。建议依托城市优势资源,丰富休闲用地形式,将休闲生活融入历史文化风貌区、名人故居、遗址遗迹等空间场所,打造能够满足不同群体需求的城市休闲功能区。

四、普及休闲宣传教育

休闲活动种类繁多,但并不是所有的休闲活动都是积极的,所以我们急需休闲宣传和教育来规范休闲行为。

一是休闲观念的传递。帮助休闲主体树立积极正确的休闲观念,纠正消极错误的休闲行为,引导人们不仅要把休闲看作放松身心的方式,更要当作是提高自我境界的途径。建议将休闲教育纳入义务教育体系中,通过形象生动的课程,系统地传播休闲的概念、方式、观念等,为学生未来的休闲习惯和思维发展打下基础。另外,还可以利用当下大众媒体的热度加强对休闲观念的校正,如通过拍摄网络短视频、设立虚拟休闲社区、开发休闲社交软件等方式,为休闲主体提供能学习、能交流的平台。

二是休闲技能的教授。人们开展休闲活动很大一部分原因是为了从活动过程中获得实现自我价值的畅爽体验,而这种体验的满足度往往与休闲主体所掌握的技能水平息息相关。建议在日常生活中开设惠民的休闲技能教授课程,让居民和游客在尝试中快速识别自己的兴趣爱好,进而自觉深入学习,产生休闲消费。以上海为例,目前多个社区学校已经开设价格实惠的夜校艺术课程供白领一族选择,其火爆程度让课程在5分钟内就被抢购一空,可见当下市场上确实存在面向群众来教授休闲技能的缺口。

参考文献

[1] 张祖群.从旅游时代迈向休闲时代:《国民旅游休闲纲要》解读[J].旅游世界:旅游发展研究,2013(5):21-27.

[2] 唐睿.一体化政策背景下长三角旅游业竞争力评估与协同发展研究[D].上海:华东师范大学,2019.

[3] 楼嘉军,李丽梅,许鹏.上海城市休闲化协调发展研究[J].华东师范大学学报(哲学社会科学版),2015,47(03):95-101+170.

[4] 郑胜华,刘嘉龙.城市休闲发展评估指标体系研究[J].自然辩证法研究,2006(03):96-101.

[5] 魏小安,李莹.城市休闲与休闲城市[J].旅游学刊,2007(10):71-76.

[6] 张普成.基于系统动力学的城市休闲分析[D].湘潭:湘潭大学,2008.

[7] 华钢,楼嘉军.城市休闲系统研究[J].旅游论坛,2009,2(03):419-423.

[8] 肖亮.城市休闲系统研究[D].天津:天津大学,2010.

[9] 吕宁,黄晓波.城市休闲的功能性研究——以北京建设世界旅游目的地为例[J].城市发展研究,2014,21(03):99-105.

[10] 王学峰.休闲都市的特征及构建途径研究[D].济南:山东师范大学,2003.

[11] 闪媛媛.休闲城市指标体系研究[D].杭州:浙江大学,2006.

[12] 董长云.城市居民休闲生活质量指标体系研究[D].杭州:浙江大学,2006.

[13] 李跃军.城市休闲适宜性评价研究——以浙江省临海市为例[J].台州学院学报,2007(02):22-26.

[14] 王琳.城市休闲发展水平评价研究[D].湘潭:湘潭大学,2007.

[15] 张宝成.我国城市休闲及其休闲产业的发展研究[D].西安:西北大学,2008.

[16] 陈玉英.城市休闲功能扩展与提升研究[D].郑州:河南大学,2009.

[17] 曹新向,苗长虹,陈玉英,王伟红.休闲城市评价指标体系及其实证研究[J].地理研究,2010,29(09):1695-1705.

[18] 陈敏.基于休闲学的休闲城市评价标准研究[J].社会科学家,2010(03):89-92.

[19] 项文惠,陈佳辉,任飞.基于自由列举法的休闲城市评价指标研究[J].经济问题探索,2011(05):62-65.

[20] 吕宁.基于城市休闲指数的休闲城市评价指标体系研究[J].首都经济贸易大学学报,2011,13(06):77-85.

[21] 楼嘉军,李丽梅,杨勇.我国城市休闲化质量测度的实证研究[J].旅游科学,2012,26(5):45-53.

[22] 梁峰,周永博,吴耀宇.城市休闲发展水平指标体系研究[J].无锡商业职业技术学院学报,2013,13(02):12-16.

[23] 生延超,吴昕阳.城市休闲化水平区域差异动态研究[J].湖南工业大学学报(社会科学版),2018,23(03):18-26.

[24] 岳晓鹏,韩喜娟.基于主成分分析的河南省休闲城市评价[J].高师理科学刊,2020,40(03):31-36.

[25] 王琪延.休闲城市评价指标体系[R].中国人民大学中国休闲经济研究中心,2010:1-2.

[26] 魏小安.中国城市休闲指数与休闲城市评估体系[R].世界休闲博览会组委会,2010.

[27] Kang Lei, Yang Zhaoping, Han Fang. The Impact of Urban Recreation Environment on Residents' Happiness — Based on a Case Study in China[J]. Sustainability, 2021, 13(10):5549.

[28] 韩胜娟.SPSS聚类分析中数据无量纲化方法比较[J].科技广场,2008(03):229-231.

[29] 杨勇.中国省际旅游业竞争力分析——ARU结构与影响因素[J].山西财经大学学报,2007(10):58-65.

[30] 王昆,宋海洲.三种客观权重赋权法的比较分析[J].技术经济与管理研究,2003(06):48-49.

[31] Diakoulaki D, Mavrotas G, Papayannakis L. Determining objective weights in

multiple criteria problems：The critic method［J］. Computers and Operations Research，1995，22(7)：763－770.

［32］孙平军,丁四保,修春亮,魏冶.东北地区"人口—经济—空间"城市化协调性研究［J］.地理科学,2012,32(04)：450－457.

［33］吴玉鸣,柏玲.广西城市化与环境系统的耦合协调测度与互动分析［J］.地理科学,2011,31(12)：1474－1479.

［34］张西林,陈梓俊.城市休闲公共服务供给多主体协同模式研究——以深圳市为例［J］.时代经贸,2018(11)：52－54.

［35］刘少和,窦梦云.新型城市化背景下城市休闲文化发展研究［J］.城市观察,2014(01)：14－23

［36］肖光明.肇庆市建设休闲旅游城市的若干思考［J］.肇庆学院学报,2015,36(01)：5－10.

第七章 上海市城郊公园户外露营发展现状与居民偏好研究①

第一节 上海市城郊公园户外露营发展背景

随着经济社会发展和社会文明程度的不断提高,我国城市化发展进入新阶段,以上海为典型代表的超大城市已由外延式扩张转变为内涵式提升,城市管理愈发注重人与自然和谐共生以及居民生活质量的提升[1]。同时,高压、忙碌和喧嚣的都市生活使居民不再满足于钢筋水泥之间的人工绿地,而是更渴望到自然生态环境良好的场所开展游憩活动,城市居民的游憩需求正在不断向外围拓展。因此,城郊公园成为居民短期节假日休闲、游憩的高频出游地[1]。目前学术界对城郊公园的界定尚不清晰,本研究根据《国家林业局关于加快推进城郊森林公园发展的指导意见》和《上海市生态空间专项规划(2021—2035)》相关内容,认为上海城郊公园指位于主城区以外或城镇开发边界外,以其良好的生态环境、便捷的地理位置、优美的森林景观、完善的游憩设施,成为人们休闲游乐、体验自然的

---

① 吴文智,乔萌,崔春雨(华东师范大学 经济与管理学部)

区域级公园,主要体现为森林公园、湿地公园、郊野公园等形式。城郊公园建设在为居民提供可亲近自然的休闲旅游场所和保护城市生态资源等方面发挥了重要作用,成为响应上海市建设"幸福人文之城""韧性生态之城"的重点内容。

早在 19 世纪 60 年代,依托于城郊公园的户外露营活动诞生于美国。经过一个多世纪的发展,户外露营成为从未衰败过的旅游项目之一,并被认为是亲近自然的最好方式[2]。美国的露营地多位于人口众多的州,如佛罗里达州、得克萨斯州、加利福尼亚州等,全美约 1/4 的劳动力、1/3 的时间、2/3 的收入、1/3 的土地面积都用于此领域[3]。从联邦政府所掌管的国家公园、州立公园、市政公园到私人掌管的土地都为户外休憩活动的开展提供了支撑,并且这些土地不仅可用于露营活动,也可开展徒步、垂钓等与露营直接相关的活动[4]。近年,中国自驾休闲旅游和家庭自助旅游等方式的兴起使户外露营逐渐进入国人视野,暂时离开都市或人口密集地,利用帐篷、睡袋等在郊外过夜,享受大自然的野趣和优美自然环境,已逐渐成为符合休闲时代消费者需求的一种游憩方式和时尚趋势[2-3]。尤其是,上海作为常住人口超 2 000 万的大都市,为城郊公园露营地提供了巨大的客源市场。且在疫情尚未完全解除警报的当下,城郊公园户外露营不仅可以摆脱传统酒店的束缚,使人们在尽享自然过程中释放压力、修复身心,更是一份安全的选择。中国旅游协会营销分会副会长葛磊指出:"城市近郊户外露营必然会成为疫情后旅游产品发展的一个风口"①。

---

① 澎湃新闻网,夏天露营去.https://baijiahao.baidu.com/s? id=1673349582578339832,2020-07-27.

第二节 上海市城郊公园户外露营地供给分析

一、上海市城郊公园户外露营地供给现状

目前,上海已形成包含国家公园、郊野公园、城市公园、地区公园、社区公园、微型(口袋)公园为主体的多层次城乡公园体系。据不完全统计,上海市城郊公园约 128 个,其中浦东新区数量最多,其次为闵行区、宝山区、嘉定区、松江区和青浦区,奉贤区数量最少(见表 7 - 1)。

表 7 - 1 上海市主要城郊公园和绿地分布现状

区　域	数　量	区　域	数　量
闵行区	21	金山区	9
宝山区	20	青浦区	13
嘉定区	16	奉贤区	4
松江区	15	崇明区	6
浦东新区	24	总计	128

通过搜集 OTA 旅游网站和上海市政府新闻网站、公众号等相关资料,发现城郊公园中可开展户外露营活动的公园约 25 个,占上海城郊公园总数的 19.5%。其中,城郊公园数量较多的闵行区、宝山区、嘉定区分别仅有 1个公园拥有露营地;松江区可开展露营活动的城郊公园较多,占该区城郊公园总数的 40%;崇明区的郊野公园、湿地公园、森林公园等几乎都建有户外露营地;浦东新区具有户外露营地的城郊公园多分布在环滴水湖和滨海地区;青浦区可开展露营活动的城郊公园虽数量较少,但总面积较大;金山区廊下郊野公园中的星空度假营是上海市较为成熟的户外露营地之一;奉贤

区和杨浦区具有露营地的城郊公园主要为生态森林型，各城郊公园户外露营产品主要是帐篷露营和房车露营两种形式（见表7－2）。

表7－2　上海市主要城郊公园露营地情况

区域	名　　称	面积（km²）	功能定位	公园主要产品及活动	露营产品
闵行区	浦江郊野公园	15.29	近郊都市森林型	滨江漫步、果园采摘、水岸露营、艺术	帐篷露营
宝山区	顾村公园	0.29	近郊休闲型	樱花、垂钓、养生农庄、艺术展览馆	帐篷露营
松江区	广富林郊野公园	4.25	郊野游憩型	房车露营、采摘垂钓、观光漫步、马术俱乐部、遗址文化体验	帐篷营地、房车营地
	松南郊野公园	24.6	滨江生态森林型	文化展览、采摘垂钓、观光漫步、农渔采摘乡村体验	帐篷露营
	佘山国家森林公园（佘山星空露营地）	4.01	森林景观型	生态游、古树名木认养、宗教文化	帐篷露营
	方塔园	0.12	历史建筑园林型	江南古建筑、园林	帐篷露营
	上海辰山植物园	2.07	植物景观型	研学教育、矿坑遗址	帐篷露营
	思贤公园	0.1	近郊都市生态型	生态景观游览	帐篷露营
青浦区	青西郊野公园	22.4	远郊湿地型	渔村体验、采摘垂钓、农耕科普、观鸟摄影	帐篷露营
	东方绿舟	3.73	活动营地型	国防教育、生存挑战、水上运动、素质拓展、修学研学	帐篷露营
	淀山湖	62	湖泊风光型	水上运动、游艇俱乐部、高尔夫球场、青少年野营、射击场	帐篷露营、房车露营

（续表）

区域	名　　称	面积（km²）	功能定位	公园主要产品及活动	露营产品
金山区	廊下郊野公园	21.4	假日农场型	农业生产参观、婚庆观光体验、田园骑行体验	草地露营、高空帐篷露营(树屋露营)
	金水湖湿地公园	0.2	远郊湿地型	湿地景观观赏	帐篷露营
嘉定区	嘉北郊野公园	14	近郊休闲型	游船、游览车、户外运动、科技成长营、稻草文化节	帐篷露营
奉贤区	海湾国家森林公园	10.66	人工城市生态森林	游乐活动区、水上活动、文化观赏	房车露营、帐篷房
杨浦区	共青森林公园	1.31	森林景观型	观光、骑马、烧烤、垂钓、森林小火车、激流勇进	帐篷露营
崇明区	长兴岛郊野公园	29.69	远郊生态涵养型	农事体验、真人CS、精品住宿、水上活动	草坪帐篷露营、精致露营
	东平国家森林公园	3.6	森林景观型	动物林、滑索、彩弹射击	房车露营、帐篷露营
	东滩湿地公园	8.6	湿地观鸟型	科普、游船、观鸟、摄影、垂钓	帐篷露营
	崇明西沙国家湿地公园	3	远郊湿地型	生态科普教育、湿地生态功能展示和休闲观光	房车露营
	明珠湖公园	7.93	远郊休闲型	生态和休闲观光、水陆体育竞技活动	房车露营
浦东新区	南汇嘴观海公园	0.02	滨海生态型	观光、摄影	帐篷露营
	滴水湖公园	5.56	水利风景型	商务休闲、游艇俱乐部、水上运动、休闲垂钓	帐篷露营

（续表）

区域	名　称	面积 （km²）	功能定位	公园主要产品 及活动	露营产品
浦东 新区	上海滨江森林公园	1.2	湿地生态森林型	湿地景观、休闲娱乐、科普教育和园林空间	房车露营、帐篷露营
	春花秋色城市公园	0.09	城市观光型	生态观光	房车露营、帐篷露营

二、上海市城郊公园户外露营供给特征分析

第一，依托成熟景区，选址注重自然环境、交通等因素。上海户外露营地主要集中在自然环境良好的郊野公园、森林公园、湿地公园以及辽阔宽广的滨湖、滨海地区，有名胜古迹等观光资源的公园也在户外露营地选址的考虑范围内。通常，这些城郊公园拥有较为成熟的景区服务设施和产品体系，一方面原有基础设施减少了户外露营地的建设成本；另一方面露营地为原有公园注入了新鲜血液。此外，上海户外露营地的选址一般与中心城区具有一定距离，且分布在主要交通沿线附近。

第二，产品供给多元化。上海城郊公园露营地以帐篷露营为主流，露营地也为露营者提供了多类别、多样化的帐篷产品，如长兴岛郊野公园以欧式精致帐篷露营为主题、廊下郊野公园为露营者提供了高空帐篷等。同时，露营者还可以体验房车露营、树屋木屋、特色住宿等产品，它们多为过夜式露营产品。然而，仍有部分城郊公园受开放时间限制，无法提供过夜产品。除住宿产品外，上海城郊公园户外露营地借助周边环境开发了丰富多彩的娱乐项目、运动休闲项目等，如多数露营地划分了烧烤区、休闲活动区、素质拓展区等，为露营者提供烧烤设施、露天影院、室外 KTV、真人 CS、手工 DIY、水陆游玩设施、亲子教育活动等产品

服务。此外,露营地还为露营者提供了卫生间、淋浴间、天气交通信息系统等配套设施。

第三,户外露营地运营主体多样化。上海城郊公园户外露营地的运营主体包含政府经营的公共营地、政府与私人合资或合作经营的合营营地以及个人或企业投资的私营营地等。其中,由个人或企业投资管理的私营营地较多,如廊下郊野公园星空度假营的运营主体为上海谷牛企业管理有限公司,长兴岛郊野公园露营地由早安野宿投资运营,海湾国家森林公园房车露营地由上海竟逸房车俱乐部运营,淀山湖畔美帆营地由私人俱乐部运营。这些私营营地的产品供给较为多元、新颖。东方绿洲青少年户外营地(市教委直属事业单位)、共青森林公园露营地、南汇嘴观海公园等是由政府提供的公共营地,这些露营地的占地面积较小且只有初级露营产品供给。

第四,户外露营盈利方式综合化。以政府经营为主导的露营地不以获取经济收益为目标,因此收费较低,仅包含基础门票费、停车费、物品租赁费等。以个人或企业投资的私营营地盈利方式主要包括出租营地营位、出租空闲场地、出租车辆、休闲游乐项目等。当前,上海市私营营地已摆脱单纯的帐篷出租、房车出租等传统模式,向着注重户外配套项目的产业链发展模式转变,更有一些营地为露营者提供一价全包的体验模式,提供包括餐饮、住宿、休闲娱乐设施在内的套餐式产品,不仅极大地增加了露营者的消费能力,也使露营地盈利结构更加稳定。通常投资规模较大的私营露营地多提供中高端产品,所需费用较高,如星空帐篷营地的均价格为541元,房车营地平均价格为811元,树屋和木屋等高端产品平均价格达到1 507元。同时,运营商为了扩大经济收益会寻求其他盈利渠道,如收费型娱乐项目如房车KTV、真人CS等。

第三节　上海市居民城郊休闲中
对户外露营的需求

一、上海市居民对户外露营的需求持续增加

2021 年 5 月 18 日发布的上海市第七次人口普查数据显示,全市常住人口达到 2 487.09 万人,15～59 岁人口占 66.8%,共有家庭户 964.46 万户,家庭户人口为 2 234.76 万人[①],如此巨大的人口数字蕴含着居民对城郊休闲的巨大需求,并进一步衍生出家庭亲子出游时更高阶的素质拓展、科普认知等需求。户外露营能够为参与者提供享受自然风光、进行休闲休憩、接受户外教育、延长户外时间等功能,对青少年而言更是全面教育和素质教育中不可缺少的部分。

户外露营活动在我国尚未大范围流行,但近年来关注量不断增长,可通过上海市互联网用户搜索"露营"关键词的百度指数体现(见图 7 - 1)。百度指数计算各个关键词在百度网页搜索中搜索频次的加权,显示互联网用户对关键词搜索关注程度及持续变化情况,2011 年 1 月 1 日至 2021 年 7 月 1 日的十一年间,上海市互联网用户对"露营"这一关键词的搜索呈现出上升趋势,但总体增长趋势较为平稳,与马蜂窝旅游大数据得到的 2020 年 6 月以来露营相关关键词搜索热度环比上 122% 可相印证。受 2020 年新冠肺炎疫情的影响,居民亲近自然和户外活动的需求增加,"露营"关键词百度指数在 2021 年五一小长假前后达到最大值。2021 年小红

---

① 上海市人民政府办公厅,2021 - 5 - 18. 市政府新闻发布会介绍上海市第七次全国人口普查主要数据情况［EB/OL］. https://www. shanghai. gov. cn/nw12344/20210518/001a0cef127c499eb381fa8dc3208e95.html.

书发布的"五一假期旅游出行报告"中也显示"露营"笔记搜索量相较去年同比上涨230%,露营装备、城郊公园露营地推荐、露营拍照等都成为五一前后的热搜词①。可见,户外露营活动正在成为后疫情时代上海市居民走进自然、放松身心的重要生活方式。

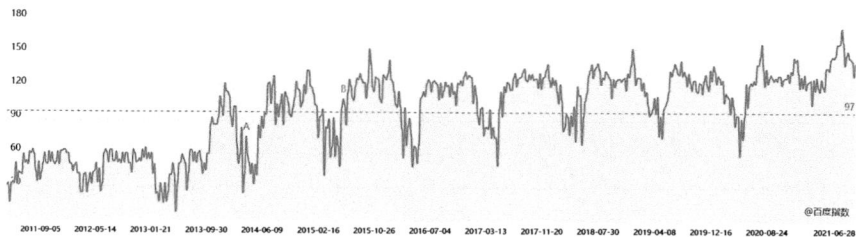

图7-1 "露营"关键词搜索百度指数趋势图

二、上海市居民户外露营活动偏好

大数据研究显示上海城郊公园休闲空间主要使用者是已婚人士、年轻人和男性,已婚人士占比在60%以上,25~34岁游客所占比重最大,35~44岁游客次之,男性游客占比超过60%,以亲子出游为主要形式。这一类人群构成了上海"城郊休闲客"新群体,其中已婚青年夫妻占较大比重,家庭和亲子出游是主要方式。"城郊休闲客"作为社会的新生代、新主流人群,产生了新需求和新偏好,更加向往自然、健康的生活方式,偏好面积大、自然环境优良的原生态类型城郊休闲空间[5],在城郊休闲活动的过程中往往会伴随户外露营。百度指数搜索"露营"的人群画像则显示,20~29岁人群占40.81%,30~39岁人群占42.93%,二者总和占到83.74%,与上海"城郊休闲客"群体年龄画像高度吻合。因此,上海市居民中对城郊公园户外露营活动存在较大需求和偏好的是年轻一代的"城郊

---

① 中国新闻网,2021-5-6.小红书发布五一旅游出行报告:露营搜索量同比上涨230%[EB/OL].http://www.chinanews.com/business/2021/05-06/9471079.shtml.

休闲客"群体。

　　本研究进一步从露营者对城郊公园露营活动的在线网络评论进行挖掘,以探究市民在露营活动中的关注点以及户外露营群体的深层需求和偏好。数据收集包括两方面,一是从旅游 OTA 马蜂窝和去哪儿网、社交平台小红书采集上海户外露营游客的游记 78 篇;二是采集携程网中收录的上海露营地评论文本数据 300 条。据此,共得到网络评论资料 79 183 字;利用 ROST CM 软件进行高频词提取,并对其进行分类(见图 7 - 2 和表 7 - 3)。

表 7 - 3　露营游客网络评论高频词分类

类别	高频词(频次)
设施	帐篷(279)、酒店(137)、房间(84)、装备(47)、停车场(46)、电瓶车(43)、厕所(42)、睡袋(34)
环境	公园(222)、营地(186)、天气(50)、草坪(44)、附近(33)、周边(31)、生态(30)、空气(30)
活动	露营(385)、烧烤(178)、体验(141)、早餐(76)、过夜(44)、日出(35)、住宿(30)、洗澡(30)
服务	入住(76)、接送(42)、停车(37)、热情(36)、卫生(35)
费用	免费(61)、门票(46)、套餐(41)
时间	晚上(175)、小时(50)、第一次(45)、周末(36)、早上(33)
社交	孩子(123)、小朋友(92)、朋友(65)、亲子(44)、家庭(41)
评价	适合(112)、方便(88)、干净(47)、开心(46)、舒服(37)

　　根据上述分析结果可见,露营者在户外露营活动中关注了设施、环境、活动、服务和费用五个方面,其中设施、环境和活动的高频词个数和出现频次较多,是露营者关注的重点。在设施类别中,由于所获取评论多为酒店式运营的帐篷露营地或房车露营地体验者所发布,因此"房间""酒店"等词汇出现频次较高,说明许多露营者将露营地视作一种特殊的酒

图7-2　露营游客网络评论高频词词云图

店;此外,露营者还比较关注露营地的厕所和交通设施。在环境类别中,"公园"一词多次出现证明目前上海户外露营地多建设于公园中,并且露营者将户外露营作为亲近自然的方式,对露营地的自然生态环境和周边环境关注较多。在活动类别中,"烧烤"已经成为上海户外露营地的标配,部分露营者还会在露营中开展各种体验和看日出等活动。在服务类别中,"入住"和"接送"体现出露营者的关注点与酒店类似,但对户外露营中特殊性服务的关注较少,如安全保障、用水用电等。在费用类别中,露营者较为关注营地、露营地所在公园以及烧烤服务的费用,以及相关的优惠套餐。除以上露营者对户外露营活动的偏好外,时间、社交和评价三个类别的高频词则展现出上海居民的户外露营活动通常在周末开展、亲子活动较多并且评价较为正面。

三、上海市居民户外露营需求预测

目前,上海市户外露营地从供给端尚未满足和刺激城市居民尤其是"城郊休闲客"群体的户外露营需求。因此,参考国际经验合理预测上海市居民户外露营需求,对于户外露营地的建设具有指导意义。欧美发达国家大都市中户外露营活动的开展更为广泛,《美国户外休闲参与报告》

显示,到 2016 年,累计已有 4 050 万美国人曾经在户外露营,占全体美国人口的 14%[①];2020 年受新冠肺炎疫情影响,美国户外露营人数比 2019 年增加 790 万[②]。日本大都市居民同样将户外露营作为一种生活方式,据日本露营协会统计,2017 年每年户外露营人口达到 840 万人,且连年有增无减,约占全体日本人口的 10%[③],日本户外露营预约网站 nap-camp.com 上登记着 3 986 处露营地,人气露营地在高峰季节常常爆满。参考美国、日本两国居民的发展规律,以户外露营参与者占人口 10% 的比例估算,未来上海户外露营需求得到充分释放时参与者数量将接近 250 万人,将成为城郊休闲中的巨大市场,需要打造一批环境优良、设施完善的露营地为其提供支撑。

第四节　上海市户外露营地建设中的供需矛盾问题

在对 21 世纪前十几年间上海居民休闲方式演变的研究发现,居民休闲方式选择中网络休闲发展最为迅速,倾向选择室内和社区场所,呈现出"宅"倾向[6],这也侧面说明自然生态型休闲游憩空间供给存在一定不足,无法有效吸引居民走出家门开展户外休闲活动。根据上述数据分析发现,上海市居民对城郊公园户外露营已产生强大的市场需求,但产品供给较为匮乏。可见,上海市城郊公园露营地建设与居民的需求之间存在一定的错位,具体体现在以下四方面:

---

① 美国户外休闲基金会,2016 - 3 - 17.2015 年美国户外休闲参与报告[EB/OL].http://www.360doc.com/content/16/0317/18/31721317_543125504.shtml.

② 潇湘晨报.2021 - 3 - 14. 数据出炉:2020 年美国户外"有点挤"[EB/OL]. https://baijiahao.baidu.com/s? id=1694204347323560795&wfr=spider&for=pc.

③ 户外探险 outdoor,2020 - 9 - 26. 寻找极致的山野浪漫,日本人有多爱露营?[EB/OL]. https://zhuanlan.zhihu.com/p/259562227.

一、户外露营地供给数量不足

上海市城郊公园约 120 多家,而拥有户外露营地的公园仅 25 个,营位数量仅为千余个,与未来两百万级的市场需求不匹配。上海户外露营地整体数量较少,一方面导致不能满足本地居民的户外露营需求;另一方面则无法以供给刺激居民户外露营需求,难以激发更多居民尝试此种新型休闲方式。因此,目前上海尚未形成户外露营的流行趋势和完整的市场,也无法带动户外产品和户外装备的销售,刺激整个户外行业的发展。

二、户外露营地供给结构不合理

由政府提供的公共露营地较少,大多依托景区和公园建设,以基础型帐篷营地为主,整体设施和供给水平较初级。个人或企业投资管理的营利性质露营地较多,其中住宿花费与中高档酒店相当的主题客房、房车、树屋和木屋等中高端产品较普遍,还有高级帐篷营地、野奢营地、房车营地等豪华型露营产品。个人或企业投资的中高端产品只能满足少部分群体的需求,无法满足大多数都市居民和"城郊休闲客"的需求,也使得户外露营难以得到大范围的推广,因此有必要加强公共露营地这一政府主导的公共产品的供给。

三、城郊公园露营地产品同质化严重且过度重视附属设施的投建

绝大多数露营地都提供烧烤、露天电影、小型马场等同质化、营利性产品,未充分利用公园中已有的文化科普、自然教育类产品,不能满足亲子露营群体的需求。由于国内户外露营和房车露营的需求还没有完全被激发,部分投资规模较大的露营地倾向于通过旅游地产开发、增建收费娱

乐项目等方式维持经营。这一方面造成了露营地的"特色酒店化"甚至"旅游综合体化",成了一种变相的地产项目,逐渐失去了露营地建设的初心;另一方面,户外露营的核心目的是亲近自然和生态,过度的附加设施使得露营者在露营地与在酒店和游乐场的体验并无差别,其最原始的动机反而难以得到满足,也与"城郊休闲客"群体所崇尚的自然、自在、自助式的户外露营背道而驰。

四、在城郊公园建设中较少考虑居民的户外露营需求

上海市在城郊公园建设中,缺少对"城郊休闲客"这一新生代人群需求的研究,在全市目前大力推进的郊野公园、环城公园带和绿地的规划建设中未将户外露营地建设置于重要地位,不利于增加户外露营地供给和丰富公园功能。

第五节　上海市未来户外露营地建设展望

在都市生活的高压状态下,城市居民尤其是年轻人群需要定期开展户外休闲活动来释放身体和精神压力,户外露营对居民健康水平提升和健康生活方式的形成具有重要意义,对于儿童和青少年群体的成长也大有裨益,有利于营造出积极向上的社会氛围和"健康中国"战略目标的实现。因此,在政策制定中加大对城郊公园中户外露营地建设的支持力度,并为其提供一定的资金支持,引导居民定期、持续性开展户外露营活动,将户外露营功能与城郊公园生态功能有机融合,以高品质、多功能的城郊公园同居民户外休闲需求相匹配,并进一步带动周边区域发展。

一、以规划引领户外露营地建设

首先要充分发挥规划的引领作用,在目前已建成、在建和在规划的城郊公园中增加户外露营地区域,在未建公园的规划中充分考虑户外露营地建设的需求。坚持规划先行,吸取国外先进经验,把握其发展规律,做好位置选择、功能分区和基础设施等方面规划,并协调好与交通发展、土地利用、生态环保等规划之间的衔接,提升规划的专业化、科学化、精细化水平。还应引入多元化经营主体,与民间资本开展广泛合作,鼓励多元主体参与建设,构建公共露营地和私营露营地、基础露营地和高端露营地并存的户外露营地体系,形成共建共享、共治共管的良好局面。

二、以建设导则引导户外露营地投建

在户外露营地建设中需要推出明确的建设导则,对于用地指标、环境保护、安全保障、服务设施、引导标识等进行明确规范,引导户外露营地科学投资建设。加强对户外露营地设施的规范,硬件设施如露营场地、道路交通、停车场、卫生间、水电、餐饮等常常作为限制性因素存在,因此做好此类基础设施建设是首要任务,但要注意避免设施过度建设的倾向。同时也要充分关注露营地安全保障、医疗保障、服务等软件设施方面的建设,为居民提供更好的户外露营服务和体验。

三、加强城郊公园户外露营地标准化管理和组织建设

欧美等发达国家已形成完善的分级管理体系,然而国内缺乏露营地的标准化和规范化管理。因此,一是需要加强户外露营地标准化建设,做好分级化、规范化建设工作,依据标准对户外露营地进行星级划分与评定,完善分级管理体系。二是需将户外露营地纳入专门部门管理范畴,制

定针对露营地运营特点的卫生、环保和住宿登记具体政策和标准,在服务提供、技能培训、活动管理、设施建设、器材装备制造等各方面提高标准化水平,并加强技术指导、产品质量检测以及日常监督检查。三是应成立行业协会,充当政府与户外露营地之间的中介和桥梁,既要协助行政主管部门对户外露营地开展管理工作,也要充分发挥行业自治作用,行使协调沟通、监督培训、统计研究、人才培养等多重职能,带领行业健康有序发展。

四、完善户外露营配套产品服务供给体系

一是在户外露营基本产品供给的基础上拓展配套产品,一方面增加探险漂流、户外运动、标本采集等动态拓展项目,增加户外露营活动的野趣性和参与性;另一方面增加森林浴、户外瑜伽等大康养静态项目,增加露营者与自然生态环境的深度融合,从而满足不同受众的多层面需求。二是提供智慧化服务,由市文旅局牵头成立宣传和预约"一网通管"平台,实时展示户外露营地容量、设施、功能等实用信息,为居民的预约和使用提供信息化辅助手段。三是提高露营便利性,在露营地中提供备用装备及专业物资,以便露营者快捷补充所需物品。

参考文献

[1]卫丽亚.郊野公园营建策略探索——以上海廊下郊野公园为例[J].中国园林,2019,35(S2):107-111.

[2]胡卫华,吴楚材.中国野营旅游的可持续发展对策[J].资源与产业,2010,12(03):118-122.

[3]高林安,李蓓,刘继生,梅林.欧美国家露营旅游发展及其对中国的启示[J].人文地理,2011,26(05):24-28.

[4]王四海,郭方斌,Alex Russ,等.美国露营活动流行原因分析及对我国的启示[J].

世界地理研究,2016,25(1)：115-124.

［5］方家,刘颂,王德,张月朋.基于手机信令数据的上海城市公园供需服务分析[J].
风景园林,2017(11)：35-40.

［6］马红涛.上海市民休闲方式比较研究(2004—2014)[D].上海：华东师范大学,
2015.

索　引